Prühs

GmbH-Geschäftsführer-Vergütung

GmbH-Ratgeber
Band 5

GmbH-Geschäftsführer-Vergütung

100 Steuertipps zu den wichtigsten Vergütungsformen für GmbH-(Gesellschafter-)Geschäftsführer

5. Auflage

von

Dr. jur. Hagen Prühs

VSRW-Verlag · Bonn
Verlag für Steuern, Recht und Wirtschaft

In der Reihe **GmbH-Ratgeber** sind unter anderem folgende Titel erschienen:

- Unternehmensnachfolge in der GmbH
- Der GmbH-Jahresabschluss
- GmbH-Geschäftsführer: Rechte und Pflichten
- GmbH-Geschäftsführer: ABC der Haftungsrisiken
- Der GmbH-Beirat
- GmbH-Gesellschafter: Rechte und Pflichten
- GmbH-Anteilsverluste
- Betriebsaufspaltungs-Sparbuch
- GmbH-Gesellschafterversammlung

Nähere Informationen hierzu am Ende des Buches und im Internet unter www.vsrw.de („Bücher")

Bibliografische Information der Deutschen Bibliothek

Die Deutsche Bibliothek verzeichnet diese Publikation in der Deutschen Nationalbibliografie; detaillierte bibliografische Daten sind im Internet über http://dnb.ddb.de abrufbar.

VSRW-Verlag GmbH, Rolandstr. 48, 53179 Bonn, Fax: 0228 95124-90

ISBN 978-3-936623-67-3

Vorwort

Seit der 4. Auflage dieses Buches hat sich in der steuerlichen Behandlungen der Bezüge von Gesellschafter-Geschäftsführern Etliches geändert. Dafür verantwortlich waren zum einen der Gesetzgeber und zum anderen die Rechtsprechung. Insbesondere die Finanzgerichte und der BFH haben die Gestaltungsspielräume bei der Festlegung der Bezüge für Gesellschafter-Geschäftsführer weiter eingeschränkt. Beispielhaft sei verwiesen auf das Verbot, bei Weiterarbeit für die Gesellschaft nach Erreichen des Pensionsalters Gehalt und Pension gleichzeitig zu beziehen, sowie auf die verschärften Anforderungen an die Erdienbarkeit und Finanzierbarkeit von Pensionszusagen sowie an die Durchführung von Gehaltsabreden.

Die vorliegende 5. Auflage gibt nicht nur den Stand von Gesetzgebung, Verwaltungsauffassung und Rechtsprechung zu allen wichtigen Vergütungsbestandteilen eines GmbH-Geschäftsführers bis März 2019 wieder, sondern zeigt auch die verbliebenen Gestaltungsspielräume auf, die Gesellschafter-Geschäftsführer und ihre steuerlichen Berater im Interesse einer Verringerung der Steuerbelastung der Gesellschaft und des Geschäftsführers nutzen sollten.

Um die 100 Tipps rund um die Geschäftsführervergütung besser bewerten zu können, wurden in Teil A die steuerlichen Aspekte der Geschäftsführervergütung kurz systematisch dargestellt. Am Ende dieses Teils findet der Leser eine Prüfliste mit 12 Geboten für eine gegenüber dem Finanzamt „wasserdichte" Vereinbarung der Geschäftsführerbezüge.

Teil B enthält 100 Kurzbeiträge in ABC-Form rund um die Geschäftsführervergütung.

Teil C bietet dem Leser mustergültige Formulierungen für Vergütungsabsprachen zwischen einer GmbH und ihrem (Gesellschafter-)Geschäftsführer mit ausführlichen Erläuterungen.

Wer sich zu allen Fragen rund um die Vergütung von GmbH-(Gesellschafter-) Geschäftsführern stets aktuell informieren möchte, sei auf die Zeitschrift „GmbH-Steuerpraxis" verwiesen, die allmonatlich über die Schwerpunktthemen Steuern, Vergütung und Geschäftsführer-Haftung berichtet. Nähere Informationen dazu finden Interessierte auf www.gmbh-steuerpraxis.de.

Bonn, im April 2019

Hagen Prühs

Hinweis: Die in diesem Buch verwendeten Zeichen bedeuten:

☞ Gestaltungsempfehlung  Achtung! Wichtiger Hinweis

Inhalt

Abkürzungsverzeichnis

Abs.	Absatz
Abschn.	Abschnitt
abzgl.	abzüglich
a.F.	alte Fassung
AO	Abgabenordnung
Az.	Aktenzeichen
BAG	Bundesarbeitsgericht
BetrAVG	Gesetz zur Verbesserung der betrieblichen Altersversorgung
BFH	Bundesfinanzhof
BGB	Bürgerliches Gesetzbuch
BGH	Bundesgerichtshof
BMF	Bundesfinanzministerium
BSG	Bundessozialgericht
BStBl	Bundessteuerblatt
bzw.	beziehungsweise
DB	Der Betrieb
d.h.	das heißt
DM	Deutsche Mark
DStR	Deutsches Steuerrecht
EFG	Entscheidungen der Finanzgerichte
EFZG	Entgeltfortzahlungsgesetz
EStG	Einkommensteuergesetz
EStR	Einkommensteuer-Richtlinien
FA	Finanzamt
FG	Finanzgericht
ff.	fortlaufende
FinMin	Finanzministerium
GewStG	Gewerbesteuergesetz
GewESt	Gewerbeertragsteuer
GGF	Gesellschafter-Geschäftsführer
ggf.	gegebenenfalls
GmbH	Gesellschaft mit beschränkter Haftung
GmbH-Stpr	GmbH-Steuerpraxis
HGB	Handelsgesetzbuch
i.S.d.	im Sinne des
i.V.m.	in Verbindung mit
KG	Kommanditgesellschaft
KSt	Körperschaftsteuer
KStG	Körperschaftsteuergesetz
KStR	Körperschaftsteuer-Richtlinien
LSG	Landessozialgericht
LStR	Lohnsteuer-Richtlinien
lt.	laut
Nr.	Nummer
n.v.	nicht veröffentlicht
OFD	Oberfinanzdirektion
OHG	Offene Handelsgesellschaft
OLG	Oberlandesgericht
o.g.	oben genanntes
p.a.	per annum
PersGes	Personengesellschaft(en)
rd.	rund

Rn	Randnummer
S.	Seite
SG	Sozialgericht
s.o.	siehe oben
sog.	sogenannte
TDM	tausend Deutsche Mark
Tz.	Textziffer
u.a.	unter anderem
vGA	verdeckte Gewinnausschüttung
vgl.	vergleiche
v.H.	vom Hundert
z.B.	zum Beispiel
Ziff.	Ziffer
zzgl.	zuzüglich

Teil A: Die steuerliche Behandlung der Geschäftsführervergütung im Überblick

Die GmbH ist mit großem Abstand die beliebteste Unternehmensform, nicht zuletzt auch deshalb, weil sie im kalkulierbaren Umfang den Gesellschaftern und der Geschäftsführung Schutz vor unliebsamen Haftungsrisiken gibt. Zudem ist die GmbH eine eigene juristische Person, sodass ihre Gesellschafter mit ihr Verträge abschließen können, beispielsweise auch einen Geschäftsführervertrag. Dies ist einer der größten Vorteile im Bereich mittelständischer GmbHs, die meist inhabergeführt sind oder bei denen die Familie als Gesellschafter zumindest die Mehrheit hat. Zentrale Bedeutung im Bereich der Geschäftsführung hat die optimale und rechtssichere sowie – bei Geschäftsführern mit Gesellschafterstatus – die steuersichere Vergütungsgestaltung unter Ausnutzung aller erdenklichen Gestaltungsmöglichkeiten.

Nachfolgend wird auf die wesentlichen Aspekte überblicksartig eingegangen. Weitere Details können Sie dem im **Teil B** abgedruckten **ABC** entnehmen, das aus neuen und aktualisierten, praxisgerecht „kommentierten" Rechtsprechungsbeiträgen der Fachzeitschrift „GmbH-Steuerpraxis" (zitiert: GmbH-Stpr) besteht – von A wie Abfindung bis Z wie Zufluss. In **Teil C** finden Sie vertragliche **Musterformulierungen für die Vergütung** eines (Gesellschafter-)Geschäftsführers. Die Übersicht über lesenswerte Beiträge aus der Fachzeitschrift „GmbH-Steuerpraxis" – abgedruckt als **Teil D** – rundet die Erläuterungen im vorliegenden Ratgeber „GmbH-Geschäftsführer-Vergütung" ab.

1. Zweckmäßige Gestaltung: Mehrere Gehalts-Komponenten, flexible Vergütungsgestaltung

Die Vergütung eines GmbH-(Gesellschafter-)Geschäftsführers besteht in der Regel zweckmäßigerweise **aus mehreren Gehaltsbestandteilen**. Nicht empfehlenswert ist es, nur ein Fixgehalt zu vereinbaren, sondern weitere Gehaltsbestandteile wie etwa Tantiemen und Zusatzvergütungen wie beispielsweise steuerfreie Gehaltsextras bzw. steuerbegünstigte Arbeitgeberleistungen sind anzuraten.

☞ Insbesondere in einer **wirtschaftlichen Engpass-Situation** der GmbH, etwa einer vorübergehenden Verlust-Situation oder in der Gründungsphase, zahlen sich flexiblere Gehaltsgestaltungen mit mehreren Komponenten aus – schon allein deshalb, weil die GmbH bei geringerer Leistungskraft entsprechend niedriger belastet ist.

Als **mögliche Gehaltsbestandteile** sind insbesondere zu nennen: Festgehalt mit entsprechendem Urlaubs- und Weihnachtsgeld (13. und 14. Monatsgehalt), andere Fest-Vergütungen wie etwa eine Fest-Tantieme, erfolgsorientierte Gehaltsbestandteile wie beispielsweise die Umsatz- und Gewinntantieme, geldwerte Nutzungsvorteile beispielsweise aufgrund der privaten Nutzungsmöglichkeit des Dienstwagens, Leistungen der GmbH für die betriebliche Altersversorgung und sonstige Vorteile wie z.B. die steuerfreie Überlassung von Telekommunikationsgeräten, eines PC fürs Heimbüro, eines Notebooks oder andere zum Teil lohnsteuerfreie oder teilweise steuerbegünstigte Arbeitgeberleistungen.

Dies alles wird steuerlich als sogenannte **Gesamtausstattung** des Gesellschafter-Geschäftsführers bezeichnet. Diese Gesamtausstattung legt das Finanzamt zugrunde. Sie muss angemessen sein → Stichwort **Angemessenheit**. Andernfalls ist das Finanzamt berechtigt, Vergütungen des Gesellschafter-Geschäftsführers auf das angemessene Maß zu kürzen.

Wenn kleinere **GmbHs mehrere Gesellschafter-Geschäftsführer** haben oder ein Gesellschafter-Geschäftsführer für zwei GmbHs **tätig ist**, ist nach höchstrichterlicher Rechtsprechung im Allgemeinen ebenfalls eine **Gehaltskürzung** angebracht. Denn normalerweise schuldet jeder Geschäftsführer seiner GmbH die volle Arbeitskraft.

Bei einem **unangemessenen Gesamtgehalt** liegen hinsichtlich des unangemessenen Teils sog. vGA vor. Das wiederum heißt: 1. Insoweit ist der GmbH der Betriebsausgabenabzug versagt. 2. Der Gesellschafter-Geschäftsführer bezieht insoweit keinen Arbeitslohn, sondern „durch das Gesellschaftsverhältnis veranlasste Kapitaleinkünfte" in Form von vGA. 3. Wird in einer Betriebsprüfung bei einer GmbH eine vGA festgestellt, wirkt sich dies regelmäßig auch auf die Einkommensteuerveranlagung des Gesellschafter-Geschäftsführers aus.

Sind **einzelne Komponenten** der Gesamtausstattung als **vGA** zu beurteilen, so etwa die Gewinntantieme, weil sie über 50% des Jahresüberschusses der GmbH beträgt, oder Überstundenvergütungen, mindern eben diese Gehaltsbestandteile den Gewinn der GmbH nicht. Es treten die oben genannten Steuerfolgen ein.

Steuerlich besonders unangenehm ist es, wenn eine Vergütungsabrede dem Grunde nach steuerlich nicht anzuerkennen ist, so etwa eine Gehaltserhöhung, für die der notwendige Gesellschafterbeschluss fehlt. Dann liegt eine vGA vom ersten Euro an vor. Merke: Auf solche Fehler, die ein Betriebsprüfer als erste auf seiner Liste hat, sollte man es nicht ankommen lassen. Hier stehen schnell hohe Steuerbeträge im Raum, z.B. wenn es um eine in allen drei Prüfungsjahren beanstandete Gehaltserhöhung geht.

a) Steuervorteile für Fremdgeschäftsführer als Angestellte

Weil der (Gesellschafter-)Geschäftsführer steuerlich den Status eines Arbeitnehmers hat, kommen ihm alle Lohnsteuerprivilegien zugute, die auch seine Mitarbeiter beanspruchen könnten. So kann er beispielsweise in den Genuss **steuerfreier Arbeitgeberleistungen** (siehe oben) oder von Maßnahmen der betrieblichen Gesundheitsvorsorge (§ 3 Nr. 34 EStG, maximal 500 € pro Kalenderjahr) kommen; **Reisekosten** können ihm im Rahmen der steuerlichen Regelungen lohnsteuerfrei erstattet werden; **Sachbezüge** bleiben bis zur monatlichen Freigrenze von 44 € lohnsteuerfrei, für **Fahrtkostenzuschüsse** kann die niedrige Pauschalbesteuerung gewählt werden.

Wichtigste Ausnahme sind die lohnsteuerfreien Sonntags-, Feiertags- und Nachtarbeitszuschläge (sogenannte SFN-Zuschläge nach § 3b EStG): Dieses Privileg will die BFH-Rechtsprechung Gesellschafter-Geschäftsführern im Normalfall nicht gewähren.

Ein nicht zu unterschätzender Vorteil ist weiterhin, dass die GmbH sich in allen lohnsteuerlichen Angelegenheiten eine rechtsverbindliche und kostenlose Auskunft (sogenannte Lohnsteueranrufungsauskunft, § 42e EStG) erteilen lassen kann. Dies gilt auch dann, wenn es um Lohnsteuerfragen rund um das Gehalt eines Geschäftsführers mit Gesellschafterstatus geht. Vorausgesetzt: Dessen Status als Arbeitnehmer ist anerkannt.

Steht bei Vergütungsgestaltungen aber die **Frage möglicher verdeckter Gewinnausschüttungen** im Raum, hilft die Lohnsteueranrufungsauskunft nicht weiter. Hier gilt: Der Gesellschafter-Geschäftsführer muss selbst von Anfang an für eine steuersichere Gestaltung sorgen oder sich vom Finanzamt eine – gegebenenfalls gebührenpflichtige – rechtsverbindliche Auskunft geben lassen.

b) Vorteile und Steuerrisiken für Geschäftsführer mit Gesellschafterstatus

Dieselben Vorteile wie Fremdgeschäftsführer und anderen GmbH-Mitarbeiter haben Geschäftsführer mit Gesellschafterstatus ebenfalls. Denn sie gelten steuerlich als **Arbeitnehmer**, selbst dann, wenn sie alleinige Gesellschafter-Geschäftsführer sind oder kraft ihrer Gesellschafterstellung die GmbH beherrschen. Das heißt: Sie kommen in den Genuss **aller Lohnsteuerprivilegien**.

Hier liegt der entscheidende Unterschied zum Sozialversicherungsrecht. Dort genügt für den **selbstständigen Status** des Gesellschafter-Geschäftsführers schon, dass er mit 50% oder mehr an der GmbH beteiligt ist. Festzuhalten bleibt damit: Lohnsteuerlich und sozialversicherungsrechtlich gibt es zwar Parallelen. Das Finanzamt ist aber nicht unbedingt an eine sozialversicherungsrechtliche Beurteilung des Arbeitnehmer-/Selbstständigenstatus gebunden, sondern hat unter Umständen ein eigenes Prüfungsrecht.

Auf die besonderen Steuerrisiken für Gesellschafter-Geschäftsführer wurde eingangs bereits kurz eingegangen. Die größte Gefahr droht hier, dass in vielen Fällen seine Arbeitnehmereinkünfte in Kapitaleinkünfte (vGA) umqualifiziert werden können. Dies ist immer dann der Fall, wenn die geldwerten Vorteile nicht durch das Arbeitsverhältnis, sondern **durch das Gesellschaftsverhältnis** – also durch die Nähe des Gesellschafter-Geschäftsführers zu seiner GmbH – **veranlasst** sind.

Dadurch, dass die vGA gesetzlich nicht definiert sind, sondern durch eine Vielzahl von Finanzgerichtsentscheidungen erst konkretisiert worden sind und noch konkretisiert werden, ergeben sich für Gesellschafter-Geschäftsführer in gewissem Rahmen **steuerliche Unwägbarkeiten**. Diese Probleme lassen sich aber dann relativ gut in den Griff bekommen, wenn ein GmbH-Chef folgende Spielregeln einhält:

- Er vereinbart in puncto Vergütung alles schriftlich mit seiner GmbH und sorgt vorab für einen legitimierenden Gesellschafter-Beschluss.
- Er orientiert sich bei seiner Vergütungsgestaltung mit der GmbH an dem, was die Gesellschaft auch mit einem fremden Geschäftsführer vereinbaren würde (sogenannter Fremdvergleich).
- Vergütungsgestaltungen werden so wie vereinbart „1 zu 1" auch durchgeführt, insbesondere fällige Gehaltsbestandteile zum festgelegten Zeitpunkt ausgezahlt und nicht damit gewartet. Sonst kann das Finanzamt mit dem Einwand kommen, dass die verabredete Vergütung nicht ernst gemeint sei.
- Vergütungsvereinbarungen werden dem Grunde und der Höhe nach eindeutig vertraglich festgelegt. Nichts Wesentliches bleibt offen. So ist beispielsweise bei einer Gewinntantieme klar geregelt und rechnerisch nachvollziehbar, wie sich der Tantiemebetrag ermittelt.
- Er vereinbart von vornherein keine Vergütungen, deren steuerliche Anerkennung kritisch ist, so beispielsweise Mehrarbeitszuschläge oder Umsatztantiemen, wenn sie sich nicht aufgrund besonderer Situation rechtfertigen lassen.

Zu beachten ist: Früher war es so, dass sich eine im Rahmen der Betriebsprüfung bei der GmbH festgestellte vGA nicht mehr auf die bereits bestandskräftige Einkommensteuerveranlagung des Gesellschafter-Geschäftsführers auswirken konnte. Dies hat sich mit § 32a KStG geändert: Werden im Nachhinein bei der GmbH vGA festgestellt, können beispielsweise auch bestandskräftige Einkommensteuerbescheide des Gesellschafters noch geändert werden.

c) Geschäftsführer als Selbstständiger/Berater der GmbH

Normalerweise werden (Gesellschafter-)Geschäftsführer von GmbHs im Rahmen eines Anstellungsvertrags, also als Angestellte, für ihre Firma tätig. Stattdessen können sie allerdings auch als selbstständiger (unternehmerisch tätiger) Geschäftsführer in den Diensten der GmbH stehen. Dies kann sich vor allen Dingen für ältere „gestandene" Geschäftsführer empfehlen, die nach dem erreichten Ruhestandsalter weiter in qualifizierter Form für ihre GmbH tätig sind (vgl. dazu Zimmers, GStB 2011, S. 305).

☞ Eine solche **selbstständige Geschäftsführer-Tätigkeit** kann handfeste praktische, wirtschaftliche und steuerliche Vorteile haben. Die Alternative dazu: Der ehemalige Senior-Chef ist nur noch als **selbstständiger „echter" Berater** für die GmbH tätig (siehe folgendes Praxisbeispiel). Damit vermeidet er auch die rechtlichen Risiken, die sich aus dem Amt des Geschäftsführers ergeben. Vorausgesetzt: Er hat sein Geschäftsführeramt auch tatsächlich abgegeben und ist auch faktisch nicht mehr als Geschäftsführer tätig.

Praxis-Beispiel: Gesellschafter als selbstständiger Berater

Gesellschafter-Geschäftsführer Müller scheidet wie vertraglich vereinbart mit erreichtem Ruhestandsalter von 65 Jahren aus der Geschäftsführung der Familien-GmbH aus. Weil er aber über ein großes Knowhow, langjährige Geschäftserfahrung und über die entscheidenden persönlichen Kundenkontakte verfügt, ist die GmbH weiterhin auf seine Mitarbeit angewiesen.

Herr Müller schließt mit der GmbH einen Beratervertrag. Danach ist er nicht mehr geschäftsführend tätig, unterstützt aber die neue (junge) Geschäftsleitung nach besten Kräften. Laut Vertrag ist Herr Müller als freier Mitarbeiter beschäftigt und bekommt monatlich für seine Dienste ein Pauschalhonorar. Unter bestimmten Voraussetzungen können Extra-Leistungen zusätzlich honoriert werden.

Wenn ein mustergültiger Vertrag über freie Mitarbeit abgeschlossen wurde und Herr Müller seine Beratertätigkeit im Wesentlichen frei gestalten kann, dürfte es mit der rechtlichen und steuerlichen Anerkennung der Gestaltung keine Probleme geben. Herr Müller ist aber nicht nur ertragsteuerlich, sondern auch umsatzsteuerlich Unternehmer, kommt also damit in den Genuss des Vorsteuerabzugs bei seinen Aufwendungen für die Beratungstätigkeit (z.B. Ausstattung des Heimbüros).

Ob Herr Müller als freiberuflicher Berater tätig ist oder gewerbliche Einkünfte erzielt, hängt davon ab, ob er eine dem Beruf des Betriebswirts ähnliche Beratertätigkeit ausübt (vgl. zur Problematik: Seifried/Böttcher, DStR 2011, S. 1168; Prühs, Beratervertrag, S. 15 ff.).

Das vorstehende Beispiel zeigt, dass vor einer „Umgestaltung" des Geschäftsführerverhältnisses in ein **„echtes" selbstständiges Beraterverhältnis** sämtliche Rechts- und Steuerfolgen geprüft werden sollten, damit es im Nachhinein keine bösen Überraschungen gibt.

Dies gilt erst recht, wenn die **Geschäftsführertätigkeit auf selbstständiger**, d.h. unternehmerischer **Basis** erfolgen soll. Hier kommt es an:

- auf einen stimmigen Vertrag, der die Ungebundenheit und Weisungsfreiheit des Amtsinhabers als Selbstständigen klar dokumentiert,
- auf handfeste, wirtschaftliche und praktische Vorteile für beide Seiten, GmbH und Geschäftsführer,
- auf die Praktikabilität einer solchen Gestaltung auf freier Mitarbeiterbasis und
- nicht zuletzt auf die Steuervor- und -nachteile, welche sich für die GmbH und für den „Unternehmer-Geschäftsführer" aus der Gestaltung ergeben.

Wie jede Vertragsgestaltung hat auch die Ausgestaltung einer Geschäftsführertätigkeit als Unternehmertätigkeit ihre Licht- und Schattenseiten. Vorteilhaft für den „unternehmerischen" Geschäftsführer ist u.a., dass er nun auch von den steuerlichen Unternehmervergünstigungen profitiert, so beispielsweise umsatzsteuerlich vom Vorsteuerabzug und einkommensteuerlich von unternehmerischen Sonderabschreibungen. Allerdings bringt sein Unternehmerstatus auch Pflichten mit sich, insbesondere einen höheren steuerlichen Bürokratieaufwand. Er hat nun außerdem Betriebsvermögen statt Privatvermögens. Davon könnten unter Umständen auch seine GmbH-Anteile betroffen sein.

d) Abfindungen und andere Sondervergütungen

In speziellen Fällen gibt es Steuervergünstigungen, z.B. die sog. Fünftel-Regelung, wenn der (Gesellschafter-)Geschäftsführer eine – nach Jahren meist hohe – **Entlassungsabfindung** enthält. Eine der wichtigsten Grundvoraussetzung ist hier, dass der „Löwenanteil" der Abfindungssumme dem Berechtigten in einem einzigen Veranlagungszeitraum zufließt. Steuerjuristisch heißt das: „Zusammengeballter Zufluss" → Stichwort **Abfindung**.

Geschäftsführer mit Gesellschafterstatus müssen hier zusätzlich aufpassen. Denn es kann gegebenenfalls sogar eine vGA drohen, so etwa wenn die Zahlungsmodalitäten für die Abfindung so (großzügig) sind, wie sie nicht mit einem Dritten vereinbart worden wären (nicht gewahrter Fremdvergleich).

Weil Geschäftsführer einer GmbH grundsätzlich keine Arbeitnehmer im arbeitsrechtlichen Sinne sind, können sie sich **für nicht genommenen Resturlaub** – auch für Urlaubsrückstände aus mehreren Jahren – von der GmbH eine **Entschädigung** zahlen lassen. Dies wird auch bei Geschäftsführern mit Gesellschafterstatus anerkannt. Voraussetzung dafür ist jedoch, dass bestimmte Formalien strikt eingehalten werden → Stichwort **Urlaubsabgeltung.**

2. Betriebliche Altersversorgung: Direktversicherung, Pensionszusage

Die **Direktversicherung** – bei Beitragsübernahme durch die GmbH als Arbeitgeberin – stellt in der Praxis die am weitesten verbreitete Form der betrieblichen Altersversorgung für GmbH-Geschäftsführer dar. Dies ergibt sich unter anderem aus der aktuellen GmbH-Geschäftsführer-Gehaltsumfrage der BBE media.

Als betriebliche Altersversorgung kommt darüber hinaus die **Pensionszusage** – in Form der Direktzusage der GmbH zu Gunsten des (Gesellschafter-)Geschäftsführers – in Betracht. In der Praxis kommen allerdings wohl erst ältere und berufserfahrene Geschäftsführer in den Genuss dieser besonderen Form der betrieblichen Altersversorgung. Vor allem – auch wegen der Steuervorteile – handelt es sich dabei um eine beliebte Gestaltungsvariante von GmbHs mit ihrem „verdienten" Gesellschafter-Geschäftsführer.

Der **besondere Steuervorteil bei Pensionszusagen**: Die GmbH als Arbeitgeberin bildet für ihre erst zukünftig zu erbringenden Pensionsleistungen heute schon eine Gewinnmindernde Rückstellung, die jährlich über die Zuführungen zu dieser Rückstellung Gewinn mindernd fortzuschreiben ist. Die GmbH bekommt somit bereits in der „Anspar-Phase" der betrieblichen Altersversorgung für ihren Gesellschafter-Geschäftsführer eine hohe Steuerentlastung. Dieses Steuersparmodell funktioniert allerdings nur dann, wenn die GmbH Gewinne und nicht etwa Verluste erzielt.

Die **einkommensteuerliche Anerkennung** von Pensionsrückstellungen ist an besondere Voraussetzungen geknüpft (§ 6a EStG): So ist insbesondere Schriftlichkeit in allen Details der Pensionszusage vorgeschrieben. Außerdem darf es keine steuerschädlichen Vorbehalte der GmbH geben. Im Übrigen muss der GmbH-Geschäftsführer ein bestimmtes Mindestalter haben. Handelt es sich bei dem Pensionsberechtigten um einen Gesellschafter-Geschäftsführer, sind zur steuerlichen Anerkennung **weitere Anforderungen** zu erfüllen:

- So ist unter anderem ein bestimmter Mindestzeitraum für die restliche aktive Geschäftsführertätigkeit zu wahren, außerdem eine Probezeit, bevor die Pensionszusage erteilt werden darf → Stichworte **Pensionszusage, Erdienungszeitraum**.
- Die Gesellschafter-Geschäftsführer dürfen durch die Pensionszusage nicht überversorgt sein → Stichwort **Überversorgung.**
- Nicht zuletzt muss die betriebliche Altersversorgung für die GmbH wirtschaftlich verkraftbar, das heißt finanzierbar sein. Hier hat die höchstrichterliche Rechtsprechung besondere Anerkennungskriterien entwickelt → Stichworte **Pensionszusage, Finanzierbarkeit**.

Sämtliche dieser Kriterien müssen erfüllt sein. Sonst liegen vGA vor, und der GmbH ist verwehrt, Gewinn mindernde Pensionsrückstellungen zu bilden, beziehungsweise der Steuerprüfer ist dazu berechtigt, solche Rückstellungen im Nachhinein Gewinn erhöhend aufzulösen.

a) Vor- und Nachteile von Pensionszusagen

Der Vorteil von Pensionszusagen ist, wie zuvor angesprochen, dass die GmbH, ohne überhaupt finanziell belastet zu sein, Gewinn und damit steuermindernde Rückstellungen bilden kann.

Muss die GmbH beziehungsweise müssen GmbH-Anteile später aber verkauft werden, können sich Pensionszusagen mit den damit verbundenen Verpflichtungen als nicht hinnehmbare Last für den potenziellen Käufer darstellen. Vor diesem Hintergrund werden GmbH-Erwerber in der Praxis meist darauf bestehen, dass der bisherige Gesellschafter-Geschäftsführer von der GmbH bezüglich seiner Pensionsansprüche abgefunden wird und das Unternehmen dann lastenfrei auf den Erwerber übertragen wird. Vor diesem Hintergrund ergibt sich in Abfindungsfällen eine besondere einkommensteuerliche Problematik, die in Teil B unter dem → Stichwort **Abfindung** näher erläutert wird.

Pensionsrückstellungenen dokumentieren eine künftige Verpflichtung der GmbH. Auch wenn damit noch keine tatsächliche Belastung verbunden ist: Aufgrund ihres Verpflichtungscharakters kann sich für Banken und damit **für die Kreditwürdigkeit der GmbH ein negatives (Bilanz-)Bild** ergeben. Vor diesem Hintergrund stand und steht die Praxis vor dem Problem, solche Pensionsverpflichtungen möglichst effektiv und mit geringer steuerlicher Belastung zu beseitigen.

☞ In solchen Fällen sollten Sie unbedingt einen versierten Berater in Anspruch nehmen, der Ihnen alle Gestaltungsvarianten mit ihrer steuerlichen Gesamtbelastung durchrechnet.

b) Steuerliche Anforderungen an Pensionszusagen

Die steuerliche Anerkennung einer Pensionsrückstellung auf der Ebene der GmbH setzt zum einen eine **ordnungsgemäße Pensionszusage** voraus, die bei Gesellschafter-Geschäftsführern besondere Anforderungen erfüllen muss (siehe unten), und zum anderen **generell** die Erfüllung **spezieller gesetzlicher Voraussetzungen**, die in § 6a EStG geregelt sind. Das sind unter anderem:

- Ein Rechtsanspruch auf einmalige oder laufende Pensionsleistungen,
- keine Abhängigkeit von künftigen gewinnabhängigen Bezügen,
- kein Vorbehalt der GmbH, die Pension zu gewähren oder zu mindern und
- eine schriftliche Zusage mit eindeutigen Angaben zu Art, Form, Voraussetzungen und zur Höhe der in Aussicht gestellten künftigen Leistungen.

Außerdem muss der Pensionsberechtigte mindestens das 23. Lebensjahr vollendet haben. Die Pensionsrückstellung darf höchstens mit dem Teilwert der Pensionsverpflichtung eingesetzt werden. Dazu gibt es im Gesetz spezielle Regelungen (§ 6a Abs. 3 EStG).

c) Spezielle steuerliche Anforderungen für Pensionszusagen an Gesellschafter-Geschäftsführer

Bevor eine Pensionszusage einem Gesellschafter-Geschäftsführer steuerlich wirksam erteilt werden darf, muss dieser im Regelfall eine **Warte**- bzw. **Probezeit** von fünf Jahren hinter sich bringen – so die höchstrichterliche Rechtsprechung. Ausnahme: Der Gesellschafter-Geschäftsführer hat sich bereits vorher in einem anderen Unternehmen bewährt, beispielsweise als jahrelang erfolgreicher Einzelunternehmer, der seine Firma auf die neu gegründete GmbH übertragen hat.

Die Pension muss sich der Gesellschafter-Geschäftsführer außerdem **noch „verdienen"** können, was bei Gesellschaftern mit beherrschendem Status eine noch längere aktive Zeit im Unternehmen als Geschäftsführer voraussetzt. Bei nicht beherrschenden Gesellschafter-Geschäftsführern liegt die restliche aktive Zeit erheblich niedriger. Dies wird unseres Erachtens zu Recht kritisiert.

Der Gesellschafter-Geschäftsführer darf durch die Pensionszusage **nicht „überversorgt"** sein. Davon ist nach bisheriger Rechtsprechung immer auszugehen, wenn seine Versorgungsanwartschaft aus der Pensionszusage zusammen mit einer eventuellen Rentenanwartschaft aus der gesetzlichen Rentenversicherung 75% der am Bilanzstichtag bezogenen Aktivbezüge übersteigt.

Die strikte BFH-Rechtsprechung zur Überversorgung ist im Wandel – nicht zuletzt angesichts von Konstellationen, in denen denkbar ist, dass Gesellschafter-Geschäftsführer mit Rücksicht auf die GmbH zwar auf ihr Gehalt, nicht aber auf ihre Pensionsansprüche verzichten wollen. Es ist auch nicht einsehbar, warum ein Gesellschafter-Geschäftsführer nicht alleinverantwortlich bestimmen kann und sollte, wie viel seiner Vergütung er „in bar" und wie viel er als spätere Pension bekommt.

3. Abzugsfähigkeit von Vergütungen als Betriebsausgaben bei der GmbH

Alle Geschäftsführervergütungen, die bei Gesellschafter-Geschäftsführern normale Arbeitseinkünfte und keine vGA sind, mindern als Betriebsausgaben den Gewinn der GmbH. Die Gewinnminderung hat zur Folge, dass die Gesellschaft Ertragsteuern, das heißt Körperschaft- und Gewerbesteuer, spart.

a) An Fremdgeschäftsführer gezahlte Vergütungen

Diese Vergütungen sind stets als Betriebsausgaben abziehbar, und zwar als

Lohnaufwand, wenn der Geschäftsführer als Arbeitnehmer der GmbH beschäftigt ist, ansonsten bei einem Beraterverhältnis als sonstige Betriebsausgaben.

Ist der Geschäftsführer zwar nicht an der GmbH beteiligt, dafür aber ein Angehöriger eines Gesellschafters, stellt sich die vGA-Problematik ebenfalls. Mit anderen Worten: Erhält ein solcher Geschäftsführer unübliche oder unangemessen Vergütungen oder Vorteile von der GmbH, werden **diese dem Gesellschafter** als eigene, ihm zugeflossene vGA einkommensteuerlich zugerechnet. Auch auf der Ebene der GmbH erfolgt eine steuerliche Beurteilung als vGA.

b) An Gesellschafter-Geschäftsführer gezahlte Vergütungen

Auch diese Vergütungen sind von der GmbH uneingeschränkt als Betriebsausgaben abziehbar – allerdings nur unter der Voraussetzung, dass es sich um **steuerlich anerkannte Arbeitseinkünfte** oder **Beratervergütungen**, nicht aber um vGA handelt.

VGA liegen insbesondere dann vor, wenn

- Art, Zeitpunkt und Höhe der Vergütungen unüblich ist,
- die Vergütungshöhe (Gesamtausstattung oder einzelne Gehaltsbestandteile wie etwa Tantiemen) unangemessen ist,
- die Zahlung an sich unüblich ist, so etwa bei Überstundenzuschlägen,
- die Zahlung der Vergütung nicht zeitgerecht erfolgt, sie insbesondere erst viel später als vereinbart oder gar nicht erfolgt,
- es für die Zahlung der Vergütung keine klare vertragliche Grundlage gibt.

Der Gesellschafter-Geschäftsführer einer GmbH darf aufgrund neuerer BFH-Rechtsprechung mit steuerlicher Wirkung durchaus auch eine **höhere gewinnabhängige Vergütung** beziehen. Der Tantiemeanteil am Gesamtgehalt kann also mehr als 25% – so die frühere Grenze des BFH – ausmachen. Doch sollte der an ihn zu zahlende Tantiemebetrag im Regelfall die **Höchstgrenze von 50% des Jahresüberschusses** der GmbH „absolut" nicht überschreiten.

Außerdem muss vor allem die **Bemessungsgrundlage** – wie auch alle anderen Tantiememodalitäten – eindeutig vertraglich geregelt sein. Jeder fremde Dritte muss in der Lage sein, anhand des Vereinbarten den maßgeblichen Tantiemebetrag rechnerisch zu ermitteln (Musterformulierungen: Mertes, GmbH-Stpr 2009, S. 108) → Stichwort **Gewinntantieme**.

c) Besondere steuerliche Anforderungen an die Vergütungsgestaltung

Die **Gesamtausstattung** eines Gesellschafter-Geschäftsführers muss angemessen sein, was entweder durch einen betriebsinternen oder betriebsexternen

Gehaltsvergleich zu belegen ist.

Angemessen muss auch die **betriebliche Altersversorgung** → Stichwort **Überversorgung bei Pensionszusagen** sowie die **Tantiemeregelung** sein. So muss eine Gewinntantieme, die mehr als 50% des GmbH-Gewinns abschöpft, aus besonderen Gründen gerechtfertigt sein. Umsatztantiemen sind Ausnahmesituationen vorbehalten.

Überstundenvergütungen an **Führungskräfte** wie Gesellschafter- Geschäftsführer sind **normalerweise steuerlich** unüblich. Hier sollte der steuersicherere Weg über eine Tantieme-Beteiligung, ggf. in Ausnahmesituationen über eine Umsatztantieme, gesucht werden, um den Gesellschafter-Geschäftsführer an dem Mehrergebnis seiner GmbH angemessen zu beteiligen. Klar ist damit auch: Eine Mehrarbeit muss sich zahlenmäßig in einem entsprechenden Geschäftserfolg (höherer Umsatz oder Gewinn) niederschlagen.

4. Steuerlicher Dauerbrenner in GmbH-Betriebsprüfungen: Angemessenheit des Gesellschafter-Geschäftsführergehalts

Wenn die Gesamtausstattung eines Gesellschafter-Geschäftsführers der Höhe nach angemessen ist, das heißt einem **Fremdvergleich** standhält, ist eine wesentliche vGA-Hürde genommen.

Diesen Fremdvergleich führen Finanzgerichte und Finanzverwaltung regelmäßig anhand eines **betriebsexternen Gehaltsvergleichs** durch. Dabei werden im Normalfall Vergleichszahlen aus anerkannten Geschäftsführer-Gehälter-Strukturuntersuchungen, beispielsweise Zahlen aus der jährlichen BBE-Studie, zugrunde gelegt, die für das jeweilige Geschäftsjahr beziehungsweise das „Vergütungsjahr" maßgeblich sind → Stichwort **Gehaltsstruktur-Untersuchungen.** Wesentliche Grunddaten der aktuellen BBE-Gehaltsstudie finden Sie unter diesem Stichwort.

Die wichtigsten Gehalts-Kennzahlen aus der BBE-Studie werden alljährlich in der Fachzeitschrift „GmbH-Steuerpraxis" veröffentlicht und kommentiert. Geht es in Betriebsprüfungen um die Angemessenheit von in früheren Jahren gezahlten Gesellschafter-Geschäftsführergehältern sollten Sie darauf achten, dass das „richtige" einschlägige Zahlenmaterial aus früheren Gehalts-Studien zugrunde gelegt wird. Die BBE-Gehaltsstudien für zurückliegende Jahre sind auf Anfrage beim VSRW-Verlag, Fax-Nr. 0228/95124-90 erhältlich.

☞ Entscheidend ist, um Ihr Gesamtgehalt als steuerlich angemessen zu rechtfertigen, aus den einschlägigen Gehaltsstrukturuntersuchungen die „richtigen", d.h. **die in Ihrem individuellen Vergütungsfall passenden Vergleichszahlen** zu recherchieren und geltend zu machen. Dies kann zwar einigen Aufwand machen, ist aber immer noch kostengünstiger, als ein individuelles Gehaltsgutachten – laut BFH von höchstem Beweiswert – in Auftrag zu geben.

Der **betriebsinterne Gehaltsvergleich** hat zwar grundsätzlich Vorrang vor dem externen Vergleich anhand von Daten aus Gehaltsstrukturuntersuchungen. Er ist aber häufig nicht praktikabel, weil es – vor allem in kleinen und mittelständischen GmbHs – an vergleichbar bezahlten Mitarbeitern wie beispielsweise leitenden Angestellten fehlt und es in der Regel keinen zweiten (Fremd-)Geschäftsführer gibt.

☞ Finanzrechtsprechung und Finanzverwaltung greifen aus diesem Grund mitunter auf den **2,5-Faktor** als Multiplikator zurück. Das wiederum heißt: Als Gesellschafter-Geschäftsführer dürfen Sie steuerlich gefahrlos das 2,5-fache des Gehalts des nächstbestbezahlten Mitarbeiters verdienen. Klar ist: Dieser interne Betriebsvergleich zieht dann nicht, wenn außer Ihnen als Geschäftsführer nur noch Teilzeitkräfte und Aushilfen beschäftigt sind oder hoch qualifizierte Spezialisten und Techniker, die ein überdurchschnittliches Gehalt verdienen.

Der beste Nachweis über die Angemessenheit des Gesellschafter-Geschäftsführergehalts ist ein individuelles Gehaltsgutachten durch einen unabhängigen Berater. Davor scheuen aber Finanzverwaltungen wie auch GmbH-Chefs aus Kostengründen oft zurück. Ein Trost für Gesellschafter-Geschäftsführer: Den Nachweis, dass ein Teil der Vergütung unangemessen und damit vGA ist, muss **immer das Finanzamt** erbringen.

5. Weitere steuerliche Spezialitäten bei Gesellschafter-Geschäftsführern mit beherrschendem Status

Bei beherrschenden Gesellschaftern einer GmbH gilt auch in puncto Vergütungen eine verschärfte vGA-Kontrolle. Mit anderen Worten: Sind nachfolgende Anforderungen nicht erfüllt, scheitert die Vertragsgestaltung schon aus formalen Gründen und ist vom ersten Euro an eine vGA.

Vereinbarungen zwischen der GmbH und einem beherrschenden Gesellschafter-Geschäftsführer müssen (formales Sondersteuerrecht, vgl. u.a. BFH-Beschluss vom 26.10.2011, Az. I B 68/11, GmbH- Stpr 2012, S. 209):

- zivilrechtlich wirksam,
- klar und eindeutig vereinbart (Klarheitsgebot),
- im Voraus abgeschlossen worden sein (Rückwirkungsverbot) und
- außerdem tatsächlich wie vereinbart durchgeführt werden (Durchführungsgebot).

Zivilrechtlich wirksam sind Vergütungsvereinbarungen dann, wenn sie auf einem ordnungsgemäßen Gesellschafterbeschluss beruhen und außerdem zivilrechtlich vereinbarte Formalien wie etwa ein Schriftformerfordernis eingehalten worden sind.

Das **Klarheitsgebot** erfordert, dass jeder fremde Dritte anhand der geschlossenen Vereinbarung das vertraglich in puncto Vergütung Gewollte eindeutig erkennen und die Gehaltshöhe zutreffend ermitteln kann.

Das **Rückwirkungsverbot** besagt, dass Vergütungs-Vereinbarungen wie etwa Tantiemen nur ab dem Zeitpunkt ihrer Zusage und nicht etwa rückwirkend in Kraft gesetzt werden können. Das gleiche gilt für Jahressonderzahlungen.

Beispiel:
Wenn Sie Gesellschafter-Geschäftsführer mit beherrschendem Status sind, können Sie im Dezember 2019 nicht steuerlich wirksam die Zahlung von Weihnachtsgeld für 2019 beschließen oder sich eine Jahressonderzahlung für 2019 rückwirkend genehmigen. Denn das Jahr 2019 ist im Dezember so gut wie gelaufen; derartige Sonderzahlungen werden aber das ganze Jahr über verdient und müssen deshalb Anfang des Jahres vereinbart werden.

Das **Durchführungsgebot** ist erfüllt, wenn die Vereinbarungen tatsächlich umgesetzt und die notwendigen Konsequenzen daraus gezogen werden. Das heißt insbesondere: Zahlung des jeweiligen Gehaltsbestandteils, z.B. einer Tantieme, bei Fälligkeit, und nicht erst einige Zeit später oder gar nicht!

Bei einem Liquiditätsengpass der GmbH lautet also die Devise: Nicht abwarten und erst einmal nichts zahlen, sondern den Gehaltsanspruch bei längerfristiger „Stundung" in einen Darlehensanspruch umwandeln (Novation) oder gegebenenfalls auf einen bestehenden oder künftigen Gehaltsanspruch mit Besserungsklausel verzichten → Stichwort **Gehaltsverzicht, Besserungsklausel**.

6. Verdeckte Gewinnausschüttungen: Umqualifizierung in Gesellschaftereinkünfte kann drohen

Im Falle von vGA liegen keine durch das Arbeitsverhältnis veranlasste Einkünfte, sondern durch das Gesellschaftsverhältnis veranlasste Einkünfte oder Vergünstigungen vor. Dementsprechend liegen beim Gesellschafter einkommensteuerlich keine Einkünfte aus Arbeitnehmertätigkeit, sondern aus Kapitalvermögen (Gesellschaftereinkünfte) vor.

Solche Gesellschaftereinkünfte – auch in verdeckter Form – dürfen das Einkommen der GmbH grundsätzlich nicht mindern (§ 8 Abs. 3 Satz 2 KStG).

a) Begriff, allgemeine Definition und Hintergründe

Der Begriff der sogenannten vGA ist in den Steuergesetzen nicht definiert. Er ist ein „Kind" der Finanzrechtsprechung und wurde von dieser – vorzugsweise durch den BFH – in der Praxis weiter fortentwickelt.

Nach ursprünglicher allgemeiner Definition ist eine vGA eine Vermögensminderung oder eine verhinderte Vermögensvermehrung bei der GmbH, die

- durch das Gesellschaftsverhältnis veranlasst ist,
- sich auf die Höhe des GmbH-Gewinns, z.B. über den Betriebsausgabenabzug, ausgewirkt hat und
- nicht auf einem ordnungsgemäßen Gewinnverwendungsbeschluss der Gesellschaft beruht.

Eine GmbH kann ihrem Gesellschafter-Geschäftsführer in vielfältiger Form Vorteile zukommen lassen, die sie einem fremden Dritten niemals so gewähren würde: Vor diesem Hintergrund war und ist klar, dass **jede Vorteilszuwendung** an einen Gesellschafter-Geschäftsführer – auch über deren Angehörige – über die allgemeine Begriffsdefinition hinaus eine vGA ist, wenn der Vorteil unangemessen und unüblich ist, außerdem in dieser Form oder Höhe einen Dritten niemals gewährt worden wäre.

b) Beachtung der aktuellen Finanzrechtsprechung besonders wichtig

Was unter vGA, insbesondere im Bereich der Geschäftsführervergütungen, zu verstehen ist, hat sich erst durch eine jahrzehntelange Finanzrechtsprechung herauskristallisiert – so etwa, dass es bei einem Gesellschafter-Geschäftsführer in erster Linie auf die Angemessenheit seiner Gesamtausstattung ankommt.

Die Finanzrechtsprechung hat sich hier im Laufe der Zeit immer weiter fortentwickelt und die Kriterien für vGA einzelfallbezogenen konkretisiert: Während in den Jahren 2002 bis 2004 die Grundsatzentscheidungen des BFH in puncto Angemessenheit und Tantiemen gefallen sind, konzentrierten sich die obersten Finanzrichter ab dem Jahr 2009 auf die mögliche vGA-Problematik bei der Privatnutzung von Dienstwagen durch Gesellschafter-Geschäftsführer → Stichworte **Dienstwagen** und **Fahrtenbuch**. Die vGA-Risiken bei den einzelnen Vergütungsbestandteilen werden im Teil B erläutert.

Prüfliste:

Zwölf Gebote für Gesellschafter-Geschäftsführer zur steuersicheren Gehaltsgestaltung

1. Beachten Sie in steuerlicher Hinsicht die **besonderen Formerfordernisse** und **formalen Anforderungen** und halten Sie sich daran, damit die Vergütungsgestaltung mit Ihrer GmbH dem Grunde nach, also vom ersten Euro an, vom Betriebsprüfer als vGA abqualifiziert werden kann – egal, ob Sie beherrschender/alleiniger Gesellschafter-Geschäftsführer oder Geschäftsführer mit Minderheitsbeteiligung sind.

   – Ist die **Schriftform** vertraglich vereinbart, sollten Sie sich bei jeder Vertrags- und Vergütungsänderung auch strikt daran halten!

- Sorgen Sie stets dafür, dass jede mit Ihrer GmbH getroffene Vergütungsvereinbarung oder deren Änderung **von der Gesellschafterversammlung abgesegnet ist** – zum besseren Beweis durch einen protokollierten Gesellschafterbeschluss.

2. Die **rückwirkende Anpassung von Vergütungsabreden** sollte für Sie tabu sein. Fallen Sie damit auf – und die Finanzämter prüfen hier sehr genau – riskieren sie nicht nur die Beanstandung als vGA, sondern eventuell sogar ein Steuerstrafverfahren.

3. Gliedern Sie Ihre Vergütung **in mehrere Komponenten** auf: Alle auch für ihre Mitarbeiter denkbaren Vergütungsformen kommen grundsätzlich auch für Sie als Gesellschafter-Geschäftsführer in Betracht. Unterscheiden Sie wie folgt:

   - Festgehalt, Fest-Tantiemen und andere fixe Gehaltsbestandteile (z.B. umsatzunabhängige Jahressonderzahlung),
   - soziale Arbeitgeberleistungen wie Urlaubs- und Weihnachtsgeld,
   - erfolgsabhängige Vergütungen, vorzugsweise gewinnorientierte Tantiemen,
   - vom Betrieb gewährte Leistungen zu ihrer Altersvorsorge wie etwa eine Pensionszusage oder für eine Direktversicherung übernommene Prämien,
   - geldwerter Vorteile aus der Privatnutzung des Dienstwagens,
   - steuerfreie bzw. steuerbegünstigte Arbeitgeberzuwendungen.

4. Beziehen Sie auch (ggf. tarifliche) **„soziale" Nebenleistungen** mit ein, die auch anderen Mitarbeitern der GmbH zugutekommen, so etwa: Gehaltsfortzahlung bei Krankheit, Tod oder Unfall, die Versorgung Ihrer Angehörigen als Hinterbliebene, den Mutterschutz, Erziehungsurlaub, den Anspruch auf private Benutzung des Dienstwagens (ggf. mit Übergangszeiten nach einer etwaigen Entlassung), mögliche Arbeitgeberbeiträge – vergleichbar zu der gesetzlichen Sozialversicherung, usw.

5. Berücksichtigen Sie bei der Bemessung Ihres Gehalts

   - in einem ersten Schritt **die innerbetrieblichen Gegebenheiten;** durch Ihr Geschäftsführergehalt darf nicht der gesamte Gewinn der GmbH „verbraucht" werden; im Regelfall sollte der GmbH eine Eigenkapitalverzinsung in Höhe von 10% verbleiben,
   - in einem zweiten Schritt V**ergleichsdaten aus anerkannten Geschäftsführergehälter-Untersuchungen**, deren Ergebnisse gegebenenfalls das

von Ihnen festgelegte, eventuell sogar ein höheres Gehalt als veranschlagt, rechtfertigen können.

6. Vermeiden Sie generell, durch Ihre Vergütungen den Gewinn der GmbH **so stark abzuschöpfen, dass deren Liquidität gefährdet** ist.
   - Ist der Liquiditätsengpass nur kurzfristig, können Sie mit der GmbH erst einmal die Stundung Ihres Gehalts oder bestimmter Gehaltsbestandteile vereinbaren, ohne sich und die GmbH besonderen vGA-Risiken auszusetzen.
   - Bei längerfristigen Liquiditätsengpässen empfiehlt sich die Umwandlung des Gehaltsanspruchs in ein Darlehen, das Sie Ihrer GmbH gewähren. Darüber sollte vor Fälligkeit des jeweiligen Gehaltsanspruchs eine schriftliche Abrede getroffen sein.
   - Eine weitere Möglichkeit besteht darin, vorläufig auf ihr Gehalt zu verzichten. Dazu ist steuerlich erforderlich, eine „mustergültige" Besserungsklausel zu vereinbaren und auch zu praktizieren.
   - Letzte Möglichkeiten sind: endgültig auf ihrer Ansprüche zu verzichten und/oder Ihr Gehalt auf ein für die GmbH verkraftbares Maß zu reduzieren.
7. Überprüfen Sie Ihren Anstellungsvertrag in punkto Vergütung **regelmäßig auf eine etwaige notwendige Vertragsanpassung**, so etwa aufgrund geänderter Rahmenbedingungen (z.B. Mehrarbeit aufgrund von Firmenexpansion) oder aktueller steuerlicher Anforderungen (z.B. Gehaltsverzicht mit Besserungsklausel wegen vorübergehender Liquiditätsengpässe der GmbH).
8. Bevor Sie Vergütungsanpassungen – nach oben oder nach unten spielt keine Rolle – in die Wege leiten, sollten Sie neben den betriebswirtschaftlichen Folgen auch **die steuerlichen Auswirkungen überprüfen** beziehungsweise überprüfen lassen – sowohl auf der Ebene der GmbH als auch für Sie als Gesellschafter-Geschäftsführer.
9. Geht es darum, Ihre GmbH erst einmal wieder umsatzmäßig „auf Touren" zu bringen, können Sie beispielsweise eine niedrigere Festvergütung und zusätzlich für eine Übergangszeit eine **umsatzorientierte Tantieme** vereinbaren. Achtung: Dies ist der Ausnahmefall und nur dann steuerlich zulässig, wenn Gewinntantiemen der Geschäftsführung keine (nennenswerten) Motivationsanreize geben, z.B. weil die GmbH derzeit nicht genügend Ertrag erwirtschaftet, wie dies etwa in einer betrieblichen Konsolidierungsphase oder Expansionsphase oft der Fall ist. Vorsicht: Die Gestaltung mit Umsatztantiemen ist kein Freibrief. Es bleibt dabei: Ihr Gesamtgehalt inklusive Umsatztantieme muss steuerlich angemessen sein.

10. Auf **Sondervergütungen wegen Überstunden** haben Sie als Geschäftsführer grundsätzlich keinen ausreichend legitimierten Anspruch – so sieht es jedenfalls die Finanzrechtsprechung, die nur in Ausnahmefällen auch bei Gesellschafter-Geschäftsführern lohnsteuerfreie Zuschläge für Sonntags- Feiertags- und Nachtarbeit (§ 3b EStG) akzeptiert, so beispielsweise, wenn Sie zur Unzeit normale Arbeitnehmertätigkeiten verrichten und die GmbH auch Ihren Mitarbeitern dafür steuerfreie Zuschläge zahlt.

11. Eine **Vergütungsvereinbarung kann erst dann angepasst** werden, wenn sie laut Vertrag abgelaufen beziehungsweise kündbar ist – vorher im Regelfall nicht! Ausnahme: In einer absoluten Krise, in denen der Bestand der GmbH gefährdet ist, müssen Sie Ihr Gehalt reduzieren, gegebenenfalls sogar darauf verzichten. So die Zivilrechtsprechung, auf die sich natürlich auch die Finanzverwaltung berufen kann.

12. Eine **betriebliche Altersversorgung** in Form der **Pensionszusage** kommt erst dann in Betracht, wenn sie für die Firma finanzierbar ist. Im Zweifel belassen Sie es lieber erst einmal bei einer Direktversicherung. Achten Sie außerdem darauf, dass die steuerliche Anerkennung von Pensionszusagen und den damit verbundenen Rückstellungen von bestimmten Voraussetzungen abhängig ist:

    - Bei erstmaliger Zusage oder deren Änderung sollten Sie als beherrschender Gesellschafter-Geschäftsführer grundsätzlich noch zehn Jahre weiter im Unternehmen tätig sein. Für Minderheits-Gesellschafter genügt eine weitere aktive Zeit von drei Jahren.

    - Die Pensionszusage beziehungsweise deren letzte Anpassung sollten Sie spätestens vor dem Ablauf Ihres 59. Lebensjahrs „in der Tasche haben."

    - Treten Sie eine Geschäftsführerposition erstmals an, sollte Ihnen im Regelfall erst nach Ablauf einer fünfjährigen „Probezeit" eine Pensionszusage erteilt werden.

Teil B: Vergütungs-ABC

1 Abfindung – Einkommensteuerermäßigung

Auch bei schon früher vertraglich vereinbarter Entlassungsentschädigung mögliche Steuerbegünstigung durch Fünftel-Regelung

Der Fall:

B war seit 1972 innerhalb eines Konzerns beschäftigt. Die auch für ihn geltende Betriebsvereinbarung sah vor, dass er im Fall einer rationalisierungsbedingten Auflösung seines Arbeitsvertrags eine Abfindung von einem halben Monatsgehalt pro angefangenes Beschäftigungsjahr beanspruchen konnte.

Im Rahmen einer Neuordnung des Konzerns wurde dem Kläger im Jahr 08 eine Anstellung als Geschäftsführer der X-GmbH unter gleichzeitiger Aufhebung des bisherigen Arbeitsvertrags angeboten. Die Konzernmutter sagte ihm bereits zu diesem Zeitpunkt eine Abfindung von 1/12 des letzten Jahresbruttogehalts je angefangenes Beschäftigungsjahr zuzüglich 20% für den Fall zu, dass der Dienstvertrag auf Veranlassung der X-GmbH oder durch deren Gesellschafter vor Vollendung des 60. Lebensjahrs aufgehoben bzw. gekündigt wird. B schloss daraufhin den Geschäftsführer-Anstellungsvertrag für die Jahre 2009 bis 2014 ab.

Aufgrund später geplanter Personalreduzierungen und Sitzverlegung wurde mit dem Kläger im vierten Quartal des Jahres 2013 über eine Beendigung seiner Tätigkeit verhandelt. Die Verhandlungen hatten dann die Beendigung des Dienstverhältnisses zur Folge und führten zur Zahlung einer Entschädigung an B in Höhe von 450.000 Euro für den Verlust seines Arbeitsplatzes. Mit der Abfindung sollten sämtliche Ansprüche aus dem Dienstvertrag, zusätzlichen Erklärungen und Vereinbarungen sowie aus vorhergehenden Arbeitsverhältnissen bei anderen Unternehmen begründete Ansprüche, mit Ausnahme der Pensionsansprüche, abgegolten werden.

Das Finanzamt verneinte für die Abfindungszahlung die ermäßigte Besteuerung gemäß § 34 EStG (Fünftelregelung).

Das Urteil:

Vor dem BFH bekam B Recht. Ihm war die ermäßigte Besteuerung der Abfindung (§ 34 EStG) im Streitfall zu gewähren.

Schließlich beruht die einem gekündigten Arbeitnehmer geleistete Entschädigung auch dann auf einer **neuen Rechtsgrundlage**, wenn **sie bereits im Dienstvertrag** für den Fall der Entlassung vereinbart wurde – so der BFH. Es komme entscheidend darauf an, dass die Zahlungen nicht als Gegenleistung für die erbrachte Arbeitsleistung, sondern als Ersatz für den Wegfall künftiger Einnahmen, sprich für den Verlust des Arbeitsplatzes, zu beurteilen sind.

Dass die Entschädigung bereits zuvor im Dienstvertrag vereinbart war, spiele insoweit keine Rolle. Schließlich könne es keinen Unterschied machen, ob der Ersatzanspruch bereits mit der Beendigung des Dienstverhältnisses aufgrund eines Gesetzes (§ 10 Kündigungsschutzgesetz), Tarifvertrags-, Betriebs- oder einer individualvertraglichen Vereinbarung entstehe oder **erst anlässlich der Beendigung** vereinbart werde.

Konsequenzen:

Das Urteil des BFH ist aus Gründen der Rechtssicherheit eine erfreuliche Klarstellung. Schließlich sind in zahlreichen Geschäftsführeranstellungsverträgen – aus gutem Grund – bereits Entschädigungen für den Fall der Kündigung durch den Arbeitgeber vereinbart.

☞ Im Übrigen ist es gerade für beherrschende Gesellschafter-Geschäftsführer **zwingend**, dass sie eine etwaige Entlassungsentschädigung **bereits frühzeitig** (möglichst von Anfang an) vereinbaren. Andernfalls – z.B. bei einer Abrede in zeitlicher Nähe zum Anteilsverkauf bzw. zur Entlassung – besteht die Gefahr der Beanstandung als vGA.

BFH, Urteil vom 10.9.2003, Az. XI R 9/02

2 Abfindung – steuerliche und rechtliche Besonderheiten

Worauf Sie als Gesellschafter-Geschäftsführer achten sollten

Im Gegensatz zum Sozialversicherungsrecht wird auch der Gesellschafter-Geschäftsführer der GmbH aus steuerrechtlicher Sicht regelmäßig als Arbeitnehmer eingestuft. Dies bedeutet, dass im Fall einer Auflösung des Geschäftsführer-Dienstverhältnisses und Erhalt einer Abfindung der Abfindungsberechtigte in den Genuss der **Steuerermäßigung** nach § 34 EStG kommen kann (s. vorheriges Stichwort).

- **Vertragliche Abfindungsregelung unerlässlich**

Als Gesellschafter-Geschäftsführer sollten Sie in Ihrem eigenem Interesse schon **frühzeitig**, am besten direkt bei Abschluss des Anstellungsvertrags, an die Vereinbarung einer Abfindung denken. Das macht die spätere **steuerliche Anerkennung** einer Entlassungsabfindung **leichter**.

Sie sollten außerdem wissen, dass das Kündigungsschutzgesetz für GmbH-Geschäftsführer nicht gilt und Geschäftsführer auch sofort von ihrem Amt entbunden werden können. Für „den Fall der Fälle" sollte also **dienstvertraglich** auch die Frage einer etwaigen Abfindung geregelt sein.

- **Fremdvergleich wahren**

Beachten Sie als Gesellschafter-Geschäftsführer, dass die **Höhe der Abfindung** jedoch einem **Fremdvergleich** standhalten muss, damit die Abfindungszahlung in Höhe des unangemessenen Teils nicht als vGA umqualifiziert wird.

☞ **Bei der Bemessung der Abfindung** sollten Sie sich zur Vermeidung einer vGA an § 10 des Kündigungsschutzgesetzes orientieren, der eine Staffelung nach der Zahl der absolvierten Dienstjahre und nach dem Alter des Arbeitnehmers vorsieht. Ferner lässt sich aus der Rechtsprechung der Arbeitsgerichte ein Abfindungsanspruch in Höhe eines Monatsgehalts für jedes geleistete Dienstjahr ableiten.

- **Besonderheiten bei beherrschenden Gesellschafter-Geschäftsführern**

Auch als beherrschender Gesellschafter-Geschäftsführer sollten Sie an eine frühzeitige Abfindungsregelung von Anbeginn im Anstellungsvertrag denken. Dies klingt paradox, da man aufgrund der beherrschenden Stellung sich regelmäßig eigentlich keine Sorgen um den eigenen Arbeitsplatz zu machen braucht.

Ein Grund für das Ausscheiden aus den Diensten der GmbH wäre aber z.B., wenn die Gesellschafterversammlung unter Ihrer maßgeblichen Mitwirkung die **Auflösung der GmbH** und die damit einhergehende Kündigung aller Arbeitsverhältnisse beschließt oder Sie Ihre GmbH an einen Dritten verkaufen müssen, der auf Ihrem Ausscheiden aus dem Geschäftsführeramt besteht. Haben Sie dann als beherrschender Gesellschafter-Geschäftsführer eine Abfindungsregelung vereinbart, unterliegen die Zahlungen der GmbH problemlos der steuerlichen Vergünstigung des § 34 EStG. Die Vergünstigung dürfte hier gewährt werden, da ausschließlich GmbH-bezogene Gründe das Ausscheiden aus dem Dienstverhältnis verursacht haben.

☞ Vereinbaren Sie mit der GmbH eine Abfindungsregelung erst dann, wenn Ihre Entlassung aktuell wird, könnte der Betriebsprüfer diese Regelung als vGA-verdächtig ansehen. Um steuerlich auf Nummer sicher zu gehen, sollte Ihr Anstellungsvertrag für den Fall einer **betriebsbedingten Entlassung** stets eine Abfindungsregelung vorsehen. Wenn Ihre GmbH deswegen im Fall der Fälle zahlen muss, kann das Finanzamt später nicht mit dem Einwand einer vGA kommen.

3 Abfindung – Versorgungsleistungen, nachträgliche

Umfassendes, nachträgliches Versorgungspaket anlässlich einer Entlassungsabfindung als steuerschädliche Zusatzleistung

Der Fall:

Der Kläger war seit 1972 Geschäftsführer der S-GmbH. Sein Anstellungsvertrag lief bis zum 31.12.2006 – bei einem Jahresgehalt von rund 900.000 € brutto ab dem 1.1.2005. Außerdem hatte die GmbH dem Kläger ein Haus mit Grundstück und einen Dienstwagen mit Fahrer zur Verfügung gestellt, die Kosten für den Unterhalt des Grundbesitzes (Strom, Wasser, Heizung, Telefon) übernommen und Zuschüsse für Hauspersonal, Einrichtung und Beiträge zum Golfclub gewährt.

Im Dezember 2005 wurde auf Veranlassung der GmbH die vorzeitige Auflösung des Dienstverhältnisses zum 31.12.2005 vereinbart. Hierfür erhielt der Kläger eine Entschädigung in Höhe von rund 800.000 €. Außerdem verpflichtete sich die GmbH, die bisher zugewendeten Sachbezüge bis zum 31.12.2006 zu gewähren. Der Wert dieser Sachbezüge betrug nach den Feststellungen des Finanzgerichts rund 210.000 €. Der Kläger beantragte die ermäßigte Besteuerung der Abfindung (800.000 €) für das Jahr 2005.

Das Finanzamt unterwarf die Abfindung jedoch dem regulären Steuersatz, da die weiterhin gewährten Sachbezüge auch Teil der Abfindung seien und somit die Voraussetzungen für einen zusammen geballten Zufluss in einem Kalenderjahr nicht vorlägen.

Das Urteil:

Der BFH gab dem Finanzamt Recht. Nach der ständigen Rechtsprechung des BFH sind steuerbegünstigte außerordentliche Einkünfte im Sinne des § 34 Abs. 1 EStG (siehe Stichwort „Abfindung – Einkommensteuerermäßigung") nur dann gegeben, wenn die Abfindung im Wesentlichen in **einem** Veranlagungszeitraum zu erfassen ist und durch die Zusammenballung erhöhte steuerliche Belastungen entstehen. Entschädigungen für entgangene oder entgehende Einnahmen sind daher grundsätzlich regelmäßig nur dann begünstigt, wenn sie **vollständig in einem Betrag** gezahlt werden.

Erstreckt sich eine Entschädigungszahlung auf **zwei oder mehr** Veranlagungszeiträume, ist die erforderliche Zusammenballung nicht gegeben. Eine Anwendung des § 34 EStG kommt dann grundsätzlich nicht in Betracht.

Eine **Ausnahme** hiervon lässt der BFH allerdings zu, wenn in späteren Veranlagungszeiträumen aus Gründen der sozialen Fürsorge für eine gewisse Übergangszeit **Entschädigungszusatzleistungen** gewährt werden.

Im Streitfall waren die Sachbezüge jedoch nach Ansicht des BFH – unabhängig von ihrer genauen Höhe – nicht als ergänzende Zusatzleistung zu beurteilen. Vielmehr führten sie in ihrer Bündelung zu einer recht umfassenden Versorgung (Kosten für die Wohnung einschließlich Strom, Wasser, Heizung, Telefon; Wagen mit Fahrer, Zuschüsse für Hauspersonal und Einrichtung; Beiträge zum Golfclub). Die **Menge** und der **Umfang** der einzelnen Sachbezüge in ihrer Gesamtheit seien mehr als nur ergänzende Zusatzleistungen. Die ermäßigte Besteuerung wurde deshalb vom BFH abgelehnt.

Konsequenzen:

Unschädliche Zusatzleistungen **aus Gründen der sozialen Fürsorge** sind etwa solche Leistungen, die der Arbeitgeber dem entlassenen Arbeitnehmer (Geschäftsführer) zur Erleichterung des Arbeitsplatz- oder Berufswechsels oder als Anpassung an eine dauerhafte Berufsaufgabe und Arbeitslosigkeit gewährt.

Auch wenn die Leistungen keine Bedürftigkeit des entlassenen Arbeitnehmers voraussetzen, waren sie dem BFH im Streitfall zumindest von ihrem Umfang her zu „üppig".

Mit Schreiben vom 24.5.2004 (Az. IV A 5 - S 2290 - 20/04, Rz. 15) hatte die Finanzverwaltung zunächst klargestellt, dass nach ihrer Auffassung die zusätzlichen Entschädigungsleistungen in einem anderen Kalenderjahr aus Gründen der sozialen Fürsorge **nicht mehr als 20% der Hauptleistung** betragen dürfen. Andernfalls liegt keine Zusammenballung der Einkünfte mehr vor. Von dieser sehr knapp bemessenen Grenze ist das BMF angesichts späterer BFH-Rechtsprechung (Urteil vom 21.4.2004, Az. XI R 22/03) aber sehr schnell wieder abgerückt. In dieser Entscheidung machte der BFH nämlich deutlich, dass selbst solche Zusatzentschädigungen „steuerunschädlich" sein können, die **mehr als 40% der Hauptentschädigung** ausmachen.

☞ Prompt korrigierte sich das BMF und legte fest: Zusatzabfindungen in Form von „Versorgungsleistungen" wirken dann nicht steuerlich negativ auf die Hauptabfindung zurück, wenn sie **weniger als 50%** der Hauptentschädigung ausmachen (BMF, BStBl 2004 I, S. 633).

✋ Im Streitfall störte den BFH offenbar **weniger die Höhe** der „sozialen" Zusatzleistungen, die noch innerhalb der vorgenannten 40- bzw. 50%-Grenze lag, sondern **deren Umfang**. Daraus folgt: Ein ganzes Bündel von Zusatzleistungen, die weiter in Form eines Versorgungspakets gewährt werden, ist in aller Regel steuerschädlich für die Hauptabfindung.

BFH, Urteil vom 21.1.2004, Az. XI R 23/03

4 Abfindung – Zusammenballung mit Tantieme

Zur Problematik der Zahlung einer Tantieme und einer Abfindung bei Auflösung des Dienstverhältnisses

Der Fall:

Das Vorstandsmitglied einer Kapitalgesellschaft hatte einen Anstellungsvertrag mit einer Laufzeit vom 1.10.2007 bis 30.9.2012 abgeschlossen. Neben einem Festgehalt hatte er Anspruch auf eine Tantieme, die sich nach der Höhe des Jahresüberschusses bzw. nach dem Erreichen eines Planergebnisses richtete. Die Tantieme war am Ende des Monats fällig, in dem die ordentliche Hauptversammlung stattfand. In den Jahren 2008, 2009 und 2010 fielen Bruttovergütungen von insgesamt ca. 200.000 €, 215.000 € und 340.000 € an.

Ende Dezember 2010 wurde das Vorstandsmitglied abberufen und das Dienstverhältnis mit Wirkung zum 31.1.2011 beendet. Für den Verlust des Arbeitsplatzes zahlte die Gesellschaft eine Entschädigung von ca. 230.000 €. Die gesamten Einnahmen des Ex-Vorstands aus nichtselbstständiger Arbeit beliefen sich in 2011 auf ca. 290.000 €.

Das Finanzamt lehnte die ermäßigte Besteuerung der Abfindung nach § 34 EStG mangels Zusammenballung ab. Das FG gab der dagegen gerichteten Klage statt. Im Revisionsverfahren wandte das Finanzamt ein, die

Argumentation des FG sei unzutreffend, da es die im Jahr 2010 erdiente Tantieme nicht aus der Entschädigung herausgerechnet habe. Nur der die Tantieme übersteigende Betrag könne eine steuerbegünstigte Entschädigung darstellen. Das FG hielt es dagegen für fraglich, dass angesichts der Auflösung des Dienstvertrags für das Jahr 2010 überhaupt noch eine Tantieme gezahlt worden wäre.

Das Urteil:

Der BFH hat die Vorentscheidung aufgehoben und die Sache zur weiteren Sachverhaltsaufklärung zurückverwiesen. Denn es war ungeklärt, ob die Abfindung **bereits erdiente** Ansprüche aus dem Dienstvertrag abgelten sollte. Soweit dies der Fall war (so etwa bei abgefundenen Tantiemen), scheide eine ermäßigte Besteuerung aus.

Entscheidend sei, ob die vertraglichen Voraussetzungen für den **Tantiemeanspruch im Zeitpunkt der Vertragsaufhebung** überhaupt erfüllt waren. Dies hatte das FG nicht geprüft. Nach Auffassung des BFH kann die Tantieme trotz der Aufhebung des im Streitfall bis zum 30.9.2012 unkündbaren Dienstvertrags und der Beendigung des Dienstverhältnisses erdient worden sein. Dies lässt sich dem Dienstvertrag jedoch ebenso wenig entnehmen wie die Berechnung der Tantiemen in den Vorjahren.

Andererseits ist es aus Sicht des BFH aber auch denkbar, dass die Gesellschaft trotz der Tantiemezahlungen in den Vorjahren nicht mehr dazu verpflichtet war, für das Jahr 2010 eine Tantieme zu gewähren. Zweifel bestehen insoweit vor allem deswegen, weil die Gesellschaft im Jahr 2010 einen Verlust von ca. 750.000 € erzielt hatte.

Konsequenzen:

Die vorliegende Entscheidung ist zwar zu einer AG ergangen, **jedoch auf eine GmbH** übertragbar – allerdings nur auf Fremdgeschäftsführer bzw. nicht beherrschende Gesellschafter-Geschäftsführer.

Bei einem **beherrschenden** Gesellschafter-Geschäftsführer würde eine solche Tantiemevereinbarung wohl zu einer verdeckten Gewinnausschüttung führen.

Bei der Prüfung der Steuerermäßigung für die Abfindung (§ 34 EStG) fragt sich, ob eine **Zusammenballung von Einnahmen** vorliegt, d.h., ob die Entschädigung die bis zum Ende des Veranlagungszeitraums entgehenden Einnahmen übersteigt. Hier ist im Streitfall davon auszugehen, dass ein einmal gezahltes Festgehalt auch in der Zukunft gezahlt würde. Das FG hatte in seine Durchschnittsberechnung dagegen auch die niedrigeren Festgehälter der Vorjahre einbezogen.

Es kommt nicht darauf an, ob eine **Entschädigung** die entgehenden Einnahmen mehrerer Jahre abdecken soll. Entscheidend ist vielmehr, ob es im Jahr der Zahlung der Entschädigung (hier: 2011) dergestalt zu einer Zusammenballung von Einkünften kommt, dass das Gesamteinkommen (hier: Restlicher Arbeitslohn für einen Monat plus Abfindung) aus Arbeitnehmertätigkeit die bei Fortbestehen des Dienstverhältnisses angefallenen Arbeitseinkünfte übersteigt.

BFH, Urteil vom 24.10.2007, Az. XI R 33/06

5 Arbeitgeberzuschüsse für Gesellschafter-Geschäftsführer

Gegenwärtiger Versicherungsstatus vorentscheidend für Lohnsteuerfreiheit von freiwilligen Arbeitgeberzuschüssen

Der Fall und das Urteil:

A war in den Streitjahren 1988 bis 1990 beherrschender Gesellschafter-Geschäftsführer der B-GmbH (Klägerin) und allein vertretungsberechtigt. Bereits im Jahr 1968 hatte ihn die BfA auf eigenen Antrag hin von der Versicherungspflicht befreit. Anlässlich einer Lohnsteueraußenprüfung wurde festgestellt, dass die B-GmbH im Prüfungszeitraum als Arbeitgeberin Beiträge zu einer befreienden Lebensversicherung für A geleistet hatte.

Das Finanzamt vertrat die Auffassung, dass die Steuerbefreiung des § 3 Nr. 62 Satz 2 EStG für diese Leistungen nicht in Betracht kommt. Aus diesem Grund wurde insoweit eine Nachversteuerung durchgeführt. Gegen den Haftungsbescheid legte die B-GmbH Einspruch und Klage ein, die beide erfolglos blieben. Im Rahmen der Revision vertrat sie die Auffassung, dass es nach dem Gesetzeswortlaut für die Steuerfreiheit nicht auf die gegenwärtige, sondern auf die **in der Vergangenheit vollzogene** versicherungsrechtliche **(Rechts-) Lage** ankommt. Das Finanzamt beantragte, die Revision zurückzuweisen.

Der BFH entschied, dass es für die Steuerfreiheit **ausschließlich auf den aktuellen** versicherungsrechtlichen Status des Gesellschafter-Geschäftsführers ankommt. Gemäß § 3 Nr. 62 Satz 2 EStG sind Ausgaben des Arbeitgebers für die Zukunftssicherung (z.B. für eine Lebensversicherung) steuerfrei, wenn der Arbeitnehmer von der **Versicherungspflicht** in der gesetzlichen Rentenversicherung **befreit** worden ist. Durch diese Vorschrift werden aber auch **freiwillige** Zuschüsse den gesetzlichen Pflichtbeiträgen des Arbeitgebers gleichgestellt.

Die Steuerbefreiung greift jedoch nicht ein, wenn der Arbeitnehmer **kraft Gesetzes versicherungsfrei** ist, wenn also kein Beschäftigungsverhältnis im Sinne des Sozialversicherungsrechts besteht.

Da A bereits im Jahr 1979 seine Mehrheitsbeteiligung erworben hatte und somit die gemäß Gesellschaftsvertrag erforderliche einfache Mehrheit jederzeit herbeiführen konnte, war er in den Streitjahren kraft Gesetzes versicherungsfrei.

Dass A vor dem Erwerb seiner Beteiligung an der GmbH bereits von der Rentenversicherungspflicht befreit worden war, führe entgegen der Auffassung der Klägerin nicht zu der Steuerbefreiung. Folge nämlich einer **auf Antrag** ausgesprochenen **Befreiung** von der Versicherungspflicht **eine Versiche-**

rungsfreiheit kraft Gesetzes, komme die Steuerfreiheit nach § 3 Nr. 62 Satz 2 EStG nicht mehr in Betracht.

Da der Gesetzeswortlaut aber keineswegs eindeutig sei, habe sich die Auslegung an dem Gesetzeszweck zu orientieren. Im Streitfall seien jedoch keine Gründe erkennbar, dass A mit versicherungspflichtigen Arbeitnehmern gleichgestellt werden müsste. Steuerpflichtige, die kraft Gesetzes von der Versicherungspflicht ausgenommen sind, bedürfen nach der Wertung des Gesetzgebers keiner steuerlichen Entlastung, da ihre Zukunftssicherung bereits gewährleistet erscheint. Denn es handelt sich hierbei um Personen in herausgehobenen Positionen und regelmäßig entsprechend dotierten Beschäftigungsverhältnissen oder um solche, die im öffentlichen Dienst oder als Versorgungsempfänger ausreichend abgesichert sind.

Konsequenzen:

Der BFH hat sich klar festgelegt: Für die Frage der Steuerfreiheit kommt es **einzig und allein** auf den gegenwärtigen versicherungsrechtlichen Status des Arbeitnehmers an. Dies gilt selbst dann, wenn er vor dem Erwerb der Mehrheitsbeteiligung an der GmbH bereits auf eigenen Antrag hin von der Versicherungspflicht befreit worden ist.

Freiwillige Arbeitgeberzuschüsse an Gesellschafter-Geschäftsführer können daher nur steuerfrei gezahlt werden, wenn der Empfänger keine beherrschende Stellung innehat. Der BFH hat es zwar nicht explizit erwähnt, geht aber im Streitfall offenbar zu Recht davon aus, dass es sich bei den Zahlungen „lediglich" um Arbeitslohn und nicht etwa um vGA handelt.

Mit Urteil vom 6.6.2002 (Az. VI R 178/97) hat der BFH klargestellt, dass **Entscheidungen der Sozialversicherungsträger** über den **sozialversicherungspflichtigen Status** von Gesellschafter-Geschäftsführern unter bestimmten Voraussetzungen auch **von den Finanzbehörden zu akzeptieren** sind (siehe GmbH-Stpr 2003, S. 85 ff).

BFH, Urteil vom 10.10.2002, Az. VI R 95/95

6 Arbeitslohn – Gehaltsverzicht

Zufluss von Arbeitslohn und verdeckte Einlage infolge Gehaltsverzicht

Der Fall:

Ein zu 35% an einer GmbH beteiligter Geschäftsführer erklärte in seiner Einkommensteuererklärung 1999 Arbeitslohn in Höhe von 89.227 DM sowie Reisekosten als Werbungskosten in Höhe von 20.285 DM, obwohl seine Lohnsteuerkarte Arbeitslohn in Höhe von 136.557 DM auswies und er ursprünglich Anspruch auf Erstattung der Reisekosten durch die GmbH hatte. Die Differenz begründete er mit einem Gehaltsverzicht zugunsten der GmbH, wozu er eine 1997 aufgrund eines Liquiditätsengpasses getroffene Vereinbarung vorlegte.

Das Finanzamt versagte den Werbungskostenabzug und ging vom Arbeitslohn laut Lohnsteuerkarte aus, da kein im Voraus ausgesprochener konkreter Gehaltsverzicht vorliege und der Verzicht auf Erstattung der Reisekosten als Gehaltsverwendung zu beurteilen sei. Das FG gab der dagegen gerichteten Klage statt. Der BFH hob die Vorentscheidung auf und verwies die Sache an das FG zurück.

Das Urteil:

Arbeitslohn fließt grundsätzlich mit Erlangung der wirtschaftlichen Verfügungsmacht zu, entweder durch Barauszahlung oder Gutschrift auf dem Konto des Empfängers. Für beherrschende Gesellschafter gilt zudem die Fiktion, dass von der GmbH geschuldete Vergütungen mit Fälligkeit zugeflossen sind.

Eine **verdeckte Einlage** liegt vor, wenn ein Gesellschafter der GmbH einen einlagefähigen Vermögensvorteil zuwendet, ohne dass der Gesellschafter dafür neue Gesellschaftsanteile erhält, und wenn diese Zuwendung ihre Ursache im Gesellschaftsverhältnis hat, d.h. wenn ein Nichtgesellschafter der GmbH diesen Vermögensvorteil nicht eingeräumt hätte. Einlagefähige Wirtschaftsgüter erhöhen das Vermögen der GmbH durch Ansatz eines Aktivpostens oder durch Wegfall bzw. Verminderung eines Passivpostens. Letzteres richtet sich nach den Grundsätzen des Bilanzrechts. Maßgeblich ist, ob ein Bilanzposten in einer auf den Zeitpunkt des Verzichts erstellten Bilanz hätte angesetzt werden müssen. Das FG ist teilweise von anderen Grundsätzen ausgegangen. Es hat zu Unrecht das Vorliegen einer verdeckten Einlage verneint, ohne Einzelheiten zu dem „Verzicht" des Klägers auf Auszahlung der einzelnen Monatsgehälter festzustellen.

Entscheidend ist jedoch, ob im Zeitpunkt des jeweiligen Verzichts eine Gehaltsverbindlichkeit in die Bilanz hätte eingestellt werden müssen. Nur falls der Kläger vor Entstehung des Gehaltsanspruchs darauf verzichtet hätte, wäre er unentgeltlich tätig geworden und es wäre nicht zu einer Vermögensmehrung bei der GmbH gekommen. Bei einem Verzicht im Nachhinein – nach Ablauf eines Monats – hätte die GmbH eine Gehaltsverbindlichkeit passivieren müssen.

Verzichtet der Gesellschafter auf einen bereits entstandenen (Gehalts-)Anspruch aus gesellschaftlichen Gründen, führt dies zu einer verdeckten Einlage und **zum Zufluss in Höhe des werthaltigen Teils der Forderung**. Das FG wird daher im zweiten Rechtsgang aufzuklären haben, wie und durch wen die Zahlung der Gehälter bei der GmbH erfolgte und wer zu welchem Zeitpunkt wem die Anweisung erteilte, die streitigen Gehälter ausnahmsweise nicht auszuzahlen.

Die Gewährung des Werbungskostenabzugs der Reisekosten durch das FG war dagegen nicht zu beanstanden; infolge jahrelanger Nichterstattung war von einer zumindest konkludenten Aufhebung der Reisekostenvereinbarung auszugehen.

Konsequenzen:

Für die Frage, ob ein Gehaltsverzicht zu einem Zufluss von Arbeitslohn führt, kommt es maßgeblich darauf an, wann der Verzicht erklärt wurde.

- Liegt eine verdeckte Einlage vor, so führt dies zum Zufluss von Arbeitslohn. Diese liegt jedoch nur dann vor, wenn der Gesellschafter nach Entstehung seines Gehaltsanspruchs aus gesellschaftlichen Gründen auf die Auszahlung verzichtet hat. In diesem Fall hätte eine Verbindlichkeit in die Bilanz eingestellt werden müssen.
- Verzichtet der Gesellschafter dagegen bereits vor Entstehung des Gehaltsanspruchs auf die Auszahlung, so wird er unentgeltlich für die GmbH tätig, und es kommt nicht zu einem fiktiven Zufluss von Arbeitslohn beim Gesellschafter-Geschäftsführer.
- **Hinweis:** Wenn ein Gesellschafter-Geschäftsführer im Voraus auf seine Vergütung verzichtet, sollte eine eindeutige schriftliche Vereinbarung zu dem Verzicht – gegebenenfalls in Verbindung mit einer Besserungsklausel – vorliegen. Aus welchen Gründen die Vereinbarung im Besprechungsfall nicht akzeptiert wurde, lässt sich dem Urteil nicht entnehmen. Es dürften allerdings seherische Fähigkeiten erforderlich gewesen sein, um in einer 1997 getroffenen Vereinbarung bereits zu regeln, dass auf die Gehälter für März, Mai, August und Dezember 1999 wegen eines Liquiditätsengpasses verzichtet wird.

BFH, Urteil vom 15.6.2016, Az. VI R 6/13

7 Arbeitslohn – Gutschrift auf Zeitwertkonto (1)

Kein Arbeitslohn bei Gutschrift auf Zeitwertkonto des Fremdgeschäftsführers

Der Fall:

A ist seit 1992 Fremdgeschäftsführer der X-GmbH. Im Januar 2007 traf die Gesellschaft mit A eine „Vereinbarung zur Ansammlung von Wertguthaben zur Finanzierung eines vorzeitigen Ruhestands" und richtete ein sogenanntes Zeitwertkonto für A ein.

Im August 2007 schloss die X-GmbH zur Finanzierung der Entgelte für die spätere Freistellung eine Rückdeckungsversicherung ab. Lohnbestandteile, auf deren Auszahlung A im Rahmen der Vereinbarung mit der X-GmbH verzichtet hatte, wurden erstmals ab August 2007 vom Lohnkonto auf das Konto der Rückdeckungsversicherung gezahlt. Versicherungsnehmer und Bezugsberechtigter aus der Rückdeckungsversicherung ist die X-GmbH.

Die Einzahlungen auf das Wertguthaben blieben bis Januar 2009 steuerfrei. Bei einer in 2010 durchgeführten Außenprüfung vertrat der Prüfer die Auffassung, dass bei GmbH-Geschäftsführern ab 2009 Zeitwertkonten steuerlich nicht mehr anerkannt werden, da die Freistellung von der Arbeitsleistung bei fortbestehender Organstellung dem Aufgabenbild des Organs der Kapitalgesellschaft widerspreche. Infolgedessen setzte das Finanzamt gegen A Lohnsteuer und Solidaritätszuschlag in Höhe von 4.367 € zzgl. Kirchensteuer fest. Der hiergegen eingelegte Einspruch blieb erfolglos.

Das Urteil:

Das Finanzgericht gab der Klage mit folgender Begründung statt: Die im Streitjahr auf dem Zeitwertkonto eingestellten Lohnbeträge des A sind ihm nicht zugeflossen. Einnahmen und damit auch Arbeitslohn sind zugeflossen, wenn und sobald der Steuerpflichtige wirtschaftlich darüber verfügen kann. Das ist regelmäßig der Fall, wenn die Einnahmen bar ausgezahlt oder einem Konto des Empfängers bei einem Kreditinstitut gutgeschrieben werden.

Dem A ist jedoch in dem verwirklichten Zeitwertkontenmodell mit den Wertgutschriften kein Arbeitslohn zugeflossen. Es sind insoweit weder Barauszahlungen noch Gutschriften auf seinem Konto bei einem Kreditinstitut erfolgt. Vielmehr wurden die Beträge in die Rückdeckungsversicherung eingezahlt. Versicherungsnehmer war die X-GmbH. Gegenüber der Versicherung hatte A zunächst keinen Anspruch auf Auszahlung der Versicherungssumme. Er konnte über die eingezahlten Beträge zunächst wirtschaftlich nicht verfügen. Dies war erst in der Freistellungsphase möglich, sodass auch erst in der Freistellungsphase ein Zufluss gegeben war.

Konsequenzen:

Die Auffassung der Finanzverwaltung dürfte auf dem BFH-Urteil vom 11.11.2015 (Az. I R 26/15) beruhen, das in der Fachliteratur auf erhebliche Kritik gestoßen ist (vgl. Eversloh/Prühs, GmbH-Stpr 2016, S. 236 sowie Prühs, GmbH-Stpr 2016, S. 129).

Eine Gutschrift in den Büchern der GmbH kann einen Zufluss bei dem Geschäftsführer bewirken, wenn in der Gutschrift nicht nur das buchmäßige

Festhalten einer Schuldbuchverpflichtung zu sehen ist, sondern darüber hinaus zum Ausdruck kommt, dass der Betrag dem Berechtigten von nun an zur Verfügung steht. Der Gläubiger muss allerdings in der Lage sein, den Leistungserfolg ohne weiteres Zutun des im Übrigen leistungsbereiten und leistungsfähigen Schuldners herbeizuführen (BFH, Urteil vom 3.2.2011, Az. VI R 4/10, BStBl II 2011, S. 456). Dies war im Streitfall jedoch nicht der Fall. Das Finanzamt hat gegen das Urteil Revision beim BFH (Az. I R 74/15) eingelegt.

FG Köln, Urteil vom 26.4.2016, Az. 1 K 1191/12

8 Arbeitslohn – Gutschrift auf Zeitwertkonto (2)

Kein Arbeitslohn bei Gutschrift auf Wertguthabenkonto eines Fremdgeschäftsführers

Der Fall:

A war Geschäftsführer einer GmbH und erzielte hieraus Einkünfte aus nichtselbstständiger Tätigkeit. An der GmbH war er nicht beteiligt. 2007 schloss er mit der GmbH eine Wertguthabenvereinbarung ab. Dabei handelte es sich um eine Vereinbarung zur Finanzierung des vorzeitigen Ruhestands des A. Er verzichtete auf die Auszahlung laufender Bezüge in Höhe von monatlich 6.000 €, die ihm erst in der späteren Freistellungsphase ausgezahlt werden sollten.

Die GmbH unterwarf die Zuführungen zu dem Wertguthaben des A nicht dem Lohnsteuerabzug. Das Finanzamt war demgegenüber der Auffassung, die Wertgutschriften führten zum Zufluss von Arbeitslohn bei A und forderte die Lohnsteuer nach. Das FG gab der Klage statt.

Das Urteil:

Der BFH hat die Auffassung der Vorinstanz bestätigt. Danach stellten die Zuführungen zu dem Zeitwertkonto keinen gegenwärtig zufließenden Arbeitslohn des A dar. Nur zugeflossener Arbeitslohn unterliege dem Lohnsteuerabzug. A habe von der GmbH in Höhe der Gutschriften auf dem Wertguthabenkonto keine Auszahlungen erhalten und habe nach der mit der GmbH abgeschlossenen Wertguthabenvereinbarung über die Gutschriften im Streitjahr auch nicht verfügen können.

Die Wertguthabenvereinbarung sei auch keine Vorausverfügung des A über seinen Arbeitslohn, die den Zufluss im Zeitpunkt der Gutschriften bewirkt hätte. Vielmehr habe A mit der Wertguthabenvereinbarung nur auf die Auszahlung eines Teils seines Barlohns zugunsten einer Zahlung in der Freistellungsphase verzichtet.

Konsequenzen:

Dies gilt entgegen der Auffassung der Finanzverwaltung (BMF-Schreiben vom 17.6.2009) nach diesem BFH-Urteil für den Fremdgeschäftsführer einer GmbH. Nach Auffassung des BFH ist dieser wie alle anderen Arbeitnehmer zu behandeln. Die bloße Organstellung als Geschäftsführer ist für den Zufluss von Arbeitslohn ohne Bedeutung. Allerdings sind **Besonderheiten bei beherrschenden Gesellschafter-Geschäftsführern** einer Kapitalgesellschaft gerechtfertigt. Vgl. ausführlich zu diesem Urteil den Beitrag von Ballof in GmbH-Stpr 2018 S. 193.

BFH, Urteil vom 22.2.2018, Az. VI R 17/16

9 Arbeitslohn – Gutschrift auf Zeitwertkonto (3)

Kein Arbeitslohn bei Verfügung über die Beträge erst in der Freistellungsphase

Der Fall:

E war seit dem 1.1.2005 alleiniger Geschäftsführer der Z-GmbH. Im November 2008 schloss E mit der Z-GmbH eine Vereinbarung zur Einführung von Zeitwertkonten im Sinne des § 7b SGB IV. Ein Teil seines Bruttolohns (50 € Arbeitnehmeranteil und 10,50 € Arbeitgeberleistung) wurden auf ein Rückdeckungskonto eingezahlt.

Der Lohnsteuerprüfer war im Jahr 2010 der Ansicht, dass bereits die Einbuchung einer Gutschrift durch einen gesetzlichen Vertreter der GmbH zu einem Lohnzufluss führe und der Lohnsteuer zu unterwerfen sei. Das Finanzamt erließ einen auf § 42d Abs. 1 EStG gestützten Haftungsbescheid gegen die GmbH.

2012 führte das Finanzamt eine weitere LSt-Außenprüfung durch und ermittelte nachzuversteuernde Arbeitslöhne des E (12 x 60,50 €). Es erließ wiederum einen Haftungsbescheid gegenüber der GmbH. Die GmbH legte gegen beide Haftungsbescheide Einspruch ein, wobei sie auf das BMF-Schreiben vom 17.6.2009 (BStBl I 2009, S. 1286) verwies, wonach weder die Vereinbarung der Einrichtung eines Zeitwertkontos noch die spätere Wertgutschrift durch den Arbeitgeber auf diesem Konto zu einem Zufluss von Arbeitslohn führt. Bei Organen von Körperschaften sollte nach dem Schreiben etwas anderes gelten, was aber durch § 11 EStG nicht gedeckt sei. Die GmbH berief sich auf die Gleichbehandlung von Angestellten mit und ohne Organfunktion. Der Einspruch wurde als unbegründet abgelehnt.

Das Urteil:

Das FG Berlin-Brandenburg hielt die Klage für begründet und die Haftungsbescheide für rechtswidrig. Zu Unrecht habe das Finanzamt angenommen, dass die GmbH den Haftungstatbestand gemäß § 42d Abs. 1 Nr. 1 EStG erfülle, da die GmbH nicht verpflichtet war, im Jahr 2009 die Lohnsteuer einzubehalten.

Der steuerliche Begriff des Zeitwertkontos entspricht dem Begriff der Wertguthabensvereinbarung nach § 7b SGB IV. Ein Wertguthaben setzt eine schriftliche Vereinbarung voraus, nach der Arbeitsentgelt, das mit einer vor oder nach der Freistellung erbrachten Arbeitsleistung erzielt wird, eingebracht wird, um es für Zeiten der Freistellung aus dem Wertguthaben zu entnehmen. Eine derartige Vereinbarung lag im Urteilsfall vor.

Ein Zufluss nach § 11 EStG ist gegeben, wenn und sobald der Arbeitnehmer wirtschaftlich über die Einnahme verfügen kann. Im Streitfall stand der in Zeitgutschriften umgewandelte Arbeitslohn aber nicht zur Verfügung, da die GmbH diesen in eigenem Namen und auf eigene Rechnung bei einem Dritten angelegt hatte. Die Inanspruchnahme war nach der getroffenen Vereinbarung erst in der Freistellungsphase möglich. Infolgedessen ist nicht die Gutschrift auf dem Zeitwertkonto, sondern **erst die Auszahlung aus diesem zu versteuern**.

Konsequenzen:

Das Urteil entspricht der Gesetzesbegründung, nach der die Steuer auf den Zeitpunkt der Auszahlung von Entgelt aus dem Wertguthaben aufzuschieben ist (BT-Drucksache 16/10289), sowie der Rechtsprechung zur Altersteilzeit, nach der der Arbeitnehmer während der Arbeitsphase Guthaben erarbeitet, die für die spätere Freistellungsphase angespart und bei Auszahlung versteuert werden (vgl. BFH, Beschluss vom 15.12.2011, Az. VI R 26/11).

Etwas anderes ergibt sich auch nicht aus der Organstellung des E. Zum einen kann ein Zeitwertkonto grundsätzlich für alle Arbeitnehmer eingerichtet werden, zum anderen kann nicht die Organstellung des E als Geschäftsführer der GmbH zu einer von § 11 Abs. 1 EStG abweichenden Zuflussfiktion führen. Da dies der Auffassung der Finanzverwaltung widerspricht, wurde Revision eingelegt (BFH-Az. VI R 55/17).

FG Berlin-Brandenburg, Urteil vom 14.11.2017, Az. 9 K 9235/15

10 Arbeitslohn – Rückzahlung

Rückzahlung von Arbeitslohn bei irrtümlicher Überweisung durch die GmbH

Der Fall:

Die A-GmbH hatte ihrem alleinigen Gesellschafter und Geschäftsführer in den Jahren 2008 bis 2010 irrtümlich überhöhte Tantiemen sowie Urlaubsgelder ausgezahlt und diese im Anschluss an eine Betriebsprüfung im Jahr 2011 zurückgefordert. Nachdem die Einkommensteuerbescheide 2008 bis 2010 wegen unstrittiger Sachbezüge infolge einer Pkw-Überlassung geändert worden waren, legte der Geschäftsführer Einspruch gegen die Änderungsbescheide ein und beantragte, seine Einnahmen aus nichtselbstständiger Arbeit in den betreffenden Veranlagungszeiträumen jeweils um die zurückgeforderten Tantiemen und Urlaubsgelder zu kürzen. Sämtliche Rechtsmittel blieben ohne Erfolg.

Das Urteil:

Die Rückzahlung des Arbeitslohns ist auch bei einem beherrschenden Gesellschafter-Geschäftsführer erst im Zeitpunkt des tatsächlichen Abflusses und nicht bereits im Zeitpunkt der Fälligkeit der Rückforderung Einkünfte mindernd zu berücksichtigen.

Auch für die Rückzahlung von Arbeitslohn gilt das kalenderjahrbezogene Zu- und Abflussprinzip des § 11 EStG. Im vorliegenden Fall wurde der Arbeitslohn nicht in den betroffenen Veranlagungszeiträumen, sondern erst nach dem Abschluss der Betriebsprüfung im Jahr 2011 zurückgezahlt; er ist daher erst in 2011 Einkünfte mindernd anzusetzen. Hierfür spricht auch, dass die GmbH die überzahlten Beträge erst im Jahr 2011 tatsächlich zurückgefordert hat. Darauf, dass diese Forderungen jahresbezogen in den Prüferbilanzen aktiviert wurden, kommt es nicht an.

Der Abfluss des Arbeitslohns lässt sich auch nicht durch die **Zuflussfiktion für beherrschende Gesellschafter** begründen. Aufgrund dieser Fiktion fließen Zahlungsansprüche einem Gesellschafter bereits bei Fälligkeit und nicht erst bei späterer tatsächlicher Zahlung zu, weil der beherrschende Gesellschafter entscheiden kann, wann die Beträge an ihn ausgezahlt werden. Im umgekehrten Fall besteht jedoch keine vergleichbare Situation; der Gesellschafter beherrscht die GmbH, die GmbH aber nicht den Gesellschafter. Damit bleibt kein Raum für eine entsprechende Abflussfiktion.

Konsequenzen:

Für den Gesellschafter-Geschäftsführer hätte der Abzug in den Veranlagungszeiträumen 2008 bis 2010 den Vorteil gehabt, die Progressionswirkung durch die Erhöhung der Einkünfte um den Nutzungswert für den Firmenwagen zu reduzieren und gegebenenfalls die Entstehung von Nachzahlungszinsen nach § 233a AO zu verhindern. Nachdem der BFH dies verwehrt hat, blieb ihm nur der geballte Abzug im Veranlagungszeitraum 2011.

Der BFH hat sich im vorliegenden Urteil nicht nur mit dem Problem des Abflusses auseinandergesetzt, sondern ist auch der Frage nachgegangen, ob Überzahlungen als verdeckte Gewinnausschüttungen anzusehen sind. Letzteres hat er verneint und stattdessen Lohnzahlungen bejaht, weil die GmbH die Überzahlungen geleistet hatte, um ihre vermeintlichen arbeitsvertraglichen Verpflichtungen zu erfüllen. Denn zum Arbeitslohn rechnen nach ständiger Rechtsprechung des BFH auch versehentliche Überweisungen des Arbeitgebers. Insoweit ist es unerheblich, dass die GmbH die Tantiemen und Urlaubsgelder falsch berechnet hatte. Zudem lagen keine Anhaltspunkte dafür vor, dass die GmbH die Überzahlungen aufgrund der Gesellschafterstellung des Geschäftsführers geleistet hatte.

BFH, Urteil vom 14.4.2016, Az. VI R 13/14

11 Arbeitslohn – verbilligter Erwerb eines Geschäftsanteils

Arbeitslohn bei verbilligtem Erwerb eines Geschäftsanteils aufgrund des Dienstverhältnisses

Der Fall:

Der Kläger K war im Streitjahr 2000 als Prokurist bei der in Deutschland ansässigen A-GmbH beschäftigt. Zum anderen war er für eine 100%ige Tochtergesellschaft der A-GmbH als Geschäftsführer tätig. Mit Vertrag vom 15.4.2002 wurde K auch zum weiteren Geschäftsführer der A-GmbH bestellt.

Die A-GmbH war 1994 von der Rechtsvorgängerin der B-GmbH sowie deren Geschäftsführern C und D gegründet worden. Die Beteiligungsverhältnisse sowie der Kreis der Gesellschafter der A-GmbH veränderten sich bis 2001 mehrmals. Am 25.7.2000 veräußerte die B-GmbH einen Anteil an der A-GmbH von 0,99% (Nennwert 1.188 DM) für 21.600 DM an den Kläger. Bereits am 10.4.2000 hatte die A-GmbH mit K einen Zusatzvertrag zum Dienstvertrag geschlossen, wonach K als Europamanager eingesetzt werden sollte und für die nächsten beiden Jahre, die zur Expansion anstehen, eine Beteiligung von 2% erhalten sollte.

Nach einer Betriebsprüfung in 2005 setzte das Finanzamt die Einkünfte des K höher an. Es ging dabei davon aus, dass der von K für den GmbH-Anteil gezahlte Kaufpreis (21.600 DM) nicht dem tatsächlichen Wert der Beteiligung (36.621 DM) entsprochen habe. Die Wertdifferenz qualifizierte das Finanzamt als Arbeitslohn im Sinne des § 19 Abs. 1 Nr. 1 EStG.

Im Einspruchsverfahren legte K ein Wertgutachten vor; danach habe der Beteiligungswert höchstens 18.059 DM betragen. Das Finanzamt ging dagegen auf der Grundlage einer vom Finanzamt für Groß- und Konzernbetriebsprüfung erstellten fachprüferlichen Stellungnahme zur Wertermittlung der Beteiligung an der A-GmbH von 34.848 DM aus und reduzierte die als Arbeitslohn festgesetzte Wertdifferenz von 18.059 € auf 13.248 €.

K erhob daraufhin Klage und vertrat die Auffassung, bei der am 10.4.2000 enthaltenen Zusage einer Beteiligung von 2%, habe es sich nicht um eine Beteiligung an der A-GmbH, sondern um die Zusage einer „Tantiemebeteiligung" gehandelt.

Das Urteil:

Das Finanzgericht hielt die Klage für unbegründet und bestätigte die Auffassung des Finanzamts, dass der Kläger seine **Beteiligung** an der A-GmbH **verbilligt erworben** habe.

Zu den Einkünften aus nichtselbstständiger Arbeit gehören alle Güter, die in Geld oder Geldeswert bestehen und dem Arbeitnehmer für das Zurverfügungstellen seiner Arbeitskraft zufließen. Damit kann auch der verbilligte Erwerb einer GmbH-Beteiligung zu Einnahmen aus nichtselbstständiger Arbeit führen (BFH, Beschluss vom 26.6.2014, Az. VI R 94/13, GmbH-Stpr 2014, S. 372).

Arbeitslohn liegt allerdings dann nicht vor, wenn die Zuwendung wegen anderer Rechtsbeziehungen oder sonstiger, nicht auf dem Dienstverhältnis beruhender Beziehungen zwischen Arbeitnehmer und Arbeitgeber gewährt wird.

Die Zuwendung eines Dritten (hier durch die B-GmbH) ist nur dann als Arbeitslohn zu qualifizieren, wenn der Veranlassungszusammenhang zwischen der Vorteilsgewährung und der Arbeitsleistung des Arbeitnehmers eindeutig ist. Dies sah das FG im Streitfall als gegeben an.

Konsequenzen:

Die verbilligte Überlassung der Beteiligung an der A-GmbH durch die B-GmbH an den Kläger stellte sich dem Gericht als eine durch dessen Tätigkeit für die A-GmbH veranlasste Zuwendung dar. Das FG ging davon aus, dass die Beteiligung dem Kläger sogar ausdrücklich in der am 10.4.2000 getroffenen Zusatzvereinbarung zugesagt worden sei. Als „Tantiemebeteiligung" konnte das Gericht den Wortlaut in der Zusatzvereinbarung nicht verstehen, da K bereits eine Tantiemezusage hatte.

Die Überzeugung des Gerichts, dass der GmbH-Anteil wesentlich mehr wert war, als K dafür gezahlt hatte, wurde insbesondere dadurch bestärkt, dass der Gesellschafter D Ende November 2001 (also nicht einmal anderthalb Jahre nach dem 25.7.2000) seine 5%-Beteiligung an der A-GmbH zum Teilwert von 260.800 DM in eine zuvor von ihm gegründete GmbH eingebracht hatte. Daraus ließ sich ein Wert für eine 0,99%ige Beteiligung des K in Höhe von 51.638 DM ableiten.

Bei einem Streit mit dem Finanzamt über Wertdifferenzen zwischen dem Kaufpreis einer GmbH-Beteiligung und ihrem tatsächlichen Wert, muss damit gerechnet werden, dass zeitnahe andere Verkaufserlöse oder Teilwertansätze bei Einbringungsvorgängen als Maßstab für den Wert der Beteiligung herangezogen werden.

FG Münster, Urteil vom 14.8.2015, Az. 10 K 3290/13 E

12 Arbeitszimmer – Vermietung an GmbH (1)

Steuerliche Problematik bei häuslichem Arbeitszimmer – Ausweggestaltung: Heimbürovermietung an GmbH

Was geht noch steuerlich beim Arbeitszimmer in der eigenen Wohnung, wo gibt es Probleme bei der Anerkennung und wie kann man die Arbeit im Heimbüro ggf. noch steuergünstig gestalten? Angesichts fortschreitender Arbeitsverlegung von den Betrieben in die häusliche Sphäre fragen sich dies immer mehr Steuerzahler – ob sie nun (GmbH-)Unternehmer, Arbeitnehmer oder freie Mitarbeiter sind.

- **Steuerliche Arbeitszimmer-Problematik**

Aufwendungen für ein „häusliches Arbeitszimmer" lassen sich nur dann voll (als Werbungskosten bzw. Betriebsausgaben) absetzen, wenn dort der „Mittelpunkt" der Berufstätigkeit liegt. Ansonsten sind sie nur **eingeschränkt** absetzbar, wenn es **keinen anderweitigen (geeigneten) Arbeitsplatz** gibt (Abzugsbeschränkung bei max. 1.250 €/Jahr).

Bei einem **weiteren vorhandenen Arbeitsplatz** (im Betrieb oder in der Praxis) lassen sich – bis auf die Kosten für Arbeitsmittel – Arbeitszimmeraufwendungen oft gar nicht absetzen **(Abzugsverbot)**.

Allerdings hat der Gesetzgeber seinerzeit nicht näher umschrieben, was überhaupt unter einem häuslichen Arbeitszimmer zu verstehen ist, und hat ein solches Heimbüro auch nicht „negativ" von einem **außerhäuslichen Ar-**

beitszimmer abgegrenzt. Der gesetzliche Wortlaut gibt ebenfalls zu der Frage nichts her, wie der **berufliche Mittelpunkt** und ein **„häusliches"** Arbeitszimmer zu definieren ist (vgl. § 4 Abs. 5 Satz 1 Nr. 6b EStG).

Die **Finanzrechtsprechung** interpretierte den Gesetzeswortlaut zum Teil steuerzahlerfreundlich (Siehe GmbH-Stpr 2001, S. 230), während die **Finanzverwaltung** den Arbeitszimmerbegriff sehr weit fasste und in den meisten Fällen zu einer Abzugsbeschränkung bzw. einem Abzugsverbot kam (vgl. OFD Düsseldorf, GmbH-Stpr 1997, S. 178 ff.).

- **Aufarbeitung wichtiger Detailfragen durch den Bundesfinanzhof**

In zahlreichen Entscheidungen hat der BFH die Arbeitszimmerproblematik mittlerweile einigermaßen aufgearbeitet. So hatten sich der VI. und XI. Senat insbesondere zu den höchst umstrittenen Fragen geäußert, wann überhaupt ein „Arbeitszimmer" vorliegt, bei dem die Abzugsbeschränkungen greifen, und wie der „Berufsmittelpunkt" näher zu definieren ist.

Danach ist jeder **„büromäßig" genutzte Raum** ein häusliches Arbeitszimmer (BFH vom 19.9.2002, Az. VI R 70/01, vgl. GmbH-Stpr 2003, S. 253).

Damit fallen viele GmbH-Geschäftsführer bzw. Arbeitnehmer mit ihren Aufwendungen für das „Heimbüro" unter das gesetzliche Abzugsverbot.

- **Wichtige steuerliche Rahmenbedingungen beachten**

Es kommt nach aktueller BFH-Rechtsprechung auf **verschiedene Faktoren** an, welche die steuerliche Anerkennung (sämtlicher) Arbeitszimmer- bzw. Heimbürokosten leicht, schwer oder gar unmöglich machen. Beispiele: örtliche Verhältnisse, Art des Hauses (Ein- oder Mehrfamilienhaus) und seiner Nutzung (Eigenheim oder Mietwohnung), Art und Umfang der Berufstätigkeit, Schwerpunkt des Arbeitsbereichs (zu Hause oder auswärts).

Die steuerliche Anerkennung als außerhäusliches Arbeitszimmer oder „Zweitbetriebsstätte" ist oft schwer abzuschätzen.

- **Gestaltungsalternative: Heimbürovermietung an GmbH**

Als **GmbH-Gesellschafter**, der als Geschäftsführer oder anderweitig in der Firma mitarbeitet und über ein Heimbüro verfügt, sind Sie bei steuersparenden Verträgen mit Ihrer GmbH besser dran als andere Unternehmer. Denn Sie und Ihre GmbH sind rechtlich zwei verschiedene Personen und können daher steuerlich problemlos Verträge miteinander abschließen.

Im Klartext: Selbst dann, wenn Sie als GmbH-Gesellschafter Alleineigentümer der Immobilie sind, in der Sie Ihr Heimbüro haben, dürfte ein Heimbüromietvertrag zwischen Ihnen und Ihrer GmbH bei **Wahrung des Fremdvergleichs** steuerlich keine Probleme machen. Andere (Personen-/Einzel-)Unternehmer haben diese Möglichkeit nicht, es sei denn, sie mieten Räumlichkeiten im Eigentum eines Angehörigen an.

- **Heimbüro-Mietmodell: Auf Gestaltungssicherheit achten**

Mittlerweile hat der BFH in drei Entscheidungen aus dem Jahr 2001, 2003 und 2004 bestätigt, dass ein Arbeitnehmer dem Arbeitgeber sein Arbeitszimmer als „Heimbüro" auch mit steuerlicher Wirkung vermieten kann.

Bei einem anerkannten Heimbüromietverhältnis **greifen die Abzugsbeschränkungen** für Arbeitszimmeraufwendungen (§ 4 Abs. 5 Nr. 6b EStG) **nicht**. Bei einer (auch) **umsatzsteuerlich** anerkannten Heimbürovermietung hat der Arbeitnehmer/Vermieter (GmbH-Geschäftsführer) außerdem **Anspruch auf den Vorsteuerabzug** aus allen das Heimbüro betreffenden Aufwendungen (vgl. FG Niedersachsen, Urteil vom 30.6.2005, Az. 5 K 796/01, EFG 2005, S. 1813: speziell zur Heimbürovermietung eines Gesellschafter-Geschäftsführers an seine GmbH).

Ein Heimbüromietverhältnis akzeptieren der BFH und das BMF-Schreiben vom 13.12.2005) nur unter bestimmten Voraussetzungen:

1. Es muss ein **„vorrangiges" betriebliches Interesse** (so auch der BFH mit Urteil vom 16.9.2004) an der Nutzung des Heimbüros **durch den Arbeitgeber** bestehen.

2. Dieses besondere Arbeitgeberinteresse „im Zweifel" nachzuweisen, ist Sache der Steuerpflichtigen (Arbeitnehmer/Arbeitgeber).

3. Die Vermietung muss in der Absicht erfolgen, positive Einkünfte zu erzielen, also Einnahmenüberschüsse. Diese Absicht ist durch eine objektbezogene Überschussprognose festzustellen.

Solche Zweifelsfälle nimmt die Finanzverwaltung laut oben genannten BMF-Schreiben nur dann nicht an, wenn das **Heimbüro** der **einzige** „geeignete" **Arbeitsplatz** ist. Verfügt der Arbeitnehmer (Geschäftsführer) dagegen im Betrieb über einen **weiteren Arbeitsplatz**, müssen er und sein Arbeitgeber (die GmbH) dem Finanzamt in der Regel das vorrangige Arbeitgeberinteresse beweisen.

Eine Übersicht zur neueren Rechtsprechung zum häuslichen Arbeitszimmer des GmbH-Geschäftsführers in GmbH-Stpr 2017, S. 257 ff. und zum BMF-Schreiben vom 18.4.2019 bei Prühs, Die Vermietung des häuslichen Arbeitszimmers an die eigene GmbH, in GmbH-Stpr 2019, S. 193 ff.

BMF-Schreiben vom 18.4.2019, Az. V C 1 2211/16/10003: 005, BStBl I, S.46

13 Arbeitszimmer – Vermietung an GmbH (2)

Steuerliche Anerkennung setzt nachgewiesenes vorrangiges Interesse der GmbH als Arbeitgeberin voraus

Der Fall:

Die Tätigkeit eines GmbH-Gesellschafter-Geschäftsführers erstreckte sich hauptsächlich darin, die über 60 Filialen des Unternehmens zu bereisen und zu inspizieren. Ihm stand im Betriebsgebäude der GmbH am Unternehmenssitz ein **Büroarbeitsraum zur alleinigen Nutzung** zur Verfügung. Ab August 1997 überließ er (zusammen mit seiner Ehefrau) der GmbH einen 13,07 qm großen Raum im selbst bewohnten Einfamilienhaus, das ihm zusammen mit seiner Ehefrau je zur Hälfte gehörte. Die der Nutzungsüberlassung zugrunde liegende Vereinbarung war als Ergänzung zum Geschäftsführervertrag und zugleich als Mietvertrag über ein häusliches Arbeitszimmer bezeichnet. Danach sollte die GmbH ab sofort sämtliche Kosten des Arbeitszimmers übernehmen und zu diesem Zweck das Zimmer anmieten (monatliche Pauschalmiete: 250 DM). Hinsichtlich der Vermietung an die GmbH erklärten die Eheleute negative Einnahmen aus Vermietung und Verpachtung.

Das Finanzgericht ordnete die Vermietungseinnahmen – wie das Finanzamt zuvor – als Arbeitslohn ein; es berücksichtigte jedoch einen Werbungskostenabzug für das häusliche Arbeitszimmer in Höhe von 2.400 DM, weil dem Geschäftsführer für seine Gesamttätigkeit nicht immer ein anderer geeigneter Arbeitsplatz zur Verfügung stand.

Auf die **Revision** der Eheleute und des Finanzamts hatte der BFH das Urteil bereits mit Gerichtsbescheid vom 19.12.2005 (Az. VI R 82/04) aufgehoben und die Sache an **das Finanzgericht** zurückverwiesen. Der BFH gab dem Finanzgericht für das weitere Verfahren Folgendes mit auf den Weg (vgl. ausführlich Zimmers, GmbH-Stpr 2019, S.193 ff.).

- Für die Anerkennung eines Heimbüro-Mietvertrags kommt es auch im Fall eines GmbH-Gesellschafter-Geschäftsführers entscheidend darauf an, dass das Heimbüro **im vorrangigen Arbeitgeberinteresse** genutzt wird.
- Dient die Nutzung des Arbeitszimmers in erster Linie den **Interessen des Arbeitnehmers**, sind laut BFH die Mietzahlungen Arbeitslohn und das Heimbüro ein häusliches Arbeitszimmer (Abzugsbeschränkung greift!).

Das Urteil:

Die Klage wurde im zweiten Rechtsgang als unbegründet zurückgewiesen. Die Zahlungen der GmbH für das häusliche Arbeitszimmer sind nach Einschätzung des Finanzgerichts den Einkünften aus nicht selbstständiger Arbeit zuzurechnen. Eine **Teilberücksichtigung der Werbungskosten** (bis zur Höhe von 2.400 DM, vgl. § 4 Abs. 5 Satz 1 Nr. 6 b EStG alte Fassung) kommt nach Ansicht des Finanzgerichts ebenfalls **nicht in Betracht**, weil dem Geschäftsführer in seiner Firma (GmbH) grundsätzlich ein anderer geeigneter Arbeitsplatz zur Verfügung stand.

Das Finanzgericht kam zu dem Ergebnis, dass der Kläger nicht ausreichend nachgewiesen habe, dass das häusliche Arbeitszimmer im vorrangigen betrieblichen Interesse des Arbeitgebers – der GmbH – vom Kläger angemietet wurde. Zum einen sei das Interesse des Arbeitsgebers daran, dass der Geschäftsführer zu Hause Überstunden leistet, zur Begründung nicht ausreichend, weil er damit nur ein Interesse an der jeweiligen Arbeitsleistung geltend macht. Zum anderen ist das Gericht der Auffassung, dass das Indiz für ein **vorrangiges betriebliches Interesse**, nämlich ein Abschluss vergleichbarer Mietverträge mit fremden Dritten, die mit der GmbH nicht in einem Dienstverhältnis stehen, nicht vorlag.

Konsequenzen:

Für die Praxis gilt zunächst zu beachten: Das Finanzgericht hat ausdrücklich klargestellt, dass die Gestaltung „steuerwirksame Vermietung des Heimbüros an die GmbH" durchaus **erfolgreich umgesetzt werden kann**. Dies erfordert jedoch, dass der betreffende Raum vor allem im betrieblichen Interesse des Arbeitgebers genutzt wird, was durch eine entsprechende Ausstattung „dokumentiert" sein sollte. Dieses Interesse muss – objektiv nachvollziehbar – über die Entlohnung des Arbeitnehmers und über die Erbringung der jeweiligen Arbeitsleistung hinausgehen – (zur konkreten Umsetzung, vgl. Prühs, GmbH-Stpr 2006, S. 33 und Zimmers, GmbH-Stpr 2006, S. 260).

Die Gestaltung funktionierte im Streitfall wohl u.a. deshalb nicht, weil die Beweislage des Klägers offenbar recht dünn war und die Zeugenaussage teilweise Ungereimtheiten enthielt.

In der Praxis muss unbedingt darauf geachtet werden, dass neben einem **mustergültigen Nutzungsvertrag** auch **eindeutige Vorteile für die GmbH** erkennbar sind und nicht nur für den Gesellschafter-Geschäftsführer, z.B. ein bequemes Arbeiten zu Hause (vgl. hierzu ausführlich Zimmers, GmbH-Stpr 2006, S. 260).

FG München, Urteil vom 7.10.2008, Az. 13 K 1037/06 S. 386

14 Auslagenersatz

Aufwendungsersatz im Anstellungsvertrag des Gesellschafter-Geschäftsführers verhindert vGA

Hinsichtlich der steuerlichen Anerkennung des Auslagenersatzes an einen beherrschenden Gesellschafter-Geschäftsführer bestehen **strenge Anforderungen** nach der Rechtsprechung des BFH. Gibt es für den Ersatz durch die Gesellschaft keine eindeutige und im Voraus vereinbarte Regelung, stellen die Zahlungen **vGA** dar.

Selbst für den Fall eines Rechtsanspruchs auf Auslagenersatz vertritt der BFH diese Auffassung. So hat der Geschäftsführer gesetzlich zwar einen Anspruch auf Ersatz seiner Aufwendungen, wenn er im Rahmen der Geschäftsführung Aufwendungen tätigt, die er den Umständen nach für erforderlich halten darf (§§ 675, 670 BGB). Steuerlich kann aber gleichwohl eine vGA vorliegen.

Vielfach bestreitet ein Geschäftsführer verhältnismäßig geringfügige Ausgaben aus der eigenen Tasche, ohne dass ein Beleg ausgestellt wird; z.B. Trinkgelder, Telefon- und Postgebühren. Lässt sich ein beherrschender Gesellschafter-Geschäftsführer derartigen **Bagatellaufwand** von der Gesellschaft pauschal erstatten, ohne ihn glaubhaft machen zu können und ohne einen Auslagenersatz vorher vereinbart zu haben, muss er damit rechnen, dass der Betriebsprüfer den **Auslagenersatz als vGA** behandelt.

Auch mit einem **nicht beherrschenden** Gesellschafter-Geschäftsführer sollte im Anstellungsvertrag der Auslagenersatz dem Grunde nach vereinbart sein. Die Höhe kann offen bleiben. Vorausgesetzt: Die GmbH erstattet später nicht pauschal, sondern lässt sich Belege vorlegen bzw. Nebenkosten glaubhaft machen.

Formulierungsvorschlag: „Der Geschäftsführer hat Anspruch auf Ersatz sämtlicher Aufwendungen, die ihm im Interesse der Gesellschaft entstehen – auch durch Einsatz eigener Vermögenswerte. Die Aufwendungen müssen belegt werden, soweit üblicherweise Belege erteilt werden. Ansonsten reichen Eigenbelege (z.B. über gezahlte Trinkgelder usw.)."

15 Auslandsreise – Kostenübernahme durch GmbH (1)

Bei Reise mit touristischem Einschlag liegt vGA vor

Der Fall und das Urteil:

Das Finanzamt nahm mehrere Auslandsreisen des Mehrheits-Gesellschafter-Geschäftsführers genauer unter die Lupe und sah in der Kostenübernahme durch die GmbH eine vGA. Die Reisen dienten der in der Immobilienbranche tätigen GmbH nach eigenen Angaben zur Kundengewinnung und führten den Geschäftsführer unter anderem nach Hongkong, Shanghai, Kapstadt und Buenos Aires. Zu den Reiseteilnehmern gehörten weitere deutsche Unternehmer aus der Immobilienbranche. Der Geschäftsführer nahm an Gebäudebesichtigungen im Ausland teil, besuchte Grundstücksgesellschaften und Betriebe sowie zum Teil auch Fachvorträge.

Das Programm der Reisen war jedoch so gestaltet, dass zwischenzeitlich genug Zeit für touristisch interessante Ausflüge übrig blieb; außerdem standen Vor- bzw. Nachmittage teilweise zur freien Verfügung.

Das **FG Berlin** stellte klar: Die **Reisen** seien wegen ihrer starken touristischen Prägung **als vGA** anzusehen. Daran ändere nichts, dass sich dem Gesellschafter-Geschäftsführer auf einer solchen Reise Gelegenheiten bieten, Geschäftsabschlüsse anzubahnen. Die Richter beanstandeten den „touristischen" Einschlag der Reisen, so u.a. die durchgeführte Tempelbesichtigung, Fahrten zum Kap der guten Hoffnung, in die Pampa, Stadtrundfahrten, Marktbesuche sowie eine Bootsfahrt nach Brasilien.

Konsequenzen:

☞ Reisen in ferne Länder stehen prinzipiell unter der besonderen Beobachtung der Finanzverwaltung. Sofern sich aus den Reiseunterlagen touristische Aktivitäten ergeben, folgt der vGA-Vorwurf auf der Stelle.

✋ Zu beachten ist: Für den vGA-Vorwurf reicht eine bloße **„Mit-Veranlassung"** durch das Gesellschaftsverhältnis, also auch ein geringer privat mitveranlasster Reiseanteil aus. Die positive BFH-Rechtsprechung zu den **gemischten Reise-Aufwendungen** (BFH vom 21.9.2009 Teil-Anerkennung) dürfte nicht zum Zuge kommen.

Anmerkungen:

1. Mit Urteil vom 6.4.2005 hat der BFH die Entscheidung des FG Berlin bestätigt. Danach gilt: Übernimmt eine GmbH die Kosten für eine Auslandsreise ihres Gesellschafter-Geschäftsführers, die in „nicht unerheblichem" Um-

fang (das dürfte ab 10% heißen) privat veranlasst ist, sind darin verdeckte Gewinnausschüttungen zu sehen.

☞ Damit der Betriebsausgabenabzug der GmbH für eine Kostenübernahme 100%ig sicher ist, sollte sich aus den Reiseunterlagen ergeben, dass Sie nebenher überhaupt keinen Urlaub haben machen können.

2. Zwar hat der BFH mit Urteil vom 18.8.2005 und im Anschluss daran der Große Senat des BFH für den Bereich der Lohnsteuer entschieden, das eine Reisekostenerstattung durch Arbeitgeber auch bei **gemischt** (also privat und beruflich) **veranlassten** Aufwendungen in Betracht kommen kann (Az. VI R 32/03). Doch ist es fraglich, ob und inwieweit diese Entscheidungen auch positive Folgen für den Bereich der GmbH und ihrer Gesellschafter-Geschäftsführer haben können.

FG Berlin, Urteil vom 22.6.2004, Az. 7 K 7147/02; BFH, Urteil vom 6.4.2005, Az. I T 86/04, GmbH-Stpr 2006, S. 22; BFH, Urteil vom 18.8.2005, Az. VI R 32/03; BFH, Beschluss vom 21.9.2009, Az. Gr S 1/06

16 Auslandsreise – Kostenübernahme durch GmbH (2)

Übernommene Aufwendungen für eine „Fachstudienreise" nur bei fast ausschließlich betrieblichem Anlass keine vGA

Der Fall und das Urteil:

X ist Gesellschafter-Geschäftsführer der Y-GmbH. Diese betreibt eine Werksvertretung einer in Japan ansässigen Firma A. X nahm im Oktober 1999 an einer sogenannten Fachstudienreise nach Japan teil. Organisiert wurde die Reise von der Firma A. Alle Reiseteilnehmer waren A-Händler. Neben Besichtigungen der A-Werke, verbunden mit Kontakten zu japanischen Kollegen, wurden auch beliebte touristische Ziele besucht. Im Zuge einer Außenprüfung hielt der Betriebsprüfer die von der GmbH als „Fortbildung" übernommenen Reiseaufwendungen für nicht als Betriebsausgaben abziehbar. Das Finanzamt behandelte die betreffenden Aufwendungen als vGA.

Das FG Baden-Württemberg wies die hiergegen gerichtete Klage als unbegründet zurück. Das Finanzamt habe die streitigen Reisekosten zu Recht als vGA behandelt, weil die Reise trotz eines gewissen betrieblichen Bezugs nicht im weit überwiegenden, so gut wie ausschließlichen betrieblichen Interesse der Y-GmbH durchgeführt worden sei.

Indiz für eine **nicht nur unerhebliche außerbetriebliche** Mitveranlassung der Reise sei vor allem, dass die Reiseroute mit **vielen Ortswechseln** verbunden gewesen sei und zahlreiche der besuchten Orte **beliebte Ziele des Tourismus** darstellten. Diese Ziele seien sogar von der „veranstaltenden" Firma A als touristisch besonders interessant herausgestellt worden. Dabei habe sich durch den häufigen Ortswechsel, Fahrten und Besichtigungen in einer wirtschaftlich, technisch, gesellschaftlich und kulturell sehr interessanten Umgebung (auch) ein **hoher Bildungs- und Erlebniswert** der Reise ergeben.

Auch die mehrfach angesetzten Treffen und Präsentationen bei Abendveranstaltungen, die Gelegenheit zu fachlichen Informationen und Erfahrungsaustausch mit Kollegen geboten hätten, spielten sich in einem **weitgehend gesellschaftlichen Rahmen** ab. Dadurch seien die Aufwendungen zur persönlichen Lebensführung der Teilnehmer zu zählen.

Konsequenzen:

Von der GmbH übernommene Reisekosten für **Fach- und Studienreisen** sind nur dann **Betriebsausgaben**, wenn sich die gesamte Reise als straff organisierte Fortbildungsreise darstellt, bei der die Reisetage für die Teilnehmer wie normale Arbeitstage mit betrieblicher Tätigkeit ausgefüllt sind. Findet die Reise im europäischen Ausland statt, ist auf das günstige EuGH-Urteil vom 28.10.1999 (Rs. C 55/98) hinzuweisen. Danach verbietet Artikel 59 EGV, bei **Fortbildungsveranstaltungen** an typischen Urlaubsorten in anderen EU-Staaten ohne Weiteres eine erhebliche private Mitveranlassung zu unterstellen. Der BFH hat diese Sicht mittlerweile bestätigt (vgl. Urteil vom 13.6.2005), aber nur für den Arbeitnehmerbereich (Lohnsteuer-Senat des BFH). Für den GmbH-Bereich und für GmbH-Gesellschafter-Geschäftsführer mit der Problematik „vGA" ist eine positive Ausstrahlwirkung fraglich.

FG Baden-Württemberg, rechtskräftiges Urteil vom 18.7.2001, Az. 3 K 189/00, GmbH-Stpr 2001, S. 214; BFH, Urteil vom 13.6.2005, Az. VI R 168/00; BFH, Beschluss vom 21.9.2009, Az. Gr S 1/06, BMF-Schreiben vom 6.7.2010, Az. IV C 3 - S 2227/07/1003:002

17 Auslandsreise mit Wirtschaftsdelegation

Übernahme der Kosten durch die GmbH hat keine vGA zur Folge

Die von einer GmbH übernommenen Kosten für die Teilnahme ihres (Gesellschafter-)Geschäftsführers an einer Auslandsreise mit einer vom Landeswirtschaftsministerium zusammengestellten Delegation sind nach dem Urteil des BFH vom 9.3.2010 **im Regelfall betrieblich veranlasst** und lösen keine vGA aus.

Der BFH geht davon aus, dass die **betriebliche Veranlassung** einer solchen Reise bereits dann gegeben ist, wenn der Geschäftsführer die anlässlich der Reise gewonnenen Informationen und **Kontakte für unternehmerische Zwecke der GmbH nutzen kann**.

Das Finanzamt vertrat im Anschluss an eine Außenprüfung bei der GmbH die Auffassung, die Übernahme der Kosten für den Geschäftsführer und seine bei der GmbH als Prokuristin beschäftigte Ehefrau stellten geldwerte Vorteile dar und seien deshalb lohnsteuerpflichtig. Dem war das Finanzgericht nicht gefolgt, weil die Übernahme der Reisekosten in den Anstellungsverträgen geregelt war. Stattdessen sah das Finanzgericht in der Übernahme der Reisekosten verdeckte Gewinnausschüttungen, was aber wiederum der BFH verneinte. Der BFH geht davon aus, dass die betriebliche Veranlassung einer solchen Reise bereits dann gegeben ist, wenn nicht auszuschließen ist, dass der Geschäftsführer die anlässlich der Reise gewonnenen Informationen und Kontakte für unternehmerische Zwecke der GmbH nutzen kann.

BFH, Urteil vom 9.3.2010, Az. VIII R 32/07

18 Beratervertrag – vGA durch Beratungshonorare

Anforderungen an die Ausgestaltung des Beratervertrags

Der Fall:

A und B sind zu jeweils 50% an der X-GmbH beteiligt. A war gleichzeitig Geschäftsführer. Die X-GmbH zahlte im Streitfall Beraterhonorare und Reisekosten an A in Höhe von 249.957 DM und an B in Höhe von 9.120 DM.

Dem lagen Beraterverträge zugrunde, wonach für kaufmännische und betriebswirtschaftliche (A) bzw. technische Beratungen (B) ein Stundensatz von 96 DM vereinbart wurden. Reisekosten sollten jeweils zusätzlich in Rechnung gestellt werden. Weitere Vereinbarungen enthielten die Verträge nicht. Außerdem konnte A einen Firmen-PKW auch privat nutzen. Von den anfallenden Kosten wurden ihm 30% in Rechnung gestellt.

Im Rahmen einer Außenprüfung wurde festgestellt, dass beide Gesellschafter inzwischen zusammenlebten. Daraufhin wurden die Zahlungen aus den Beraterverträgen sowie die nicht in Rechnung gestellten Kosten für die Pkw-Nutzung als vGA gewertet.

Einspruch und Klage hatten keinen Erfolg.

Das Urteil:

Der BFH bestätigte das Urteil des FG. Seiner Auffassung nach hat das FG die aufgrund der Beraterverträge geleisteten Zahlungen zu Recht als vGA angesehen, da die vertraglichen Vereinbarungen einem Fremdvergleich nicht standhalten.

Den Gesellschaftern sei es freigestellt gewesen, wann und in welchem Umfang sie ihren Verpflichtungen nachkämen. Den Verträgen sei kein Zeitpunkt zu entnehmen, bis zu dem ein vertraglich vereinbarter Erfolg eingetreten sein sollte. Den Gesellschaftern sei somit freigestellt gewesen, ob und wenn ja wie bzw. wann sie ihre vertraglich vereinbarten Pflichten zu erfüllen hatten. Eine derartige Vereinbarung hätte ein ordentlicher und gewissenhafter Geschäftsleiter nicht abgeschlossen.

Zumindest hätte er angesichts der umfänglichen und unbestimmten Beschreibung der zu erbringenden Leistungen darauf hingewirkt, Art und Umfang der Leistungen sowie den Zeitpunkt, zu dem diese erbracht werden mussten, zu konkretisieren.

Insoweit sei es auch unerheblich, ob der vereinbarte Stundensatz marktüblich gewesen sei. Denn im Rahmen des steuerlich maßgeblichen Fremdvergleichs sei nicht nur auf einzelne Elemente der fraglichen Vergütung abzustellen, sondern es sei eine Gesamtbetrachtung vorzunehmen.

Auch die **teilweise unentgeltliche Pkw-Überlassung** führe zu einer **vGA**. Denn ein ordentlicher und gewissenhafter Geschäftsleiter würde einem externen Berater keinen betrieblichen Pkw zur Nutzung überlassen, wenn diesem vertraglich ohnehin die Möglichkeit eingeräumt worden sei, Reisekosten gesondert geltend zu machen und abzurechnen.

Konsequenzen:

Im entschiedenen Fall waren die Beraterverträge derart unbestimmt, dass weder das „Ob" noch das „Wie" bzw. „Wann" der vertraglichen Leistungserbringung bestimmbar waren. Sollen aber Vereinbarungen zwischen Gesellschaft und Gesellschafter einem Fremdvergleich standhalten, müssen die Vereinbarungen Regelungen über das „Ob" und das „Wie" bzw. „Wann" enthalten, während die Höhe der Vergütung bzw. deren Marktüblichkeit nachrangig sind.

Ansonsten geht aus dem Urteil hervor, dass die laut BFH zu erfolgende Gesamtbetrachtung einzelfallabhängig ist. Vor diesem Hintergrund sollten Vereinbarungen der GmbH mit ihren Gesellschafter überprüft und evtl. angepasst werden, um z.B. im Falle einer Betriebsprüfung unnötige Diskussionen mit dem Finanzamt zu vermeiden.

BFH, Beschluss vom 12.9.2018, Az. I R 77/16

19 Betriebliche Altersversorgung – Direktversicherung

Zufluss erst bei tatsächlicher Zahlung des Versicherungsbeitrags durch die GmbH

Der Fall:

G war Gesellschafter und Geschäftsführer der X-GmbH. Im Dezember 2010 schloss die X-GmbH einen über Entgeltumwandlung finanzierten Direktversicherungsvertrag mit Versicherungsbeginn zum Anfang des Monats ab und erteilte der Versicherungsgesellschaft eine Einzugsermächtigung für die jährlich anfallenden Beitragszahlungen in Höhe von jeweils 4.440 €. Die X-GmbH behielt den Betrag zwar vom Dezembergehalt des G ein, die Versicherungsgesellschaft zog den Beitrag aber erst im Januar 2011 vom Firmenkonto ein. Die Abbuchung des Beitrags für den Folgezeitraum 1.12.2011 bis 30.11.2012 erfolgte im Dezember 2011.

Die X-GmbH behandelte die Versicherungsbeiträge in ihren Lohnsteuer-Anmeldungen jeweils als steuerfreien Arbeitslohn.

Im Rahmen einer bei der X-GmbH durchgeführten Lohnsteuer-Außenprüfung gelangte der Prüfer zu der Auffassung, G seien in 2011 Beiträge zu einer Direktversicherung in Höhe von insgesamt 8.880 € als Arbeitslohn zugeflossen. Steuerfrei sei aber lediglich ein Betrag in Höhe von 4.440 €. Der Restbetrag in der gleichen Höhe sei steuerpflichtig. Dem folgend erließ das Finanzamt gegenüber der X-GmbH einen Haftungsbescheid wegen nachzuzahlender Lohnsteuer.

Das FG gab der dagegen gerichteten Klage statt.

Das Urteil:

Der BFH hob auf die Revision des Finanzamts hin das Urteil der Vorinstanz auf und verwies die Sache an diese zurück.

Nach Auffassung des BFH handelt es sich bei den nur einmal jährlich gezahlten Versicherungsbeiträgen nicht um laufend gezahlten Arbeitslohn, sondern um sonstige Bezüge, obwohl die Zahlung sich in aufeinander folgenden Jahren wiederholt. Derartige Bezüge würden nach § 38a Abs. 1 Satz 3 EStG in dem Kalenderjahr bezogen, in dem sie dem Arbeitnehmer zufließen. Das gelte auch dann, wenn der Arbeitgeber die Beiträge direkt an die Versicherung entrichte. Eine zeitliche Zuordnung der Beiträge nach ihrer wirtschaftlichen Zugehörigkeit entsprechend § 11 Abs. 1 EStG sei ausgeschlossen, da diese Regelung **nur für regelmäßig wiederkehrende Einnahmen** gelte.

Als Zuflusszeitpunkt sei der Zeitpunkt der Zahlung des Versicherungsbeitrags an die Versicherung anzusehen, nicht bereits die Erteilung der Einzugsermächtigung. Daher sei der Zufluss im Streitfall erst 2011 erfolgt. Da im Dezember 2011 der Beitrag für 2011 gezahlt worden sei, seien für die beiden Jahre 2010 und 2011 die Beitragszahlungen in 2011 zugeflossen. Jährlich seien aber nur 4.440 € lohnsteuerfrei, sodass der Restbetrag der Lohnsteuer unterliege.

Konsequenzen:

Auch zivilrechtlich wird eine Forderung des Gläubigers bei Verwendung des SEPA-Verfahrens erst mit vorbehaltloser Gutschrift des Zahlbetrags auf seinem Konto erfüllt (BGH, Urteil vom 20.7.2010, Az. XI ZR 236/07). Der Direktversicherung als Gläubigerin des Versicherungsbeitrags floss der Betrag, den sie vom Konto der X-GmbH einzog, somit auch erst mit der Gutschrift im Januar zu, nicht hingegen bereits bei Fälligkeit des Versicherungsvertrags aufgrund der ihr erteilten Befugnis zum Lastschrifteinzug.

☞ Eine GmbH sollte zur Vermeidung unerwünschter Steuerfolgen gerade zum Jahresende die rechtzeitige steuersparende Beitragszahlung an Versicherungen im Auge behalten.

BFH, Urteil vom 24.8.2017, Az. VI R 58/15

20 Betriebsaufspaltung – Gesellschafter-Geschäftsführergehalt

---

„Verdienste“ für die Besitz-Gesellschaft bleiben bei der GmbH-Geschäftsführer-Gehaltsgestaltung unberücksichtigt.

Der Fall:

Zwischen einer GbR und einer GmbH bestand eine Betriebsaufspaltung. An beiden Unternehmen waren dieselben drei Gesellschafter mit je 33,3% beteiligt. Sie waren zugleich Geschäftsführer der GmbH, die ca. 30 Mitarbeiter beschäftigte. Die Gesamtvergütungen je Geschäftsführer bewegten sich in den Streitjahren 1999 bis 2003 zwischen 186.994 € und 242.795 €. Die GmbH erzielte in diesem Zeitraum Umsätze zwischen 3,9 und 5,4 Mio. €. Ihre Jahresergebnisse lagen stets unter 20.000 €.

Das Finanzamt sah nur Vergütungen zwischen ca. 140.000 € und 173.000 € als angemessen an, darüber hinausgehende Beträge seien vGA. Die dagegen gerichtete Klage hatte nur in geringem Umfang Erfolg, die Nichtzulassungsbeschwerde wurde abgewiesen.

Das Urteil:

Die Argumentation der GmbH, bei der Prüfung der Angemessenheit der Geschäftsführervergütungen anhand von Gehaltsstrukturanalysen seien auch die Umsätze sowie Gewinne der Besitzgesellschaft zu berücksichtigen, weist der BFH zurück. Obwohl enge wirtschaftliche Beziehungen zwischen Besitz- und Betriebsgesellschaft bestünden, komme es bei der Angemessenheitsprüfung **nur auf die Verhältnisse der Betriebs-GmbH** an. Da es sich bei der Betriebs-GmbH und der Besitz-GbR um rechtlich selbstständige Unternehmen handele, könne **keine übergreifende Angemessenheitsprüfung** vorgenommen werden.

Weiterhin billigt der BFH die Vorgehensweise des FG, das bei der Angemessenheitsprüfung von den sich aus den Gehaltsstrukturanalysen ergebenden Werten einen **pauschalen Abschlag von 25%** vorgenommen hat, weil die GmbH **drei Geschäftsführer** beschäftigte. Insoweit bindet die Tatsachenwürdigung durch das FG den BFH.

Konsequenzen:

Den an einer Betriebsaufspaltung beteiligten Gesellschaftern muss im Beratungsalltag vermittelt werden, dass ihre Unternehmen bei einigen steuerlichen Sachverhalten – etwa bei einer umsatzsteuerlichen Organschaft, bei Wertberichtigung von Forderungen oder bei Investitionszulagen – wirtschaftlich zwar als Einheit betrachtet werden, bei der steuerlichen Angemessenheitsprüfung der an die Unternehmensleiter gezahlten Vergütungen dagegen nicht.

Folgt man der Auffassung des BFH, dass bei der Angemessenheitsprüfung die rechtliche Selbstständigkeit der Unternehmen maßgebend ist, so gelten die allgemeinen Grundsätze. Zu diesen gehören nach ständiger Rechtsprechung Abschläge, wenn eine kleinere GmbH von mehreren Geschäftsführern geleitet wird (vgl. hierzu Prühs, Geschäftsführer-Doppel, GmbH-Stpr 2010, S. 3 ff.). Dass die Beschäftigung von mehreren Geschäftsführern notwendig ist und aufgrund der besonderen Umstände des Falls keine Abschläge gerechtfertigt sind, hätte bereits dem Finanzgericht deutlich gemacht werden müssen.

Erschöpft sich die Tätigkeit des Besitzunternehmens nicht in der Verpachtung an die **Betriebs-GmbH**, sondern liegt noch ein **darüber hinausgehender Geschäftsbetrieb** vor, müssten die allgemeinen Rechtsprechungsgrundsätze des BFH dazu führen, dass bei der Angemessenheitsprüfung von den Vergleichswerten wegen **Mehrfachgeschäftsführung** ein **weiterer Abschlag** vorzunehmen ist. Ist die Tätigkeit für die Besitzgesellschaft – wie bei reiner Verpachtung – jedoch nur geringfügig, kann ein solcher Abschlag unterbleiben (FG Berlin-Brandenburg, Urteil vom 12.12.2007, Az. 12 K 8396/05 B).

BFH, Beschluss vom 9.11.2009, Az. I B 77/09

21 Dienstwagen – Fahrten zur Arbeit

Zur Höhe des privaten Nutzungswerts für Fahrten mit dem Dienstwagen zur GmbH-Betriebsstätte in Park-and-Ride-Fällen

Der Fall:

Der Kläger, ein Verband, stellte seinem Hauptgeschäftsführer A einen Dienstwagen auch für Fahrten zwischen Wohnung und Arbeitsstätte zur Verfügung. Die einfache Entfernung von der Wohnung des A zur Dienststelle betrug 118 km. Für das Fahrzeug wurde kein Fahrtenbuch geführt.

Der Kläger (Arbeitgeber) unterwarf den geldwerten Vorteil aus der Privatnutzung sowie den Fahrten zwischen Wohnung und Arbeitsstätte dem Lohnsteuerabzug nach der Pauschalmethode. Für die Fahrten zwischen Wohnung und Arbeitsstätte legte er hierbei aber nur die Entfernung zwischen der Wohnung des A und dem Bahnhof X zu Grunde. Dabei ging der Arbeitgeber davon aus, dass A das Dienstfahrzeug nur für diese 3,5 km lange Strecke genutzt hatte und von dort aus die weiteren 114,5 km mit der Bahn gefahren war.

Das Finanzamt hingegen legte bei der Ermittlung des geldwerten Vorteils nach § 8 Abs. 2 Satz 3 EStG die gesamte Entfernung von der Wohnung zur Arbeitsstätte (118 km) zu Grunde.

Das FG wies die Klage der GmbH ab.

Das Urteil:

Der BFH bestätigte – anders als die Vorinstanz – die vom Arbeitgeber vorgenommene lohnsteuerliche Ermittlung des Zuschlags wegen der Dienstwagennutzung für Fahrten zur Arbeitsstätte und entschied:

Legt ein Geschäftsführer den täglichen Arbeitsweg zwischen seiner Wohnung und seiner Arbeitsstätte teilweise mit dem ihm überlassenen Dienstfahrzeug, teilweise mit öffentlichen Verkehrsmitteln zurück, ist nur für die mit dem Firmenfahrzeug zurückgelegte Teilstrecke ein (zusätzlicher) geldwerter Vorteil anzusetzen.

Zweck dieses geldwerten Vorteils sei es, den überschießenden pauschalen Werbungskostenabzug für die Fahrten zwischen Wohnung und Arbeitsstätte (Entfernungspauschale) zu kompensieren, der dem Arbeitnehmer bei Nutzung eines Dienstwagens zustehe, ohne dass dieser eigene Aufwendungen getragen habe. Aus der Korrekturfunktion des Zuschlags ergebe sich, dass für diesen ebenso wie für die Entfernungspauschale nur auf die **tatsächliche** Nutzung des Dienstfahrzeugs abzustellen sei.

Es gelte zwar der Beweis des ersten Anscheins, dass ein Dienstwagen für die

Gesamtstrecke von der Wohnung bis zur Arbeitsstätte genutzt wird. Dieser Anscheinsbeweis werde aber dann entkräftet, wenn der Dienstwagenberechtigte – wie im Streitfall – für eine Teilstrecke eine auf ihn ausgestellte Jahresbahnfahrkarte vorlegt.

Konsequenzen:

Der Arbeitgeber hat bezüglich des Lohnsteuerabzugs dem Umstand Rechnung zu tragen, dass ein Dienstfahrzeug nur für eine Teilstrecke zwischen Wohnung und Arbeitsstätte genutzt wird. Allein die tatsächliche Nutzung des Dienstwagens ist der **Pauschalbesteuerung (mit 0,03%)** zugrunde zu legen. Nur in diesem eingeschränkten Umfang ist die lohnsteuerliche Erfassung eines geldwerten Vorteils nach § 8 Abs. 2 Satz 3 EStG gerechtfertigt.

Wird für einen Dienstwagen kein Fahrtenbuch geführt, kommt die Pauschalmethode zur Anwendung. Das heißt, dass eine nicht berufliche/betriebliche Nutzung unterstellt wird, also für **reine Privatfahrten** und für **Fahrten zur Arbeit**, die ebenfalls als außerbetriebliche, d.h. private Fahrten gelten. Daraus ergibt sich wiederum lohnsteuerlich:

1. Für die Nutzung zu Privatfahrten ist in jedem Kalendermonat 1% des inländischen Listenpreises zuzüglich der Kosten für Sonderausstattungen einschließlich Umsatzsteuer im Jahr der Erstzulassung anzusetzen (**1%-Regelung**).
2. Dieser Wert erhöht sich (nach § 8 Abs. 2 Satz 3 EStG) **in der Regel** wegen möglicher Fahrzeugnutzung für Fahrten zur Arbeit in jedem Kalendermonat um 0,03% des Listenpreises, und zwar für **jeden** Entfernungskilometer zwischen Wohnung und Arbeitsstätte (**0,03%-Regelung**).

Wird das Dienstfahrzeug nachweisbar – wie im Streitfall – nur für eine **Teilstrecke** eingesetzt (Park-and-Ride-Fälle), ist eine entsprechend geringe Kilometerzahl zugrunde zu legen. Arbeitgeber sollten darauf achten, sich vom Arbeitnehmer **aussagekräftige Belege** für die eingeschränkte Dienstwagennutzung vorlegen zu lassen. Ansonsten müssen sie die Gesamtstrecke zwischen Wohnung und Arbeitsstätte zugrunde legen, um nicht Gefahr zu laufen, für die höhere Lohnsteuer zu haften.

BFH, Urteil vom 4.4.2008, Az. VI R 68/05

22 Dienstwagen – Kombi-Fahrzeug

Annahme der Privatnutzung auch für dem Gesellschafter-Geschäftsführer überlassenes Firmen-Kombi-Fahrzeug?

Der Fall:

An der X-GmbH sind A mit 75% und B mit 25% beteiligt. Beide sind auch zu Geschäftsführern bestellt. Dem B wurde ein sogenanntes **Pick-Up-Fahrzeug** zur Verfügung gestellt.

Bei einer Lohnsteueraußenprüfung wurde festgestellt, dass für B keine private Fahrzeugnutzung ermittelt und versteuert wurde. Da B kein Fahrtenbuch geführt hat, eine Privatnutzung dienstvertraglich nicht geregelt und auf ihn kein privates Fahrzeug zugelassen war, ging der Prüfer von einer Privatnutzung des Pick-Up-Fahrzeugs aus. Der Prüfer ermittelte den Nutzungswert nach der 1%-Methode und setzte diesen als vGA an.

Der gegen die entsprechende Steuerfestsetzung gerichtete Einspruch blieb ohne Erfolg.

Das Urteil:

Das FG München wies die Klage der X-GmbH mit Urteil vom 4.8.2008 als unbegründet zurück. Das Gericht bejahte das Vorliegen einer vGA, da im Geschäftsführervertrag eine Privatnutzung nicht geregelt war, und seiner Überzeugung nach eine Privatnutzung des Pick-Up-Fahrzeugs durch B vorgelegen hat. B habe den **Anscheinsbeweis der Privatnutzung** nicht widerlegt.

Die bloße Behauptung, der betriebliche Pkw werde nicht für Privatfahrten genutzt, reiche nicht aus, den allgemeinen Erfahrungssatz, dass der PKW typischerweise für private Zwecke mitgenutzt wird, zu widerlegen.

Zwar sei dieser Erfahrungssatz **nicht auf Lastkraftwagen und Zugmaschinen** anzuwenden (vgl. BFH-Urteil vom 13.2.2003, Az. X R 23/01, BStBl II 2003, S. 472). Im Streitfall liege ein derartiges Fahrzeug allerdings nicht vor. Denn bei einem **Pick-Up-Fahrzeug** handelt es sich um ein Kombinationsfahrzeug, das keine klassische Nähe zu einem Lkw oder einer Zugmaschine aufweist.

Konsequenzen:

In einem derartigen Fall wird die Höhe der verdeckten Gewinnausschüttung nach der BFH-Rechtsprechung **nicht nach dem lohnsteuerlichen Wert** (§ 8 Abs. 2 Satz 2 in Verbindung mit. § 6 Abs. 1 Nr. 4 Satz 2 EStG) ermittelt (1%-Methode), sondern **nach Fremdvergleichsmaßstäben**, d.h. nach dem gemeinen Wert und damit **unter Berücksichtigung eines angemessenen Gewinnaufschlags** (vgl. BFH-Urteil vom 23.1.2008, Az. I R 8/06, BFH/NV 2008,

S. 178). Die Schätzung des privaten Anteils von 25% der gesamten Nutzung des Fahrzeugs liegt am unteren Rand dessen, was in der Rechtsprechung als angemessen angesehen wird, und berücksichtigt die Tatsache, dass für private Fahrten noch ein weiteres Fahrzeug zur Verfügung steht (vgl. FG Niedersachsen, Urteil vom 19.5.2005, Az. 5 K 244/03, DStRE 2005, S. 1156).

☞ Für GmbH-Gesellschafter-Geschäftsführer ist das sicherste Mittel, dem Anscheinsbeweis der privaten Mitnutzung des überlassenen betrieblichen Pkws zu entgehen, die **Führung eines ordnungsgemäßen Fahrtenbuchs**. Alternativ könnte im Dienstvertrag auf jegliche Pkw-Überlassung in Form eines Verbots verzichtet werden. Damit käme auch der **Anscheinsbeweis** der Privatnutzung **nicht zur Anwendung** (vgl. auch Tz. 3 des BMF-Schreibens vom 3.4.2012, BStBl I, S. 478).

FG München, rechtskräftiges Urteil vom 4.8.2008, Az. 7 K 3056/06

23 Dienstwagen – Privatnutzung (1)

Zum steuerlichen Wertansatz des privaten Nutzungsanteils im Falle einer vGA

Der Fall:

Im Streitfall hatte der BFH im ersten Rechtszug entgegen der Ansicht des FG entschieden, dass die private Nutzung des Betriebs-Pkw durch den Gesellschafter-Geschäftsführer als **vGA** zu beurteilen sei. Denn die GmbH hatte es versäumt, mit ihm eine Vereinbarung über die private Nutzung des Dienstwagens zu treffen. Diese „laxe" Handhabung war nach Ansicht des BFH ein gewichtiges Indiz dafür, dass die Privatnutzung durch das Gesellschaftsverhältnis veranlasst und damit als vGA zu beurteilen war.

Der BFH hatte dann die Sache an das FG zurückverwiesen, damit dieses den privaten Nutzungsanteil nach vGA-Grundsätzen bewertet. Das FG schätzte den Wert der vGA, weil der Gesellschafter-Geschäftsführer kein ordnungsgemäßes Fahrtenbuch vorgelegt hatte. Die Richter kamen so auf einen **Privatnutzungsanteil von 30%**. Diesen Prozentsatz wendeten sie dann auf die in der Gewinnermittlung der GmbH angesetzten Werte (Aufwendungen für den Betriebs-Pkw) an. Außerdem entschied das FG:

Von diesen Werten, beispielsweise auch mit Blick auf den Prozentsatz für die Abschreibungen, sei keine Abweichung gerechtfertigt, da insoweit eine Einkommensminderung bei der GmbH eingetreten sei.

- Zur Ermittlung des gemeinen Wertes sei ein **Gewinnzuschlag von 10%** angemessen und ausreichend.

- Die GmbH akzeptierte das Urteil (FG Saarland vom 22.4.2009, Az. 1 K 1405/03) in den vorgenannten beiden Punkten nicht. Der BFH hatte über die abgelehnte Zulassung der Revision zu entscheiden.

Die Entscheidung:

Der BFH lehnte die Beschwerde der GmbH ab. Die Rechtssache habe keine grundsätzliche Bedeutung. Wie eine vGA durch die Überlassung eines Betriebs-Pkws für den Privatgebrauch des Gesellschafter-Geschäftsführers zu bewerten ist, sei höchstrichterlich geklärt. Eine fehlerhafte Rechtsanwendung durch das FG sei nicht zu erkennen.

Bereits aus dem BFH-Urteil vom 23.2.2005 (Az. I R 70/04, GmbH-Stpr 2005, S. 283) ergebe sich, dass sich in derartigen Fällen die Höhe der vGA nach dem **gemeinen Wert der privaten Dienstwagennutzung** unter Einbeziehung eines **angemessenen Gewinnaufschlags** bemisst. Dort heißt es weiter: „Nutzungsüberlassender (GmbH) und Nutzungsempfänger (Gesellschafter-Geschäftsführer) würden gemeinhin auf Kostenbasis abrechnen und sich einen etwaigen Gewinnaufschlag teilen."

Mit den Kosten – so der BFH weiter – sind zum einen die Fixkosten des Firmen-Pkw, z.B. die Aufwendungen für die Kfz-Versicherung und Kfz-Steuer, gemeint. Zum anderen kommen auch die bei der GmbH **einkommenswirksam gewordenen Abschreibungen** in Ansatz, und zwar **in voller Höhe** und nicht etwa – wie die GmbH meinte – nur die auf den Privatanteil (hier 30%) entfallende Abschreibung.

Weiterhin hatte sich die GmbH gegen die Höhe des Gewinnaufschlags (10%) gewehrt und geltend gemacht, dass z.B. das FG München in einer Entscheidung vom 4.8.2008 (Az. 7 K 3056/06) einen Aufschlag von nur 5% für angebracht hielt. Dazu stellte der BFH klar: Einen **allgemein verbindlichen Maßstab** für einen **„angemessenen" Gewinnaufschlag** könne es nicht geben. Dessen Höhe richte sich immer nach den **Umständen des Einzelfalls** nach Fremdvergleichsgrundsätzen. Außerdem sei es allein Sache der Finanzgerichte als Tatsacheninstanz, über den im Einzelfall angemessenen Gewinnaufschlag zu entscheiden.

Konsequenzen:

Bei ungeregelter, aber auch bei vertragswidriger privater Pkw-Nutzung durch den Gesellschafter-Geschäftsführer liegen **Vorteilszuwendungen in Form von vGA** vor. Hier ist die höchstrichterliche Rechtsprechung ganz eindeutig – zumindest bei beherrschenden Gesellschafter-Geschäftsführern und bei deren in der GmbH mitarbeitenden Angehörigen (vgl. GmbH-Stpr 2009, S. 167).

Die Bewertung einer Pkw-Privatnutzung als vGA ist höchstrichterlich erschöpfend geklärt. Mit der vorliegenden Entscheidung macht der BFH deutlich: Zur

Ermittlung des gemeinen Werts der vGA sind die **Pkw-Kosten ohne Abstriche** zugrunde zu legen. Den Ansatz eines **„angemessenen" Gewinnaufschlags** überlässt der BFH den Finanzgerichten. Aufschläge in einer größeren Bandbreite von 5 bis 10% (in Einzelfällen wohl auch darüber) sind also durchaus möglich.

BFH, Beschluss vom 16.9.2009, Az. I B 70/09

24 Dienstwagen – Privatnutzung (2)

Keine vGA bei Anspruch auf Firmenwagen, der auch privat genutzt werden darf

Der Fall:

Der Streit ging darum, ob der private Nutzungsanteil aus der Überlassung des Firmenwagens an den Gesellschafter-Geschäftsführer als geldwerter Vorteil nach der 1%-Methode anzusetzen ist oder vGA. Im Anstellungsvertrag war die Privatnutzung folgendermaßen formuliert:

„Der Geschäftsführer kann für die Dauer des Dienstverhältnisses einen Firmenwagen beanspruchen, der auch zu privaten Zwecken genutzt werden darf".

Diese Dienstwagenklausel interpretierten Finanzamt und Geschäftsführer unterschiedlich:

Erste Interpretation: Die Privatnutzung steht unter einem Erlaubnisvorbehalt durch die GmbH. Der Geschäftsführer hatte eine solche Erlaubnis nicht explizit eingeholt. Es hätte demnach eine **unerlaubte Privatnutzung des Pkw** vorgelegen.

Folge: Bei unerlaubter Privatnutzung wäre nach höchstrichterlicher Rechtsprechung (so auch BFH vom 23.1.2008, Az. I R 8/06, siehe unten) der gewährte Vorteil **durch das Gesellschaftsverhältnis veranlasst**. Die Privatnutzung wäre damit **als vGA zu bewerten**; die lohnsteuerlichen Grundsätze für die Bewertung einer privaten Dienstwagennutzung kämen nicht zum Zuge. Dementsprechend wäre der Nutzungsvorteil nach Fremdvergleichsgrundsätzen zu bewerten, d.h. mit dem **gemeinen Wert** unter Einbeziehung eines **angemessenen Gewinnaufschlags** (vgl. Beitrag Nr. 23).

Zweite Interpretation: Dem Geschäftsführer ist die Privatnutzung des Dienstwagens „dem Grunde nach" **ausdrücklich gestattet**. Ihm allein ist es letztlich überlassen, ob er den Dienstwagen tatsächlich nur dienstlich nutzen oder auch privat mitnutzen will. Es hätte eine **erlaubte Privatnutzung** vorgelegen, da diese vom Vertrag gedeckt ist.

Folge: Die private Pkw-Nutzung ist **nicht als vGA** anzusehen. Sofern kein Fahrtenbuch geführt wird, kommt die **Versteuerung** des geldwerten Vorteils **nach lohnsteuerlichen Grundsätzen**, d.h. nach der 1%-Methode (privater Nutzungsanteil) bzw. der 0,03%-Methode (für Fahrten zwischen Wohnung und Arbeitsstätte) zur Anwendung.

Die Entscheidung:

Der VI. (Lohnsteuer-)Senat des BFH schloss sich der Einschätzung des Finanzgerichts an, wonach die Privatnutzung des Dienstwagens nicht unter einem besonderen Erlaubnisvorbehalt steht. Die Klausel sei vielmehr so zu verstehen, dass dem Geschäftsführer die **Privatnutzung des Firmen-Pkw ausdrücklich gestattet** ist. Damit stehe die Privatnutzung des Firmenwagens im Einklang mit dem Anstellungsvertrag.

Die Richter stellten klar: Eine vertragswidrige (unerlaubte) Nutzung liegt dann nicht vor, wenn vereinbart ist, dass der Geschäftsführer für die Dauer seiner Amtszeit Anspruch auf einen Dienstwagen hat und außerdem ergänzend geregelt ist, dass er das Fahrzeug auch privat nutzen darf. Nach übereinstimmender höchstrichterlicher Rechtsprechung des I. (Körperschaftsteuer-) Senats und der neueren Rechtsprechung des VI. (Lohnsteuer-)Senats kommt bei einer solchen ausdrücklich erlaubten Privatnutzung eine **Beurteilung als vGA nicht in Betracht**.

Konsequenzen:

In zwei ähnlichen Fällen hatte der VI. BFH-Senat bereits ebenso entschieden (Urteil vom 23.4.2009, Az. VI R 81/06; Beschluss vom 23.4.2009, Az. VI B 118/08, BFH/NV 2009, S. 1188). Auch hier gab es eine vertragliche „Kann-" bzw. „Darf-Bestimmung" über die Privatnutzung des dem Gesellschafter-Geschäftsführer überlassenen Dienstwagens. Nach Ansicht der Richter liegt bei Vertragsklauseln, nach denen der Geschäftsführer „den Dienstwagen auch privat nutzen kann oder darf", der Schluss nahe, dass die Pkw-Privatnutzung ausdrücklich erlaubt ist. Damit kann nach Ansicht des VI. Senats bei solchen Vereinbarungen die **strenge Rechtsprechung** des I. (Körperschaftsteuer-) Senats des BFH **zur vertragswidrigen Pkw- Privatnutzung nicht zum Zuge** kommen. Vielmehr gelte das normale Einkommen-/Lohnsteuerrecht (§ 8 Abs. 2 Satz 2, § 6 Abs. 1 Nr. 4). Folge: Bei nicht erfolgter Fahrtenbuchführung wird die private Pkw-Nutzung nach der 1%-Methode bewertet.

Nach der Rechtsprechung des Körperschaftsteuer-Senats hat **bei einer vertragswidrigen privaten Pkw-Nutzung** durch den Gesellschafter-Geschäftsführer die Beurteilung als vGA Priorität vor dem Lohnsteuerrecht. Die Vorteilsgewährung ist als vGA zu beurteilen und zu bewerten (BFH, Urteil vom 23.1.2008, Az. I R 8/06; GmbH-Stpr 2008, S. 244; vgl. Beitrag Nr. 25).

BFH, Beschluss vom 21.10.2009, Az. VI B 26/09

25 Dienstwagen – Privatnutzung (3)

Anscheinsbeweis für Privatnutzung trotz arbeitsrechtlichem Nutzungsverbot

Der Fall:

Eine GmbH hatte ihrem Gesellschafter-Geschäftsführer ein Dienstfahrzeug zur Verfügung gestellt, das er privat nicht nutzen durfte. Aus Anlass der Anschaffung eines neuen Dienstwagens wurde der Anstellungsvertrag des Geschäftsführers folgendermaßen geändert:

„Die GmbH stellt dem Geschäftsführer für die Dauer des Dienstverhältnisses einen Dienstwagen zur Verfügung. Der Pkw darf nur zu Dienstfahrten und nicht für Privatzwecke genutzt werden."

Der Geschäftsführer selbst hatte kein eigenes Fahrzeug angemeldet. Auf die Ehefrau, die ebenfalls bei der GmbH angestellt war, war ein Mittelklasse-Pkw angemeldet.

Der Einlassung von GmbH und Geschäftsführer, das Dienstfahrzeug sei nicht privat genutzt worden, folgte das Finanzamt nicht und setzte unter Anwendung der 1%-Regelung ertragsteuerlich eine vGA und umsatzsteuerlich eine Entnahme sonstiger Leistungen an.

Das Urteil:

Das Finanzgericht wies die dagegen gerichtete Klage als unbegründet ab. Es folgte somit der Argumentation des Finanzamts und ging trotz dienstvertraglichem Nutzungsverbot von einer Privatnutzung aus.

Ein steuerbegründender Tatbestand wie hier die vGA müsse **vom Finanzamt nachgewiesen** werden. Dieser Nachweis wird auch nicht dadurch überflüssig, dass das Gesetz in § 6 Abs. 1 Nr. 4 Sätze 2, 3 EStG die 1%-Regelung festlegt. Diese knüpfe an den Nachweis der privaten Nutzung an und regele grob typisierend die steuerliche Rechtsfolge. Den Nachweis der privaten Nutzung erspare sie dem Finanzamt jedoch nicht.

Hier setzte die Argumentation der GmbH an, die diesen Nachweis aufgrund der Aussage des Geschäftsführers und des vereinbarten Privatnutzungsverbots als nicht erbracht ansah. Sie argumentierte, dass bei einer nicht mit Sicherheit festgestellten Tatsache derjenige den Prozess verliere, der beweispflichtig sei, hier also das Finanzamt.

Dieser Argumentation stimmte das FG zwar im Grundsatz zu. Bevor man aber zu der Feststellung eines non liquet (= die streitige Tatsache ist im Rahmen der Beweiswürdigung nicht aufklärbar) und damit zu einer Entscheidung zu Lasten desjenigen, der die Feststellungslast trägt, kommt, seien die Regeln des **Anscheinsbeweises** zu prüfen. Dabei könne das Gericht zur Überzeugungsbildung den Anscheinsbeweis (nur) bei typischen Geschehensabläufen heranziehen. Dieser beruhe auf der Erfahrung, dass gewisse und typische Lebensabläufe bestimmte Folgen auslösen und umgekehrt, dass bestimmte Folgen aus einem typischen Lebenssachverhalt resultieren.

Diesen typischen „Lebensablauf der Privatnutzung" eines Dienstwagens unterstellte das FG hier: Steht einem Ehepaar nur **ein** Privat-Pkw zur jederzeitigen Nutzung zur Verfügung, dann erscheine es lebensfremd, dass ein Partner eine Privatfahrt deshalb mit dem Dienstfahrzeug nicht durch- führt und zurückstellt, weil das einzige Privatfahrzeug gerade anderweitig genutzt wird.

Über den Anscheinbeweis war somit nach Überzeugung der Richter die private Nutzung bewiesen.

Konsequenzen:

Die Entscheidung des FG zeigt zweierlei:

Die Regelung eines Privatnutzungsverbots für einen Dienstwagen **allein** genügt nicht, um den Anscheinsbeweis einer privaten Mitnutzung zu entkräften. Schon gar nicht, wenn auf den Dienstwagenberechtigten **kein Privatfahrzeug** zugelassen ist, sondern nur auf seinen Ehepartner.

Um diesen Anscheinsbeweis zu entkräften, müssen – wenn schon kein Fahrtenbuchnachweis geführt wird – **weitere Fakten** und **Umstände** dargelegt werden, die es wahrscheinlich erscheinen lassen, dass der Dienstwagen nicht privat genutzt wird.

FG Saarland, rechtskräftiges Urteil vom 7.12.2004, Az. 1 K 312/00

26 Dienstwagen – Privatnutzung (4)

Steuerliche Bewertung der privaten Kfz-Nutzung durch einen GmbH-Gesellschafter-Geschäftsführer – BMF-Schreiben vom 3.4.2012 sorgt für Klarheit

In den Jahren 2008 bis 2010 hat der BFH in mehreren Urteilen zu der Frage Stellung genommen, wann die Privatnutzung des Firmenwagens durch einen Gesellschafter-Geschäftsführer als (Sach-)Lohn und wann als vGA zu behandeln ist (vgl. die Beiträge 23 und 24). Die Finanzverwaltung brauchte zwei Jahre, um aus dieser Rechtsprechung Handlungsanweisungen für die Finanzämter abzuleiten. Das Ergebnis ist das BMF-Schreiben vom 3.4.2012.

• Private Kfz-Nutzung als Sachlohn

Das BMF-Schreiben weist zunächst darauf hin, dass die Überlassung eines betrieblichen Kfz an einen Gesellschafter-Geschäftsführer nur dann **betrieblich veranlasst** ist und damit als Lohnbestandteil mit der 1%-Methode bewertet werden kann, wenn die Überlassungs- oder Nutzungsvereinbarung dem **Fremdvergleich** genügt, also wie unter fremden Dritten geschlossen wurde. Insbesondere muss sie zivilrechtlich wirksam sein. Andernfalls droht der Vorwurf der vGA, für deren Bewertung grundsätzlich ein anderer Maßstab gilt (dazu siehe unten).

☞ Nachdem der BGH mit Urteil vom 25.3.1991 (Az. II ZR 169/90; BB 1991, S. 927) die Gesellschafterversammlung für den Abschluss und jede Änderung des Anstellungsvertrags eines GmbH-Geschäftsführers als zuständig erklärt hat, besteht auch die Finanzverwaltung auf der strikten **Einhaltung dieser zivilrechtlichen Anforderungen** (BMF vom 16.5.1994, BStBl I 1994, S. 868). Mit anderen Worten: Die erstmalige Gestellung eines Firmenwagens einschließlich Privatnutzung muss **zuvor von der Gesellschafterversammlung** abgesegnet worden sein; das gilt auch für jede künftige Besserstellung des Gesellschafter-Geschäftsführers mit einem höherwertigen Kfz. Wird dies nicht beachtet, freut sich später der Betriebsprüfer über die von ihm festgestellte vGA.

Liegt über die Kfz-Überlassung **keine schriftliche Vereinbarung** vor, darf nicht per se eine vGA unterstellt werden. Es ist nach Tz. 3 des BMF- Schreibens auch möglich, dass zwischen der GmbH und ihrem Gesellschafter-Geschäftsführer eine Kfz-Überlassungsvereinbarung **mündlich oder konkludent** (durch schlüssiges Verhalten) getroffen wurde. Eine solche Abrede sollen die Finanzämter auch dann akzeptieren, wenn sie vom schriftlichen Anstellungsvertrag abweicht. Voraussetzung ist allerdings, dass entsprechend dieser Vereinbarung auch tatsächlich verfahren wird.

Beispiel:

Im Anstellungsvertrag ist die Privatnutzung des betrieblichen Kfz untersagt (vgl. Beitrag Nr. 25). Tatsächlich nutzt der GmbH-Chef das Fahrzeug dauerhaft auch für private Zwecke. Wird der geldwerte Vorteil zeitnah als Lohnaufwand verbucht (z.B. nach der 1%-Pauschalmethode) und die Lohnsteuer abgeführt – was die GmbH nachweisen muss –, ist die Kfz-Überlassung trotz des Verbots im Dienstvertrag anzuerkennen.

Führt der Gesellschafter-Geschäftsführer die GmbH nicht als Angestellter, sondern als Unternehmer – was aus Sicht der Rechtsprechung und der Finanzverwaltung möglich ist –, muss sich die Entgeltlichkeit der Kfz-Überlassung aus den Honorarabrechnungen zwischen GmbH und Geschäftsführer oder aus zeitnahen Belastungen des Gesellschafter-Verrechnungskontos ergeben (Tz. 3).

Beispiel:
Die GmbH stellt dem selbstständigen Geschäftsführer allmonatlich die Privatnutzung des überlassenen Pkw in Rechnung. Der Geschäftsführer berechnet seine Leistung in einer monatlichen Honorarrechnung.

- **Private Kfz-Nutzung als vGA**

Liegt eine schriftliche oder zumindest konkludente Vereinbarung mit den vorgenannten Anforderungen nicht vor, ist die Kfz-Überlassung auch zu privaten Zwecken **als vGA** einzustufen. Dies gilt sowohl für einen beherrschenden als auch für einen nicht beherrschenden Gesellschafter-Geschäftsführer.

Nach der BFH-Rechtsprechung ist die vGA mit **dem gemeinen Wert der Nutzungsüberlassung** einschließlich eines angemessenen Gewinnaufschlags zu bewerten (vgl. Beitrag Nr. 23). Dem schließt sich das BMF- Schreiben in Tz. 4 an:

„Auf der Ebene der Kapitalgesellschaft ist für die Bemessung der verdeckten Gewinnausschüttung im Zusammenhang mit der privaten Kfz-Nutzung von der erzielbaren Vergütung auszugehen (vgl. H 37 KStH 2008, Stichwort „Nutzungsüberlassungen"). Dies steht im Einklang mit den BFH-Urteilen vom 23.2.2005 (Az. I R 70/04, BStBl II S. 882) und vom 23.1.2008 (Az. I R 8/06, a.a.O.), wonach die verdeckte Gewinnausschüttung mit dem gemeinen Wert der Nutzungsüberlassung zu bemessen ist und damit einen angemessenen Gewinnaufschlag einbezieht."

Da aber sowohl die von der GmbH in einem vergleichbaren Fall „erzielbare Vergütung" bei Überlassung an einen fremden Dritten als auch der „angemessene Gewinnaufschlag" streitanfällig sind, greift die Finanzverwaltung auf das zurück, was sich schon in der Vergangenheit in Betriebsprüfungen bewährt hat: Die **vGA** darf „aus Vereinfachungsgründen" ... „im Einzelfall" nach der **1%-Methode bewertet** werden – also genauso wie bei Arbeitnehmern. Bei Nutzung des Kfz durch den Gesellschafter-Geschäftsführer auch für Fahrten zwischen Wohnung und Arbeitsstätte erhöht sich dieser Wert für jeden Kalendermonat um 0,03% des Listenpreises für jeden Kilometer der Entfernung zwischen Wohnung und Betrieb – ebenfalls wie bei Arbeitnehmern.

Stellt der Betriebsprüfer eine vGA aufgrund einer nicht lohnversteuerten Kfz-Überlassung fest, hat dies nach dem BMF-Schreiben **folgende Konsequenzen**:

- Der Gewinn der GmbH wird nach der 1%-Methode erhöht; es fallen höhere Körperschaft- und Gewerbesteuern an.
- In Höhe des gleichen Werts fällt beim Gesellschafter zusätzlich ein Kapitalertrag an, welcher der 25%-igen Abgeltungsteuer unterliegt, wenn die GmbH-Anteile im Privatvermögen liegen.

Wird in einer Lohnsteuer-Außenprüfung eine nicht lohnversteuerte Kfz-Überlassung an einen Arbeitnehmer festgestellt, wird der Lohn des betreffenden Arbeitnehmers um den geldwerten Vorteil erhöht und entweder

Arbeitgeber oder Arbeitnehmer mit der darauf entfallenden Lohnsteuer belastet. Der geldwerte Vorteil unterliegt also nur **einmal** der Besteuerung. Bei einer vGA schlägt der Fiskus **zweimal** zu – selbst bei Minderheitsgesellschaftern. Darin sehen wir eine **eindeutige Diskriminierung** von Unternehmern, die sich als Gesellschafter-Geschäftsführer betätigen.

BMF-Schreiben vom 3.4.2012, Az. IV C 2 - S 2742/08/10001, BStBl. I 2012, S. 478

27 Finanzamtsauskunft – Angemessenes Gesellschafter-Geschäftsführer-Gehalt

Zu den Voraussetzungen einer Bindungswirkung einer „Angemessenheitsauskunft" des Finanzamts

Der Fall:

Die X-GmbH wurde im April 1988 von A, B und C errichtet. Unter den Gesellschaftern bestand Einigkeit, dass A für seine Geschäftsidee eine zusätzliche Vergütung erhalten sollte.

Das an A gezahlte Geschäftsführergehalt zzgl. Urlaubs- und Weihnachtsgeld, Tantieme und Ruhegehaltszusage betrug rund 526.000 DM (1998), 595.000 DM (1999) und ca. 1.14 Mio. DM (2000). Die Vergütung für die Überlassung der Geschäftsidee war in 1995 auf 1,5% des Jahresnettoumsatzes, maximal 50% des Jahresüberschusses vor Steuern festgesetzt worden. So waren für die Überlassung der Geschäftsidee in 1998 rund 808.000 DM, in 1999 etwa 975.000 DM und im Jahr 2000 3.978 DM zusätzlich gezahlt worden.

Eine Außenprüfung für die Vorjahre (1995 bis 1997) führte zu dem Ergebnis, dass die Vergütung für die Überlassung der Geschäftsidee als Bestandteil der Geschäftsführervergütung und auch die Gesamtvergütung des A als angemessen angesehen wurde.

Mit Vereinbarung vom 5.7.2000 wurde die Vergütung für die Überlassung der Geschäftsidee in eine ertragsabhängige Vergütung in Höhe von jährlich 5% des Jahresüberschusses vor Ertragsteuern umgewandelt. Das Jahresgehalt von A wurde auf 840.000 DM erhöht und die jährliche Tantieme auf 50% des Jahresüberschusses vor Gewerbe- und Körperschaftsteuern festgesetzt. Darüber hinaus übernahm die X-GmbH die aus einer evtl. Nachversteuerung der „Knowhow-Vergütung" entstehenden Einkommensteuern des A; ferner wurde die Pensionszusage auf ein monatliches Ruhegehalt von 8.000 € (vorher 8.000 DM) erhöht.

Die X-GmbH legte dem Finanzamt die Anpassungsverträge vor. Dieses sah die Höhe der Gesamtbezüge als **angemessen** an, vorbehaltlich zukünftig anders lautender Verwaltungsanweisungen und anders lautender Rechtsprechung. Außerdem wies das Finanzamt ausdrücklich darauf hin, dass es sich hierbei **nicht um eine verbindliche Zusage** handelt.

Im Anschluss an eine Außenprüfung behandelte das Finanzamt einen Teil der Gesamtvergütung des Jahres 2000 (1.16 Mio. DM) in Höhe von 657.000 DM als vGA. Insoweit hatte das Finanzamt auf der Grundlage eines **externen Betriebsvergleichs** eine angemessene Gesamtvergütung von 350.000 DM ermittelt, die es mit Blick auf die Gehalt-Gesamtausstattung des Prokuristen (**betriebsinterner Vergleich**) um 150.000 DM erhöhte.

Der Beschluss:

Der BFH wies die Revision der X-GmbH als unbegründet zurück. Das Ergebnis, einen Teil der Vergütung des Gesellschafter-Geschäftsführers als unangemessen hoch und damit insoweit als durch das Gesellschaftsverhältnis veranlasst zu würdigen, hält nach Auffassung des BFH den Argumenten der Revision stand.

Auf die frühere Aussage des Finanzamts, die Gesamtausstattung des A sei angemessen, könne die X-GmbH deshalb nicht verweisen, weil das Finanzamt ausdrücklich hervorgehoben hatte, es liege **keine Auskunft mit Bindungswirkung** vor.

Konsequenzen:

Das Finanzamt ist bei Durchführung einer Veranlagung grundsätzlich nicht an Auffassungen gebunden, die es bei vorherigen Veranlagungen vertreten hat (**Prinzip der Abschnittsbesteuerung**). Das gilt selbst dann, wenn das Finanzamt früher aufgrund einer Betriebsprüfung anders verfahren ist. Denn auch die Ergebnisse einer Außenprüfung haben grundsätzlich nur für die Prüfungsjahre Bindungswirkung (BFH, Urteil vom 11.2.1981, Az. I R 128/77, BStBl II 1981, S. 448). **Ausnahmsweise** tritt eine **Bindungswirkung** ein, wenn das Finanzamt nach einer Betriebsprüfung eine **verbindliche Zusage** im Sinne des §§ 204 ff. AO, eine **Lohnsteueranrufungsauskunft** (§ 42e EStG) oder eine **sonstige** verbindliche Auskunft erteilt.

Außerdem kann das Finanzamt **nach Treu und Glauben** gebunden sein, wenn es einem Steuerpflichtigen zugesichert hat, einen konkreten Sachverhalt in einem bestimmten Sinn zu beurteilen. **Voraussetzung einer Bindung** in derartigen Fällen ist es jedoch, dass der vom Steuerpflichtigen mitgeteilte Sachverhalt richtig und vollständig dargestellt wurde, so von der die Auskunft erteilenden Person verstanden wurde und offensichtlich ist, dass von der Auskunft gewichtige wirtschaftliche Entscheidungen des Steuerpflichtigen abhängen. Des Weiteren muss der für die spätere Entscheidung zuständige

Beamte (d.h. Sachgebietsleiter) oder der Vorsteher die Auskunft erteilt haben (BFH-Urteil vom 13.12.1989, Az. X R 208/87, BStBl II 1990, 274).

BFH, Beschluss vom 17.2.2010, Az. I R 79/08

28 Geburtstagsfeier – Fremdgeschäftsführer

Aufwendungen eines Fremdgeschäftsführers für seine Geburtstagsfeier

Der Fall:

A ist alleiniger (Fremd-)Geschäftsführer der X-GmbH, einer kommunalen Wohnungsbaugesellschaft. Anlässlich seines 60. Geburtstags lud A alle GmbH-Mitarbeiter sowie den Aufsichtsratsvorsitzenden (insgesamt ca. 70 Personen) in eine Werkshalle der X-GmbH ein. Die X-GmbH war in die Organisation der Geburtstagsfeier eingebunden. Die Werkshalle wurde mit Mobiliar der X-GmbH (Bierzeltgarnituren) ausgestattet. Die Feier fand an einem Freitag von 12 bis 17 Uhr statt. Ein Teil der Gäste erschien in Arbeitskleidung. Die Kosten der Feier beliefen sich auf ca. 35 € pro Person. Außerdem fanden für A private Geburtstagsfeiern mit deutlich höheren Kosten statt.

Das Finanzamt erkannte die von A als Werbungskosten geltend gemachten Aufwendungen für die Feier nicht als Werbungskosten an. Das Finanzgericht gab der nach erfolglosem Einspruch erhobenen Klage statt.

Das Urteil:

Der BFH wies die Revision des Finanzamts als unbegründet zurück.

Zwar habe der Feier ein privater Anlass – ein runder Geburtstag – zugrunde gelegen. Aufwendungen im Zusammenhang mit einem solchen Ereignis seien regelmäßig auch durch die gesellschaftliche Stellung des Arbeitnehmers veranlasst und daher nicht als Werbungskosten anzuerkennen. Allerdings könne sich trotz eines herausragenden persönlichen Ereignisses aus den übrigen Umständen des Einzelfalls ergeben, dass die Kosten für die Feier eines Arbeitnehmers ausnahmsweise ganz oder teilweise beruflich veranlasst sind (vgl. BFH, Beschluss vom 24.9.2013, Az. VI R 35/11, BFH/NV 2014, S. 500).

Diese Voraussetzung habe im Streitfall vorgelegen. Denn neben dem Aufsichtsratsvorsitzenden, einer Person aus dem beruflichen Umfeld des A, seien nur Mitarbeiter der X-GmbH eingeladen gewesen. Die X-GmbH sei in die

Organisation der Feier eingebunden und damit zumindest mittelbar an den Kosten beteiligt gewesen.

Des Weiteren sei der berufliche Bezug aus den maßvollen Kosten (ca. 35 € pro Person), aus dem Veranstaltungsort (mit Bierzeltgarnituren hergerichtete und einfach geschmückte Werkshalle) und der Zeit (Freitag von 12 bis 17 Uhr, d.h. teilweise während der Arbeitszeit) sowie der Billigung der Feier durch die X-GmbH abzuleiten. Dementsprechend hätte die Feier trotz der gehobenen beruflichen Position des A keine repräsentativen, sondern einen betriebsinternen Charakter gehabt, was sich auch daraus ergebe, dass die Gäste teilweise in Arbeitskleidung erschienen seien. Auch habe A seinen Geburtstag im privaten Rahmen mit deutlich höheren Kosten gefeiert. Angesichts dessen seien die Aufwendungen des A für seine Geburtstagsfeier in der Werkshalle der X-GmbH **als Werbungskosten anzuerkennen**.

Konsequenzen:

Trotz eines herausgehobenen persönlichen Ereignisses können die Aufwendungen eines Arbeitnehmers für seine Geburtstagsfeier ausnahmsweise als Werbungskosten abzugsfähig sein. Das ist insbesondere dann möglich, wenn die Feier nicht in erster Linie der Ehrung des Jubilars und damit nicht der repräsentativen Erfüllung gesellschaftlicher Konventionen, **sondern dem kollegialen Miteinander und daher der Pflege des Betriebsklimas dient**, der Jubilar mit seiner Einladung der Belegschaft (den Kollegen) Dank und Anerkennung zollt oder gefestigten betrieblichen Gepflogenheiten Rechnung trägt.

Vgl. zu dieser Problematik auch den Beitrag von Krudewig: Betriebsveranstaltungen aus steuerlicher Sicht, GmbH-Stpr 2017, S. 102 ff.

BFH, Urteil vom 10.11.2016, Az. VI R 7/16

29 Gehalt – verdeckte Gewinnausschüttung

Unangemessene Vergütungen trotz Zustimmung eines gesellschaftsvertraglich errichteten Beirats

Der Fall:

Die A-GmbH & Co. KG (Klägerin) war in den Streitjahren zu 100% an der B-GmbH beteiligt. Geschäftsführer der B-GmbH waren die Personen A, B und C. Deren Kinder waren die Kommanditisten der Klägerin. Nachdem die Geschäftsführervergütungen für A, B und C unangemessen erhöht worden waren, stellte das Finanzamt insoweit verdeckte vGA fest und erhöhte deshalb die Einkünfte der Klägerin (A-KG). Diese wies darauf hin, dass die Festsetzung der Geschäftsführervergütungen zumindest teilweise durch Beschluss des mit fremden Personen besetzten Beirats der KG erfolgt war und deshalb nicht von unangemessen hohen Vergütungen auszugehen sei.

Die Klage vor dem Finanzgericht hatte keinen Erfolg. Im Rahmen des Revisionsverfahrens machte die Klägerin u.a. geltend, dass keine vGA vorlägen, weil der Beirat ein den Interessen der Klägerin gegenüber wirksames Gegengewicht darstelle.

Das Urteil:

Der BFH wies die Revision als unbegründet zurück. Das Finanzgericht hat zu Recht angenommen, dass der Klägerin und mithin ihren Kommanditisten über die Zahlung der überhöhten Geschäftsführervergütungen an die Väter der Kommanditisten durch die B-GmbH ein Vermögensvorteil zugewendet worden ist.

Die Zahlung der überhöhten Vergütungen an die Väter A, B und C als Verwandte gerader Linie (Angehörige im Sinne des § 15 Abs. 1 Nr. 3 AO) der Kommanditisten war durch das Gesellschaftsverhältnis veranlasst. Die Annahme einer vGA kann nicht dadurch ausgeschlossen werden, dass die Festlegung der überhöhten Geschäftsführervergütungen bei der Tochter-GmbH einer KG der Zustimmung eines gesellschaftsvertraglich errichteten und jederzeit auflösbaren Beirats bedarf. Dabei ist zu beachten, dass eine GmbH – selbst mit einem Beirat – im Vergleich zu einer AG mit Aufsichtsrat wesentliche Strukturverschiedenheiten im Hinblick auf die Regelung der Rechtsbeziehungen der Organe aufweist. Für den vorliegenden Fall ist außerdem zu beachten, dass ein statuarisch errichteter Beirat kein hinreichendes Gegengewicht zu den die B-GmbH gemeinsam beherrschenden Familienstämmen A, B und C darstellt. Anders als bei einem Aufsichtsrat einer AG beruht die Bildung oder Abschaffung eines Beirats lediglich auf der Entscheidung der Gesellschafter der GmbH. Die Gestaltungsfreiheit im GmbH-Recht ermöglicht die Errichtung von Beiräten als fakultative freiwillige Gremien. Die Gesellschafterversammlung der GmbH kann eine Regelung zum Beirat durch Satzungsbestimmung jederzeit einführen, abändern und aufheben. Sie kann die Mitglieder des Beirats ohne Einhaltung von Fristen abberufen und den Beirat auflösen.

Konsequenzen:

Die Entscheidung des BFH stellt klar, dass allein durch Zwischenschaltung eines Beirats bei offenkundig klar beherrschenden Strukturen und überzogenen Gehältern die Annahme von vGA nicht vermieden werden kann. Im Streitfall war entscheidend, dass die Einwirkungsmöglichkeit der drei Gesellschafterstämme offenbar dem „freien Wirken" des Beirats entgegenstand. Dem Einwand der Klägerin, die überhöhten Geschäftsführergehälter seien der Komplementär-GmbH zuzurechnen, folgte der BFH nicht, weil diese nicht Gesellschafterin der B-GmbH war.

Auf die offenbar von der Klägerin im Gerichtsverfahren aufgeworfene Frage, wie bei einem mit den Rechten eines Aufsichtsrats ausgestatteten Beirat zu entscheiden wäre, ging der BFH nicht näher ein. Im Gesellschaftsvertrag der B-GmbH war geregelt, dass § 52 Abs. 1 GmbHG – mit weitgehendem Verweis auf die aktienrechtlichen Vorschriften über den Aufsichtsrat – auf den Beirat im Urteilsfall keine Anwendung findet. Deshalb hafteten vorliegend die Mitglieder des Beirats – anders als die Mitglieder eines Aufsichtsrats einer AG – nicht entsprechend den §§ 116, 93 AktG gegenüber der GmbH.

BFH, Urteil vom 22.10.2015, Az. IV R 7/13

30 Gehalt – Negativ-Gewinntantieme

Zulässigkeit einer Negativ-Gewinntantieme

Der Fall:

Die beiden zu je 50% an einer GmbH beteiligten Geschäftsführer hatten jeweils Anspruch auf Gewinntantiemen in Höhe von 25% des körperschaftsteuerpflichtigen Gewinns vor Steuern und nach Verrechnung mit Verlustvorträgen. Diese Tantiemen konnten positiv oder negativ ausfallen. Eine positive Tantieme wurde in fünf gleichen Jahresraten ausgezahlt, eine negative Tantieme mit den noch nicht ausgezahlten Teilbeträgen der Tantiemen der Vorjahre verrechnet. Überschießende Negativbeträge waren von der GmbH nicht zu passivieren.

Das Finanzamt sah diese Regelung als unüblich und die positiven Tantiemen der Geschäftsführer daher als vGA an. Dem widersprach das FG.

Das Urteil:

Die Tantiemen führen nach Auffassung des FG nicht zu vGA, da sie aus folgenden Gründen nicht durch das Gesellschaftsverhältnis veranlasst sind:

- Die Vereinbarung der Tantiemen ist üblich und steuerlich anzuerkennen. Nach ständiger BFH-Rechtsprechung sind Verlustvorträge einer GmbH bei der Berechnung von Tantiemen durch Minderung der Bemessungsgrundlage zu berücksichtigen.
- Die Beteiligung der Geschäftsführer an späteren Verlusten ist zulässig, auch wenn sie im vorliegenden Fall über die Anforderungen des BFH hinausgeht, indem Ansprüche aus Gewinntantiemen in späteren Jahren durch Verluste aufgezehrt werden. Es entspricht der inneren Logik einer

Gewinntantieme, den Geschäftsführer an den positiven und negativen Folgen seiner Tätigkeit zu beteiligen.

Die Tantiemeregelung ist auch nicht unklar, weil sie keine eindeutige Aussage zur Vorgehensweise bei der Verrechnung negativer Tantiemen mit positiven Tantiemen enthält. Denn die Regelung ist einer ergänzenden Vertragsauslegung dahingehend zugänglich, dass eine jeweils quotale Minderung der Tantiemeansprüche aus den Vorjahren erfolgt. Eine Bestimmung zu einer vorrangigen Verrechnung von negativen Tantiemen mit Tantiemen aus bestimmten Vorjahren enthält die Regelung dagegen nicht.

Konsequenzen:

In diesem Urteil befasst sich ein Finanzgericht – soweit ersichtlich – erstmals mit einer negativen Tantieme. Die Entscheidung wirkt sich zwar zugunsten der GmbH und ihrer Geschäftsführer aus, überzeugt jedoch aus folgenden Gründen nur zum Teil:

- Im Regelfall werden positive Gewinntantiemen in dem Monat, der auf die Feststellung des Jahresabschlusses folgt, fällig und in voller Höhe ausgezahlt. Bei einer Verteilung auf fünf Jahre stellt sich neben der Frage der Üblichkeit der „Ratenzahlung" auch die der Verzinsung der nicht ausgezahlten Ansprüche der Geschäftsführer bzw. die der Abzinsung der Tantiemeverbindlichkeit der GmbH.

- Das Finanzamt hatte die doppelte Berücksichtigung von Verlusten gerügt, indem diese einerseits auf dem Weg des Vortrags den körperschaftsteuerpflichtigen Gewinn als Bemessungsgrundlage der Tantiemen, andererseits auf dem Weg des Rücktrags die bereits erdienten Tantiemeansprüche mindern. Diesen Einwand weist das FG unter Hinweis auf das Bestreiten der GmbH und die unterbliebene Erwiderung des Finanzamts zurück. Zudem spräche nichts dagegen, dass sich ein ordentlicher und gewissenhafter Geschäftsleiter auf eine solche Regelung eingelassen hätte.

- Die vorliegende Tantiemeregelung ist nach Auffassung des FG zwar fremdüblich, Gründe für die Zulassung der Revision sind aber mangels grundsätzlicher Bedeutung nicht ersichtlich.

FG Baden-Württemberg, Urteil vom 5.5.2015, Az. 11 K 367/13

31 Gehalt – Sonntags-, Feiertags- und Nachtzuschläge

Feiertags- und Nachtarbeitszuschläge für den faktischen Geschäftsführer als vGA

Der Fall:

Gesellschafter einer Diskotheken-GmbH waren die 70-jährige M mit einer Beteiligung von 40% sowie ihr 40-jähriger Sohn S mit einer Beteiligung von 60%. M war alleinige Geschäftsführerin, S Arbeitnehmer der GmbH. Beide bezogen gleich hohe Vergütungen von maximal 280.000 DM jährlich, S zusätzlich – ebenso wie alle übrigen ca. 70 Arbeitnehmer der GmbH – steuerfreie Zuschläge für Sonntags-, Feiertags- und Nachtarbeit gemäß § 3b EStG.

Das Finanzamt sah die Vergütungen von M und S als unangemessen an, soweit sie mehr als 180.000 DM betrugen, was zum Ansatz von vGA führte.

Die steuerfreien Zuschläge für S seien dabei unabhängig von der Höhe der Vergütungen als vGA zu qualifizieren, da S faktischer Geschäftsführer sei. Gegen diese Annahme richtete sich die – erfolglose – Klage der GmbH.

Das Urteil:

S ist als **faktischer Geschäftsführer** der GmbH anzusehen, weil

- zu seinen Aufgaben laut Anstellungsvertrag auch die Mitwirkung in der Geschäftsführung gehörte;
- die gleich hohen Vergütungen darauf hindeuten, dass M und S hinsichtlich ihrer Verantwortlichkeit für die GmbH gleichgestellt waren;
- die Aufgabenbereiche von M und S in den jeweiligen Anstellungsverträgen nur knapp umrissen waren, S aber in vielfältiger und erheblicher Weise im Außenverhältnis für die GmbH tätig war;
- die GmbH es anlässlich einer früheren Außenprüfung bereits akzeptiert hatte, dass S als Geschäftsführer anzusehen war. Das beinhaltete die Annahme, M und S teilten sich die Geschäftsführung;
- S sich aufgrund der Höhe seiner Beteiligung jederzeit der Geschäftsführung durch M hätte widersetzen können.

Angesichts der Gesamtumstände oblagen S Organisation, Veranstaltungsplanung, Personalangelegenheiten sowie Beziehungen zu Lieferanten und anderen Geschäftspartnern. Dies entspricht bei einer Diskothek der Führung der laufenden Geschäfte. Die Zuständigkeit von M für Buchhaltung, Steuerberatung und Investitionen änderte daran nichts.

Die ständige Rechtsprechung des BFH, wonach Zuschläge für Sonntags-, Feiertags- und Nachtarbeit zugunsten eines geschäftsführenden Gesellschafters im Regelfall vGA auslösen, ist **auf faktische Geschäftsführer übertragbar**. Besondere betriebliche Gründe, die solche Zuschläge gerechtfertigt hätten, wurden nicht vorgebracht; allein die betrieblich notwendige Nachtarbeit in einer Diskothek reicht nicht aus. Auch ein betriebsinterner Vergleich widerlegt die Annahme verdeckter Gewinnausschüttungen nicht, da die übrigen von derartigen Zuschlägen profitierenden Mitarbeiter mit S nicht vergleichbar waren, M als vergleichbare Mitarbeiterin dagegen keine Zuschläge erhielt.

Konsequenzen:

Das FG hat die Revision zugelassen, weil bislang höchstrichterlich nicht geklärt ist, ob die Rechtsprechung des BFH zu Zuschlägen zugunsten nomineller Geschäftsführer auch auf faktische Geschäftsführer anzuwenden ist. Die Revision wurde nicht eingelegt.

Es hätte für die GmbH schlimmer kommen können: Das FG hat ausgeführt, aber nicht weiter vertieft, dass eine angemessene Vergütung von S niedriger als der vom Finanzamt anerkannte Betrag ausfallen könnte, wenn S kein faktischer Geschäftsführer wäre. Da sich seine Tätigkeit dann deutlich von der der nominellen Geschäftsführerin unterschieden hätte, wäre wahrscheinlich nur ein deutlich unter 180.000 DM liegendes Jahresgehalt angemessen gewesen. Ob die dann anzuerkennenden steuerfreien Zuschläge dies kompensiert hätten, bleibt mangels Angaben zu den konkreten Beträgen im Urteilsfall offen.

Der Urteilsfall ist nicht mit dem Tankstellen-Urteil vergleichbar, in dem der BFH Zuschläge zugunsten der beiden Gesellschafter-Geschäftsführer anerkannt hatte (BFH, Urteil vom 14.7.2004, Az. I R 111/03, GmbH-Stpr 2004, S. 397). Dort profitierten die Geschäftsführer vom betriebsinternen Vergleich: Alle Mitarbeiter bezogen steuerfreie Zuschläge, darunter auch zwei Schichtleiter mit Führungsfunktion, deren Gesamtvergütungen sich auf dem gleichen Niveau wie die der Geschäftsführer bewegten.

FG Baden-Württemberg, Urteil vom 5.5.2015, Az. 11 K 367/13

32 Gehalt – Rückstellungen auf Zeitwertkonto

Rückstellungen für Zeitwertkonto eines Gesellschafter-Geschäftsführers als vGA

Der Fall:

Streitig ist die steuerliche Behandlung von Rückstellungen für Arbeitszeitkonten im Rahmen eines Zeitwertkontenmodells für mehrere Gesellschafter-Geschäftsführer.

In den Streitjahren 2008 bis 2010 waren F, G und N alleingeschäftsführungs- und alleinvertretungsberechtigte Geschäftsführer der U-GmbH. Im April 2007 traf die GmbH mit ihnen gleichlautende „Vereinbarungen zur Entgeltumwandlung durch Ansammlung von Wertguthaben". Die Geschäftsführer konnten auf Teile des laufenden Gehalts verzichten und für Zwecke der betrieblichen Altersversorgung verwenden. Die umgewandelten Bezüge wurden für den Kauf von Investmentanteilen verwendet. Kontoinhaberin war jeweils die GmbH als Arbeitgeberin.

Bei einer Betriebsprüfung im April 2013 stellte der Betriebsprüfer fest:

- Trotz gesunkenem Kurswert zum 31.12.2010 sei eine Teilwertabschreibung des Depots mangels einer dauerhaften Wertminderung nicht möglich.
- Weil sich die Ansprüche der Gesellschafter auf den jeweiligen Depotwert beschränkten (keine Mindestgarantieleistung), sei die Rückstellung zum 31.12.2010 auf den inzwischen gesunkenen Kurswert zu begrenzen.
- Wegen der Beschränkung der Ansprüche auf den jeweiligen Kurswert der Depots ging der Prüfer von einer unverzinslichen Verpflichtung der GmbH aus, die nach § 6 Abs. 1 Nr. 3a Buchst. e EStG abzuzinsen sei. Dadurch ergaben sich Kürzungen der Rückstellungen von 115.000 bis 131.000 €.

Die GmbH wies im Einspruch darauf hin, dass die Verbindlichkeiten auf Zeitwertkonten ungewisse Verbindlichkeiten darstellten, für die nach § 249 Abs. 1 HGB eine Rückstellung zu bilden sei. Enthalte die zugesagte Verpflichtung keinen Zinsanteil, dürfe die Rückstellung nach § 253 Abs. 1 HGB nicht abgezinst werden.

Das Urteil:

Die Klage ist unbegründet.

Der Senat schließt sich dem Urteil des BFH vom 11.11.2015 (Az. I R 26/15,

GmbH-Stpr 2016, S. 129, 236) an, mit dem er entschieden hatte, dass über die Ansammlung von Wertguthaben im Rahmen eines Zeitwertkontos getroffene Vereinbarungen nicht dem entsprechen, was ein ordentlicher und gewissenhafter Geschäftsleiter einer Kapitalgesellschaft mit einem Fremdgeschäftsführer vereinbaren würde (so auch die Auffassung der Finanzverwaltung, vgl. BMF-Schreiben vom 17.6.2009, BStBl I 2009, S. 1286). Aus den Ausführungen des BFH lässt sich nicht entnehmen, dass im Falle der Bestellung mehrerer (Gesellschafter-)Geschäftsführer etwas anderes gelten soll.

Die drei Gesellschafter sind alleingeschäftsführungs- und alleinvertretungsberechtigt. Das bedeutet nach Auffassung des BFH, dass jeder der drei Geschäftsführer für die Gesellschaft eine „Allzuständigkeit" besitzt und somit auch eine Gesamtverantwortung trägt.

Konsequenzen:

Das FG kommt daher bereits aufgrund dieser Erwägungen zu dem Ergebnis, dass die Klage keinen Erfolg hat – unabhängig von der Tatsache, dass eine Behandlung als vGA im Ergebnis zu einer Verböserung führen würde, die dem Gericht verwehrt ist.

Ergänzend führt das FG aus, dass es in dem Anspruch auf einen jeweiligen – stets ungewissen Entwicklungen in positiver oder negativer Richtung unterworfenen – Kurswert auch bei einem weit gefassten Verständnis des Begriffs eine (Mindest-)Verzinsung im Sinne einer gesonderten Gegenleistung nicht erblicken kann. Deshalb waren die Rückstellungen abzuzinsen.

FG Rheinland-Pfalz, Urteil vom 21.6.2016, Az. 1 K 1381/14

33 Gehaltserhöhung, Gesellschafter-Geschäftsführer (1)

Verdoppelung des Gehalts binnen Jahresfrist nicht üblich und damit vGA

Der Fall und das Urteil:

Der alleinige Gesellschafter-Geschäftsführer einer am 1.9.2000 gegründeten und seit April 2001 im Speditions- und Logistikgewerbe aktiven GmbH hatte laut Anstellungsvertrag vom 17.4.2001 Anspruch auf ein monatliches Gehalt von 7.000 DM, eine 15%ige Gewinntantieme sowie weitere Nebenleistungen. Der Anstellungsvertrag war mit einer Frist von sechs Monaten zum Quartalsende kündbar.

Im Juni 2001 erhöhte die Gesellschaftersammlung das monatliche Gehalt ab 1.7.2001 auf 10.000 DM und ab 1.8.2001 auf 15.000 DM. Die GmbH erzielte im Streitjahr 2001 Umsatzerlöse in Höhe von 6,5 Mio. DM und einen Gewinn von 78.000 DM

Den auf das Jahr 2001 entfallenden Betrag der Gehaltserhöhung sah das Finanzamt als vGA an. Während der Geschäftsführer vor dem FG noch obsiegte, teilte der BFH die Auffassung des Finanzamts. Der BFH folgte dem FG zwar darin, dass die **Gesamtausstattung** des Geschäftsführers nach einem Fremdvergleich trotz der Gehaltserhöhungen **angemessen** war. Er sah die Gehaltserhöhungen jedoch dem Grunde nach als **unüblich** an und erkannte deswegen auf eine vGA.

Betriebliche Gründe wie die positive Geschäftsentwicklung der GmbH können solche Gehaltserhöhungen nach Ansicht des BFH nicht rechtfertigen. Denn einerseits hätte ein „ordentlicher und gewissenhafter" Geschäftsleiter abgewartet, ob sich die kurzfristige positive Entwicklung stabilisiert, ehe er dem Geschäftsführer eine Gehaltserhöhung gewährt. Andererseits hatte der Geschäftsführer aufgrund seiner Gewinntantieme ohnehin Anteil an der guten Ertragslage, sodass eine Gehaltserhöhung – insbesondere in diesem Ausmaß – nicht erforderlich war. Schließlich bestand angesichts der Kündigungsklausel im Anstellungsvertrag kein Anlass, Gehaltserhöhungen bereits nach gut zwei Monaten seit dem Vertragsabschluss zu vereinbaren.

Konsequenzen:

Eine in derart kurzer Folge nach der Gründung der GmbH und dem Abschluss des Anstellungsvertrags des Geschäftsführers ausgesprochene Gehaltserhöhung auf mehr als das Doppelte muss das Finanzamt argwöhnisch machen. Dabei spielt es keine Rolle, dass diese – wie im Streitfall – in zwei Stufen erfolgte.

☞ Das missliche Ergebnis einer vGA hätte wohl durch eine umfassende Ergebnisplanung für die GmbH, eine darauf abgestimmte Gehaltspolitik und eine bessere Prognose für die Gewinntantieme weitgehend vermieden werden können. Dafür spricht einerseits der Umstand, dass die Gesamtausstattung des Geschäftsführers angemessen war, andererseits die „unerwartet" positive wirtschaftliche Entwicklung.

Mehr Gestaltungsspielraum von Anfang an hätte es im Streitfall bei der **Tantiemeregelung** gegeben. Denn die ursprünglichen Gewinnerwartungen der GmbH waren niedriger. Vor diesem Hintergrund hätte sich die Vereinbarung einer über 15% hinausgehenden Tantieme angeboten. Immerhin lässt die Finanzverwaltung einen Satz bis zu 50% zu, auch wenn (beherrschende) Gesellschafter-Geschäftsführer diesen nicht voll ausreizen sollten.

War die Gewinntantieme bei einem Satz von beispielsweise 30% ursprünglich, d.h. bei Vertragsabschluss, angemessen, wäre es angesichts der unerwarteten Gewinnentwicklung unschädlich gewesen, wenn sich im Nachhinein ein mehr als 25% betragender Tantiemeanteil am Gesamtgehalt ergeben hätte. Zum einen haben die Gerichte sich schon mehrfach gegen diese Grenze ausgesprochen. Zum anderen sieht auch die Finanzverwaltung ein nicht vorauszusehendes Überschreiten der 25%-Grenze nicht mehr als pauschalen Rechtfertigungsgrund für die Annahme von vGA an.

BFH, Urteil vom 6.4.2005, Az. I R 27/04

34 Gehaltserhöhung, Gesellschafter-Geschäftsführer (2)

Zuständigkeit der Gesellschafterversammlung für Änderungen des Dienstvertrags

- **Zur Bedeutung der Einhaltung zivilrechtlicher Formalien**

Nach dem BGH-Urteil vom 25.3.1991 ist die Gesellschafterversammlung einer GmbH außer für den Abschluss und die Beendigung des Anstellungsvertrags eines Geschäftsführers auch für dessen Änderung zuständig, soweit keine anderweitige Zuständigkeit (z.B. nach der Satzung) bestimmt ist. Vertragsänderungen, die nicht vom zuständigen Organ vorgenommen worden sind, sind nach dem BGH-Urteil zivilrechtlich nicht wirksam zustande gekommen.

Seine frühere Rechtsprechung, nach der die Änderung des Anstellungsvertrags in den Aufgabenbereich des Mitgeschäftsführers fällt, soweit ein solcher vorhanden und alleinvertretungsberechtigt ist, hat der BGH mit diesem Urteil aufgegeben.

Nach Auffassung der Finanzverwaltung (vgl. BMF-Schreiben vom 16.5.1994) ist das BGH-Urteil auch bei Vereinbarungen über die Änderung der Bezüge eines Gesellschafter-Geschäftsführers zu beachten. Ist eine derartige Vereinbarung mit dem Gesellschafter-Geschäftsführer nach den Grundsätzen des BGH-Urteils zivilrechtlich nicht wirksam zustande gekommen, sind **Gehaltserhöhungen steuerlich als vGA** anzusehen.

Sie sollten also unbedingt beachten, dass Änderungen der Bezüge des Gesellschafter-Geschäftsführers stets von der Gesellschafterversammlung beschlossen werden. Der Beschluss ist von allen Gesellschaftern – also auch unter Beteiligung von Minderheitsgesellschaftern – zu fassen. Dazu müssen Sie nach § 51 Abs. 1 GmbHG **alle Gesellschafter durch eingeschriebenen Brief mit einer Frist von mindestens einer Woche laden**, sofern sich nicht alle Gesellschafter mit einer schriftlichen Beschlussfassung einverstanden erklären. Diese Möglichkeit zur schriftlichen Beschlussfassung kann bereits in der Satzung vorgesehen sein.

Nach dem Urteil des BFH vom 11.12.1991 (Az. I R 49/90, GmbH-Stpr 1992, S. 150) muss **neben einer einstimmigen Beschlussfassung durch die Gesellschafterversammlung nicht zusätzlich noch eine Änderung des Anstellungsvertrags** vorgenommen werden. Denn in der Mitwirkung des Gesellschafter-Geschäftsführers an dem betreffenden Gesellschafterbeschluss liegt gleichzeitig die Annahme des Angebots auf Änderung des Anstellungsvertrags.

Nach der Rechtsprechung des BGH kann in der Satzung einer GmbH oder durch einen entsprechenden Gesellschafterbeschluss die **Zuständigkeit für die Vertragsangelegenheiten** der Gesellschafter-Geschäftsführer auch **auf andere Personen übertragen** werden. Hier kommt z.B. ein Beirat, ein Gesellschafterausschuss oder auch ein Mitgeschäftsführer in Betracht.

In der Praxis ist insbesondere bei Vereinbarungen mit einem beherrschenden Gesellschafter-Geschäftsführer häufig zu beobachten, dass Gesellschafterbeschlüsse sowie Vertragsabschlüsse oder -änderungen **erst im Nachhinein erstellt** werden. **Vorsicht**: Diese Praxis kann den Tatbestand der **Steuerhinterziehung** erfüllen.

Es ist bei solchen – strafrechtlich relevanten – rückdatierten Beschlüssen zu beachten, dass diese bereits daran scheitern können, dass z.B. nicht mehr alle Personen, die zum Zeitpunkt des – angeblichen – Beschlusses Gesellschafter waren, verfügbar sind. Ist ein Gesellschafter z.B. im Streit aus der Gesellschaft ausgeschieden, dürfte es kaum möglich sein, ihn noch zur Unterschrift unter den Gesellschafterbeschluss zu bewegen. Im Falle des Todes eines Mitgesellschafters ist ein nachträglicher Beschluss gar unmöglich.

Die vorstehenden Ausführungen zeigen, dass es wichtig ist, Rechtsgeschäfte zwischen einer GmbH und ihren Gesellschaftern zivilrechtlich wirksam abzuschließen, um die steuerliche Anerkennung nicht zu gefährden.

BMF-Schreiben vom 16.5.1994, BStBl I, S. 868

35 Gehaltsfortzahlung – Krankheitsfall

Vertragliche Regelung für Geschäftsführer besonders wichtig, vor allem für Gesellschafter-Geschäftsführer

Arbeiter haben nach dem Entgeltfortzahlungsgesetz im Krankheitsfalle grundsätzlich einen Anspruch auf Lohnfortzahlung für die Dauer von sechs Wochen (§ 3 EFZG). Diese Vorschrift ist jedoch nach herrschender Meinung auf den GmbH-Geschäftsführer nicht anwendbar. Der **Geschäftsführer kann sich nur auf § 616 BGB berufen**. Danach behält er seinen Vergütungsanspruch, wenn er

- für eine verhältnismäßig nicht erhebliche Dauer,
- durch einen in seiner Person liegenden Grund, z.B. Krankheit, und
- ohne sein Verschulden

an der Dienstleistung verhindert ist.

Überwiegend wird angenommen, dass ein Zeitraum dann „verhältnismäßig nicht erheblich" ist, wenn er **bis zu sechs Wochen** beträgt (u.a. Bauer, DB 1979, S. 2179).

Eine Verhinderung zur Dienstleistung **„ohne sein Verschulden"** liegt vor, wenn der Geschäftsführer nicht grob fahrlässig oder gar vorsätzlich gehandelt hat (BAG, Urteil vom 21.1.1960, BB 1960, S. 326). Ein Verschulden wird nur dann bejaht, wenn es sich „um einen gröblichen Verstoß gegen das von einem verständigen Menschen im eigenen Interesse zu erwartende Verhalten handelt" (BAG, Urteil vom 23.1.1971, BB 1972, S. 220).

☞ Wenn ein GmbH-Geschäftsführer z.B. einen **Verkehrsunfall** und einen damit verbundenen Krankenhausaufenthalt leicht fahrlässig verschuldet hat, hat er einen Anspruch auf Gehaltsfortzahlung bis zu sechs Wochen, wenn diese Frage **nicht im Anstellungsvertrag anders geregelt** worden ist.

☞ Sofern im Anstellungsvertrag keine detaillierten Regelungen über die Lohnfortzahlung im Krankheitsfall getroffen wurden, sollte jedoch wenigstens auf die allgemeinen gesetzlichen Regelungen verwiesen werden. Dies führt dazu, dass die Gehaltszahlung für einen Zeitraum von sechs Wochen anerkannt wird.

Ohne eine derartige Vereinbarung stellt die an einen **Gesellschafter-Geschäftsführer** erfolgte Gehaltsfortzahlung im Krankheits-/Verhinderungsfall eine vGA dar, da die GmbH eine Zahlung ohne gesetzliche oder vertragliche Verpflichtung leistet.

☞ Zur besseren Absicherung des Gesellschafter-Geschäftsführers sollte man jedoch schriftlich und im Voraus eine großzügigere Regelung treffen. In der Praxis ist es üblich, im Geschäftsführervertrag eine **Lohnfortzahlung im Krankheitsfall für eine Dauer von sechs Monaten** zu verankern (z.T. bis zu zwölf Monaten), etwa in Form der nachstehenden **Musterklausel**:

„Im Krankheitsfall oder bei sonstiger unverschuldeter Verhinderung bleibt der Gehaltsanspruch für die Dauer von neun Monaten bestehen. Dauert die Verhinderung länger als drei Monate ununterbrochen an, so wird die Gewinnbeteiligung anteilig gekürzt."

36 GmbH-Geschäftsführer-Vergütungen 2019 – Orientierungswerte für Gesellschafter und Geschäftsführer

Wichtige Zahlen aus der neuen BBE-Gehaltsstrukturuntersuchung – Argumentationshilfen für die steuerliche Angemessenheitsprüfung

Alljährlich befragt BBE media GmbH-Geschäftsführer deutschlandweit nach ihrem Gehalt und allen Vergütungsbestandteilen. Das Ergebnis wirft nicht nur ein interessantes Schlaglicht auf die Wirtschaftskraft unterschiedlicher Branchen. Die BBE-Studie ist inzwischen der einzige von der Finanzverwaltung anerkannte Vergleichsmaßstab, wenn es um die Angemessenheit der Gesellschafter-Geschäftsführer-Vergütung geht.

• Der Nutzen von Gehaltsstudien

In nahezu allen steuerlichen Betriebsprüfungen bei GmbHs spielen die Leistungsvergütungen an Gesellschafter eine zentrale Rolle. Hier erhoffen sich die Prüfer noch am ehesten ein steuerliches Mehrergebnis. Da mittelständische GmbHs ganz überwiegend inhabergeführt sind, also von einem der – oder vom alleinigen – Gesellschafter geführt werden, nimmt der Prüfer das an den Gesellschafter-Geschäftsführer (GGF) gezahlte Gehalt und die weiteren Vergütungsbestandteile wie z.B. die Tantieme oder die Dienstwagenüberlassung auch zur Privatnutzung besonders gründlich unter die Lupe. Stellt er dabei fest, dass das Gehalt im Vergleich zu den Vergütungen, die in der Branche üblich sind, überhöht und damit unangemessen ist, stellt er in Höhe des unangemessenen Teils eine vGA fest. Die Folge: Die vGA wird außerhalb der Bilanz dem Gewinn der GmbH wieder hinzugerechnet. Damit fallen eine höhere Körperschaft-und Gewerbesteuer an. Beim GGF fallen entsprechend höhere Einkünfte aus Kapitalvermögen an, die bei ihm in der Regel der 25%igen Abgeltungsteuer unterliegen. Der Mehrsteuerbelastung beim GGF steht eine Entlastung an Lohnsteuer gegenüber, die bereits auf die überhöhte Vergütung entrichtet wurde.

Um diese steuerlichen Konsequenzen zu vermeiden, sind anerkannte Gehaltsstudien von besonderem Nutzen. Sie helfen bei der Ermittlung der angemessenen Vergütung für GGF bzw. können in Betriebsprüfungen als Referenzwerte für die Angemessenheit der im Prüfungszeitraum gezahlten Vergütungen herangezogen werden.

Für GGF mit beherrschendem Status ist eine vorausschauende Vergütungsgestaltung besonders wichtig. Denn nur bei eindeutig und im Voraus getroffenen Vereinbarungen lassen sich vGA vermeiden. Auch Minderheitsgesellschafter sollten aus steuerlicher Sicht bei der Gestaltung ihrer Vergütung lieber auf Nummer sicher gehen (vgl. Prühs, Geschäftsführervergütung im Jahr 2019, GmbH-Stpr 2018, S. 361).

Bei der Prüfung der steuerlichen Angemessenheit der Gesamtvergütung von Geschäftsführern ist es inzwischen gängige Praxis der Finanzämter und Finanzgerichte auf betriebsexternes Zahlenmaterial, also Gehaltsstrukturuntersuchungen anerkannter unabhängiger Institutionen wie die jährliche BBE-Vergütungsstudie, zurückzugreifen. Wird in der Betriebsprüfung einer GmbH die Angemessenheit des Gesamtgehalts des GGF in Zweifel gezogen, befindet sich der GmbH-Chef in einer relativ sicheren Zone, wenn sich seine Gesamtvergütung in der Bandbreite üblicher Geschäftsführergehälter bewegt, wenn also der externe Gehaltsvergleich gewahrt ist.

• Die BBE-Vergütungsstudie 2019 im Einzelnen

Die aktuellen Zahlen und Daten beruhen auf einer im Jahr 2018 bundesweit durchgeführten Gehaltsumfrage bei GmbH-Geschäftsführern. Befragt wurden 2.960 Geschäftsführer über ihre aktuelle Verdienstsituation und die Zusammensetzung ihrer Vergütung. In die Auswertung für die Gehaltsstudie kamen 2.921 Fragebögen.

Von besonderer Bedeutung im sogenannten betriebsexternen Gehaltsvergleich anhand von Daten aus anerkannten Gehaltsstrukturuntersuchungen ist nach höchstrichterlicher Rechtsprechung die „Gesamtausstattung" des GGF, die im Schaubild als „Jahresgesamtbezüge" bezeichnet ist. Liegen die Bezüge im Vergleich zu dem, was andere Geschäftsführer vergleichbarer GmbHs verdienen, in der Bandbreite der üblichen Geschäftsführergehälter, ist im Regelfall von der steuerlich gebotenen Angemessenheit auszugehen.

Allerdings bietet das durchschnittliche Gehalt nur eine erste Orientierung. In der Einzelprüfung reichen diese groben Werte nicht aus, denn die Vergütung wird auch in Bezug zur Person des Geschäftsführers und zur wirtschaftlichen Lage der GmbH vereinbart. Dabei bietet die Studie die Möglichkeit, mit Hilfe einer ganzen Reihe von Parametern das Gehalt fein abgestimmt mit Gehältern anderer Geschäftsführer in ähnlicher Position zu vergleichen.

Die Parameter sind:

- Kapitalbeteiligung und Status als Gesellschafter,
- Anzahl der Geschäftsführer, Wochenarbeitszeit,
- Alter und Geschlecht,
- Qualifikation, Ausbildung und Dauer der Tätigkeit,
- Wirtschaftszweig und Branche,
- Anzahl der Mitarbeiter,
- Jahresumsatz und Umsatzrendite.

- **Geschäftsführer-Gesamtbezüge nach Wirtschaftszweigen**

Nach ihren Gehältern befragt wurden Geschäftsführer von GmbHs aus fünf Wirtschaftszweigen. Das Spektrum der Unternehmen ist dabei so breit gefächert, dass innerhalb der Wirtschaftszweige 68 Branchen ausgewiesen werden:

- Dienstleister (21 Branchen),
- Handwerk (14 Branchen),
- Industrie (9 Branchen),
- Einzelhandel (11 Branchen),
- Großhandel (13 Branchen).

Das folgende Schaubild zeigt die Ergebnisse des Jahres 2018 bei den Jahres-Gesamtbezügen von GmbH-Geschäftsführern im Durchschnitt und im Höchstbereich. Nach den neuen Daten sind die Vergütungen von GmbH-Geschäftsführern im Vergleich zum Vorjahr im Durchschnitt minimal gestiegen (+ 0,2%). Wer als GmbH-Chef mit seinen Bezügen über 148.400 € liegt, verdient besser als die Hälfte seiner Geschäftsführer-Kollegen.

Jahresgesamtbezüge nach Wirtschaftszweigen

Wirtschaftszweig	Höchstwert	Durchschnitt
Industrie	1.531.932 €	237.198 €
Handwerk	574.802 €	143.801 €
Großhandel	1.303.512 €	185.072 €
Einzelhandel	644.886 €	157.023 €
Dienstleister	1.073.200 €	164.884 €

Spitzenreiter bei den Gesamtbezügen des Jahres 2018 im Durchschnittswert sind aber weiterhin die Geschäftsführer in der Industrie mit Jahres-Gesamtbezügen von 237.198 €, gefolgt von den Geschäftsführern aus dem Wirtschaftsbereich Großhandel mit Gesamtbezügen von 185.072 €. Am unteren Ende liegen die Geschäftsführer der Handwerks-GmbHs mit einem durchschnittlichen Jahresgesamtgehalt von 143.801 €.

Die höchste Einzelvergütung des Jahres 2018 erhielt ein Geschäftsführer aus dem Wirtschaftszweig Industrie mit Gesamtbezügen von über 1,5 Mio. €.

• Tantiemen nach Wirtschaftszweigen und Branchen

85,6% der Geschäftsführer in der Industrie haben eine Tantiemeregelung mit ihrer GmbH getroffen. Im Großhandel sind es 79,2% der Geschäftsführer, im Handwerk 78,0%, im Dienstleistungsbereich 74,3% und im Einzelhandel 75,8% der Geschäftsführer.

Nicht nur beim Fixgehalt, sondern ebenfalls bei den Erfolgsbeteiligungen ergibt sich laut BBE-Umfrage je nach Wirtschaftszweig und Branche eine große Spannbreite. In 95,0% der Fälle wurden dabei die Tantiemen nach einem festen Modus berechnet und ermittelt. Die aktuelle Untersuchung ergibt hier die folgenden durchschnittlichen Jahres-Tantiemen (in Klammern die Tantiemebeträge des Vorjahres 2017):

- Dienstleister: 35.022 € (31.671 €)
- Handwerk: 26.907 € (25.720 €)
- Industrie: 67.616 € (65.895 €)
- Einzelhandel: 31.966 € (29.365 €)
- Großhandel: 38.447 € (38.677 €)

Um wegen des Verbots der Gewinnabsaugung kein unnötiges steuerliches Risiko einzugehen, ist es empfehlenswert, die maximale Höhe einer Erfolgsbeteiligung vertraglich auf einen festen Betrag zu begrenzen. Tantiemeregelungen sollten darüber hinaus einer regelmäßigen Angemessenheitskontrolle unterzogen werden, z.B. alle drei Jahre und bei jeder Änderung der Festvergütung.

Umsatztantiemen sollten auf Ausnahmesituationen beschränkt werden (Gründungsstadium, Umstrukturierung).

• Weitere gehaltsbildende Faktoren: Geschäftsführerstatus, Unternehmensgröße und Geschäftserfolg

Was ein GmbH-Geschäftsführer verdient bzw. als Gesellschafter steuerlich unbeanstandet verdienen darf, hängt im Wesentlichen von dem erzielten wirtschaftlichen Erfolg des Unternehmens ab. Gehaltsbildende Faktoren sind außer dem Jahresumsatz der GmbH auch die Unternehmensgröße (bspw. bemessen nach der Personalstärke), das Arbeitsumfeld und der Verantwortungsgrad des Geschäftsführers (Allein-, Mitgeschäftsführer, Vorsitzender).

Dabei ist der **Jahresumsatz** der GmbH einer der wichtigsten Gehaltsbemessungsfaktoren, wie die aktuelle BBE-Studie auch für das Jahr 2018 belegt:

Durchschnittliche Jahres-Gesamtbezüge nach Jahresumsatz der GmbH

GmbH-Jahresumsatz	Durchschnittliche Jahres-Gesamtbezüge
bis 1 Mio. €	110.049 €
über 1 Mio. € bis 2,5 Mio. €	146.362 €
über 2,5 Mio. € bis 5 Mio. €	164.768 €
über 5 Mio. € bis 10 Mio. €	202.056 €
über 10 Mio. € bis 25 Mio. €	256.070 €
über 25 Mio. €	333.150 €

Die **Personalstärke der GmbH** schlägt sich ebenfalls im Gehalt der Geschäftsführer nieder, wie die aktuelle BBE-Untersuchung zeigt. Hier ergeben sich für das Jahr 2018 folgende Zahlen:

- Geschäftsführer kleinerer GmbHs (bis zehn Mitarbeiter) erhalten im Durchschnitt bei einer Betrachtung über alle Branchen hinweg eine Jahresgesamtvergütung in Höhe von 127.680 €.
- Das Jahresgesamtgehalt der Geschäftsführer von großen GmbHs (bis 250 Mitarbeiter) ist dagegen mit 280.808 € im Durchschnitt mehr als doppelt so hoch wie der Jahresverdienst der Geschäftsführer kleiner GmbHs.

Wenn man die Geschäftsführervergütung differenziert nach dem **Status in der GmbH** – über alle Branchen hinweg – näher betrachtet, ergibt sich nach der BBE-Studie für das Jahr 2018 folgendes Bild:

- Alleingeschäftsführer haben durchschnittliche Jahresgesamtbezüge in Höhe von 162.684 €. – Gleichberechtigte Geschäftsführer kommen „im Mittel" auf Gesamtbezüge von 179.229 €.
- Geschäftsführer als Vorsitzende erhalten Jahresgesamtbezüge in Höhe von 235.365 €.

Gehaltsbildende Faktoren sind außerdem die Dauer der Betriebszugehörigkeit des Geschäftsführers und seine etwaige besondere fachliche Qualifikation. Solche Faktoren rechtfertigen, wenn andere Parameter – wie bspw. der Geschäftserfolg – stimmen, regelmäßig ein Geschäftsführergehalt über den üblichen Durchschnittswerten.

- **Multiplikatoren für den betriebsinternen Gehaltsvergleich**

Beim betriebsinternen Gehaltsvergleich gilt die Faustregel, dass ein GmbH-Chef steuerlich gefahrlos das rund 2,5-Fache des Gehalts verdienen darf, das der zweitbestbezahlte Mitarbeiter der GmbH erhält (BFH, Urteil vom 27.2.2003, Az. I R 46/01, GmbH-Stpr 2003, S. 373).

Im Wesentlichen bestätigt wird dieser 2,5-Faktor für das Jahr 2018 auch durch die BBE-Gehälterstudie – allerdings gibt es in zwei Wirtschaftszweigen „Ausreißer". Dies sind die Wirtschaftszweige Handwerk und Dienstleister. Die Ergebnisse der Untersuchung:

- Im Wirtschaftszweig Handwerk liegt der Multiplikator für das Geschäftsführergehalt – und zwar im Durchschnitt (Fremd- und Gesellschafter-Geschäftsführer) mit dem 2,25-Fachen am niedrigsten, gefolgt von der Industrie mit dem 2,26-Fachen. Im Einzelhandel liegt der Multiplikator mit dem 2,52-Fachen ebenso „in der Normgröße" wie gerade noch im Großhandel mit dem 2,54-Fachen.
- Im Wirtschaftszweig Dienstleister dagegen liegt der Multiplikator mit dem 2,90-Fachen mit Abstand am höchsten.

37 Gehaltsverzicht – Gesellschafter-Geschäftsführer

Verdeckte Gewinnausschüttung infolge Gehaltsverzichts

Der Fall:

Der alleinige Gesellschafter-Geschäftsführer einer kleinen GmbH verzichtete von Januar 2010 bis Dezember 2012 allmonatlich im Voraus durch eine Vereinbarung mit der GmbH auf sein gesamtes Gehalt bzw. den überwiegenden Teil davon. Der Gehaltsanspruch sollte insoweit wieder aufleben, wie der handelsrechtliche Gewinn vor Steuern ausreichte, um den Gehaltsverzicht zu decken; darüber hinaus sollte der Verzicht endgültig sein. Andererseits ließ die GmbH die zu verzinsende Überziehung des Verrechnungskontos des Geschäftsführers bis letztlich 120.000 € zu.

Für 2010 wurde trotz eines Gewinns kein wiederauflebender Gehaltsanspruch ermittelt, für 2011 und 2012 wurden entsprechende Rückstellungen in Höhe des Gewinns passiviert. Das Finanzamt wertete die tatsächlichen Gehaltszahlungen sowie die Rückstellungen als vGA; das FG wies den dagegen gerichteten Antrag auf Aussetzung der Vollziehung zurück.

Das Urteil:

Die Vereinbarung zwischen Geschäftsführer und GmbH wurde im Voraus getroffen und genügte den gesellschaftsrechtlichen Anforderungen sowie denen an die Klarheit und Eindeutigkeit, auch wenn die Vereinbarung die Fälligkeit des Anspruchs im Anschluss an sein Wiederaufleben nicht regelte. Insoweit war von Fälligkeit mit Feststellung des Jahresabschlusses zum gesetzlich sowie per Satzung vorgegebenen Zeitpunkt – bis zum Ende des 11. Monats nach Ablauf des Geschäftsjahrs – auszugehen.

Die Vereinbarung wurde jedoch nicht vertragsgemäß durchgeführt und genügte nicht dem Fremdvergleich, weil

- für das Jahr 2010 trotz eines Gewinns keine Rückstellung für den Gehaltsanspruch passiviert worden war;
- die Jahresabschlüsse für 2011 und 2012 erst nach Ablauf der gesetzlichen bzw. gesellschaftsrechtlichen Fristen festgestellt worden waren;
- sich ein Fremdgeschäftsführer auf eine derartige Vereinbarung nicht eingelassen hätte. Einerseits bestand für diesen das doppelte Risiko des endgültigen Ausfalls seines Gehaltsanspruchs bei gleichzeitiger Verpflichtung zum Ausgleich des Verrechnungskontos; andererseits verfügte die GmbH ausweislich des Anstiegs des Saldos des Verrechnungskontos über ausreichend Liquidität, sodass auch Gehaltszahlungen möglich gewesen wären. Zudem hätte ein Fremdgeschäftsführer auf einer möglichst frühzeitigen Feststellung des Jahresabschlusses bestanden.

Konsequenzen:

Die Entscheidung liefert ein weiteres Beispiel dafür, unter welchen Umständen auch eine **unübliche Vereinbarung zugunsten einer GmbH zu** einer vGA führen kann. Dabei überrascht, dass das FG den allmonatlich – immerhin im Voraus – neu vereinbarten Gehaltsverzicht nicht beanstandet hat. Auch dem dürfte ein Fremdgeschäftsführer kaum zustimmen, wenn hierfür keine plausible Begründung geliefert werden kann, denn die wirtschaftliche Planung einer GmbH sollte einen weiteren Horizont als einen Monat haben. Zu den Gründen für den Verzicht schweigt sich die Entscheidung – abgesehen von wirtschaftlichen Schwierigkeiten – aber aus.

Hinweis:

In einer – abgesehen von der Überziehung des Verrechnungskontos – vergleichbaren Situation wäre es eher angebracht, einen Gehaltsverzicht für einen längeren, von der (nachweisbaren) Planung der GmbH abhängigen Zeitraum, etwa ein Jahr oder den Rest des Geschäftsjahres, zu vereinbaren, einen Zeitpunkt für die Überprüfung des Verzichts festzulegen und Kriterien für das Wiederaufleben des Gehaltsanspruchs zu bestimmen. Dass eine solche

Vereinbarung durchgeführt werden muss, versteht sich eigentlich von selbst, zumal sie dem Finanzamt mit der Körperschaftsteuererklärung für den betreffenden Zeitraum vorgelegt werden muss.

Der einzige für die GmbH positive Aspekt des Beschlusses ist darin zu sehen, dass das FG die Rechtmäßigkeit der Verzinsung des Verrechnungskontos mit 10% durch das Finanzamt als zweifelhaft angesehen hat. Vereinbart war zunächst ein Zinssatz von 6%, später von 3%. Offen blieb, ob insoweit auf den Mittelwert aus banküblichen Soll- und Habenzinsen oder auf die alternativen Anlagemöglichkeiten der GmbH abzustellen ist. Dies soll im Einspruchsverfahren geklärt werden.

FG Hamburg, Urteil vom 2.3.2016, Az. 2 V 278/15

38 Gesellschafter-Geschäftsführer-Vergütung – steuerliche Angemessenheit

Betriebsinterner und betriebsexterner Gehaltsvergleich zur Beurteilung der steuerlichen Angemessenheit von Gesellschafter-Geschäftsführerbezügen

Aus pragmatischen Gründen – meist wegen fehlender Mitarbeitergehälter als Maßstab – hat sich in Rechtsprechung und Verwaltungspraxis der sogenannte **betriebsexterne Gehaltsvergleich** durchgesetzt, wenn es um die steuerliche Beurteilung der Angemessenheit der Vergütung eines Gesellschafter-Geschäftsführers geht.

Rechtlich beachtet ist ein solcher Gehaltsvergleich aber „zweite Wahl". Ist ein **betriebsinterner** Gehaltsvergleich **möglich**, so etwa mit einem Mit-(Gesellschafter-)Geschäftsführer, hat dieser Vergleich Vorrang. Absoluten Vorrang hat ein **Gehaltsgutachten**, das aus Kostengründen aber oft beide Seiten – GmbH/Gesellschafter und Finanzamt – scheuen.

Bei dem **außerbetrieblichen** Vergleich geht es um die Frage, wie viel ein angestellter Geschäftsführer in einer Firma der gleichen Branche mit vergleichbarem Geschäftsvolumen (Umsatz/Gewinn) erhält.

Zunächst werden Sie auf Informationsprobleme stoßen. Konkrete Zahlen für diesen Vergleich sind aber durchaus zu erhalten. Wollen Sie hierbei auf einer relativ sicheren Seite sein, besorgen Sie sich am besten die Daten aus einer **aussagekräftigen Gehaltsuntersuchung** (z.B. BBE Köln, Kienbaum, Grätz etc.). Für Ihre Recherche eignet sich besonders die im VSRW-Verlag erhältliche BBE-Studie „Welche Vergütungen GmbH-Geschäftsführer erhalten", in der aktuelle Daten aus rund 70 Branchen aufgelistet sind. Einen Überblick über wichtige Ergebnisse der BBE-Gehälterstudie für das Jahr 2019 finden Sie im Beitrag Nr. 36.

Beachten müssen Sie die **unterschiedliche Behandlung des Geschäftsführergehalts in der Sozialversicherung**: Sind Sie z.B. Inhaber von 51% der Kapitalanteile der GmbH, zahlt Ihre Firma für Sie keinen Arbeitgeberanteil zur Sozialversicherung, wie ihn die Vergleichsfirma für den angestellten Geschäftsführer aufbringen muss. Dieser Vergütungsbestandteil dürfte ein höheres Gehalt im Vergleich zu Fremdgeschäftsführern in anderen Gesellschaften um mindestens 10% rechtfertigen.

Selbst bei einem hohen Jahresgehalt wird von der Rechtsprechung eine allgemeine **Toleranzgrenze** in Form eines Zuschlags von 10-20% auf die obere Angemessenheitsgrenze akzeptiert (vgl. BFH vom 28.6.1989, BStBl 1989 II, S. 854).

Bei dem sogenannten **betriebsinternen Gehaltsvergleich** – eine beliebte Praktikermethode – wird das Gehalt eines Mitarbeiters Ihres Unternehmens als Ausgangsbasis für den Angemessenheitsvergleich gemacht. Dies sollte in aller Regel ein leitender oder qualifiziert tätiger Angestellter sein.

Faustregel nach dem sogenannten innerbetrieblichen Vergleich: Wenn Sie als Gesellschafter-Geschäftsführer nicht mehr als das **2,5-Fache** des Gehalts verdienen, das der nächst bestbezahlte Angestellte in Ihrer GmbH bekommt, dürfte im Regelfall Ihr Gehalt steuerlich angemessen sein (vgl. Beitrag Nr. 36).

Fazit: Wenn Sie die Höhe Ihres Gehalts mit aussagekräftigen Daten aus **Gehaltsuntersuchungen** (betriebsexterner Gehaltsvergleich) stützen können, sind Sie im Allgemeinen steuerlich auf der sicheren Seite.

- Mit der steueroptimalen Gehaltsfestsetzung für sich als Gesellschafter-Geschäftsführer sparen Sie Steuern und vermeiden die Feststellung einer **vGA** (Gesellschaftereinkünfte und bei der GmbH nichtabsetzbare Betriebsausgabe).
- Auch bei der **Gewerbesteuer** spart Ihre GmbH beträchtlich. Letztlich ist die **Gesamtsteuerbelastung** bei einer steuerlich unangemessenen Gehaltsgestaltung im Vergleich zu einer angemessenen Vergütungsgestaltung viel zu hoch. Dies zeigen modellhafte Steuervergleichsrechnungen mit aller Deutlichkeit auf.

39 Gewinntantieme – Angemessenheit

Angemessenheit einer Gewinntantieme bei Ertrag aus Grundstücksveräußerung

Der Fall:

Der beherrschende Gesellschafter-Geschäftsführer einer Handwerks-GmbH hat seit 1985 einen Anspruch auf eine Tantieme ab einem Gewinn der GmbH von 10.000 DM bis 30.000 DM in Höhe von 25%, ab 30.001 DM bis 50.000 DM in Höhe von 35% und ab 50.001 DM in Höhe von 40%. Der Gewinn ist definiert als körperschaftsteuerlicher Gewinn vor Abzug der Tantieme und nach Verrechnung von Verlustvorträgen.

Der Ertrag aus der Auflösung einer infolge eines Grundstücksverkaufs gebildeten Rücklage nach § 6b EStG führte im Streitjahr 2014 dazu, dass die höchste Staffel der Tantieme erreicht wurde und die Tantieme mehr als 25% der Geschäftsführervergütung betrug. Das Finanzamt behandelte den diese Grenze übersteigenden Teil der Tantieme als vGA. Dem Antrag auf Aussetzung der Vollziehung des entsprechend geänderten Körperschaftsteuerbescheids gab das FG statt.

Der Beschluss:

Ernstliche Zweifel an der Rechtmäßigkeit des Steuerbescheids ergeben sich insbesondere aus folgenden Gründen:

- Weder die Höhe der Gesamtausstattung des Geschäftsführers noch die der Tantieme ist bei einer GmbH dieser Größenordnung zu beanstanden.
- Die Staffelung der Tantieme ist zwar ungewöhnlich, die GmbH hat aber dargelegt, dass mit Tantiemen, welche die Grenze von 25% überschreiten, im Zeitpunkt des Abschlusses der Vereinbarung nicht zu rechnen war, solche auch in der Folgezeit regelmäßig nicht erzielt wurden.
- Die Tantieme ist nicht deshalb unangemessen, weil sie 50% des handelsrechtlichen Jahresüberschusses übersteigt. Entgegen der Auffassung der Finanzverwaltung ist nämlich nicht auf den handels-, sondern auf den steuerrechtlichen Jahresüberschuss abzustellen.
- Zum wirtschaftlichen Erfolg einer GmbH, der die Höhe der Bemessungsgrundlage für die Tantieme beeinflusst, gehören auch Gewinne aus der Veräußerung von Anlagevermögen. Sie können, müssen aber nicht von der Bemessungsgrundlage ausgenommen werden.
- Der Anteil der Tantieme von 68% an der Gesamtausstattung führt nicht

zur Unangemessenheit. War die Tantieme im Zeitpunkt der Vereinbarung angemessen, ist ein sprunghafter Anstieg der Bemessungsgrundlage nicht schädlich. Die GmbH kann sich nicht einseitig von der Vereinbarung lösen, wenn der Gewinn unerwartet stark steigt.

- Eine Begrenzung oder Anpassung der Tantieme ist nur erforderlich, wenn mit einem sprunghaften Anstieg ernsthaft zu rechnen ist. Davon war, da das Grundstück erst nach Abschluss der Tantiemevereinbarung erworben wurde, nicht auszugehen. Gleiches gilt damit auch für den Ertrag aus der Auflösung der 6b-Rücklage.

Konsequenzen:

Die Hamburger Richter liefern eine Entscheidung mit Verstand und Augenmaß, die der Finanzverwaltung Grenzen setzt und sie auch in einem etwaigen Hauptsacheverfahren vor hohe (Argumentations-)Hürden stellt.

Zwar stellt die Veräußerung eines Grundstücks bei einer kleinen GmbH nicht unbedingt einen „gewöhnlichen Geschäftsvorfall" dar. Der Einbeziehung des Veräußerungsgewinns in die Bemessungsgrundlage für die Tantieme ist dennoch zuzustimmen. Davon ausgehend, dass es sich um ein bebautes Grundstück gehandelt hat, haben die Abschreibungen auf das Gebäude letztlich die Tantieme des Geschäftsführers über lange Jahre gemindert, insoweit wird dies durch die Erhöhung der Bemessungsgrundlage im Jahr der Veräußerung bzw. Rücklagenauflösung korrigiert. Will man derartige, für die meisten kleinen GmbHs eher „außerordentliche Erträge" jedoch aus der Bemessungsgrundlage ausnehmen, stellt sich automatisch die Frage, wie bei außerordentlichen Aufwendungen, etwa Teilwertabschreibungen, zu verfahren ist. Konsequenter Weise müssten sie ebenfalls ausgeklammert werden, was dann aber zu einem Tantiemeanspruch trotz eines Jahresfehlbetrags führen könnte. Ein Fremdgeschäftsführer würde sich wohl kaum darauf einlassen, auf seinen Anteil an außerordentlichen Erträgen zu verzichten, außerordentliche Aufwendungen aber mittragen zu müssen.

FG Hamburg, Beschluss vom 29.11.2016, Az. 2 V 285/16

40 Gewinntantieme – 50%-Grenze (1)

Obergrenze von 50% für Tantiemen an Gesellschafter-Geschäftsführer gilt im Normalfall

Der Fall:

Im Streitfall ging es um die Angemessenheit der Tantiemezusage an einen Geschäftsführer, der Ehemann der Allein-Gesellschafterin der GmbH war. Die

GmbH erzielte Umsatzerlöse in Höhe von 17 Mio. DM mit 40 Beschäftigten. Ihr Bilanzgewinn betrug rund 110.000 DM. Laut Tantiemenzusage hatte der Geschäftsführer Anspruch auf 40% des Jahresgewinns laut Steuerbilanz. Maßgeblich sollte der Gewinn vor Steuern und Tantieme sein.

Die Gesamtausstattung des Geschäftsführers betrug im Streitjahr 300.000 DM, davon 200.000 DM Festgehalt und 100.000 DM Tantieme. Finanzamt und Finanzgericht hielten die Tantiemezahlung für überhöht und erkannten nur einen Betrag bis 25% der Gesamtbezüge an.

Das Urteil:

Der BFH gab der GmbH Recht und missbilligte die vorgenommene „Gehaltskürzung". Er verwies die Sache zur abschließenden Klärung der angemessenen Gesamtbezüge an das FG zurück.

Zunächst ging der BFH darauf ein, wie bei der steuerlichen Angemessenheitsprüfung von Gesamtbezügen und Gewinntantiemen vorzugehen ist. Er verwies hier auf seine bisherige neuere Rechtsprechung.

Danach gilt u.a.: 1. Es gibt keine festen Angemessenheitsgrenzen für das Gesamtgehalt, sondern es muss stets eine Schätzung im Einzelfall innerhalb bestimmter Bandbreiten stattfinden. 2. Auch wenn die Geschäftsführervergütung zu mehr als 25% der Gesamtbezüge aus variablen Vergütungsbestandteilen (Gewinntantieme) besteht, ergibt sich daraus nicht automatisch eine vGA. 3. Entscheidend ist in erster Linie, ob das Gesamtgehalt im steuerlich angemessenen Rahmen liegt.

Der BFH stellte in diesem Zusammenhang noch einmal klar: Gesamtvergütung und Gewinntantieme sind nicht isoliert voneinander auf ihre Angemessenheit zu beurteilen. Den Ausschlag gebe letztlich, welches Gesamtgehalt ein ordentlicher Geschäftsleiter seinem Geschäftsführer im Zeitpunkt der Vereinbarung zu zahlen bereit gewesen wäre.

Mit Blick auf eine zusätzlich vereinbarte Gewinntantieme heißt das:

- Lässt sich im Zusagezeitpunkt eine **zuverlässige Gewinnprognose** für die GmbH anstellen, darf dem Geschäftsführer nur eine Gewinntantieme zugesagt werden, welche **zusammen mit dem** übrigen **Gehalt** zu einer angemessenen Gesamtausstattung führt. Mit anderen Worten: Tantiemeprozentsatz/-betrag und Rest der Vergütung sind entsprechend zu kalkulieren.
- Ist eine Gewinnprognose zum Zusagezeitpunkt schwierig, eher spekulativ oder nach Jahren nicht mehr rekonstruierbar, genügt es nach Ansicht des BFH, dass der **Tantiemesatz einem Fremdvergleich standhält**. Angesichts dessen auch einen Tantiemehöchstbetrag festzulegen, hält der BFH nicht in jedem Fall für erforderlich.

Im Streitfall hatte das FG allein das Überschreiten der 25%-Grenze zum Anlass für eine Beanstandung der Gewinntantiemeregelung genommen, ohne zugleich die entscheidende Frage der Angemessenheit der Gesamtvergütung zu prüfen. Gerade deshalb wurde die Entscheidung dann vom BFH aufgehoben.

Außerdem gab der BFH dem FG noch Folgendes für die abschließende Beurteilung des Falls mit auf den Weg:

- Die Zahlung einer Gewinntantieme an einen Gesellschafter-Geschäftsführer ist insoweit, als sie **mehr als 50% des Jahresgewinns** der GmbH ausmacht, **in der Regel eine vGA**.
- Bemessungsgrundlage für diese Regelvermutung ist der steuerliche Gewinn vor **Abzug der Steuern und Tantieme**.

Dies ergebe sich aus dem Grundgedanken, dass sich GmbH und Geschäftsführer höchstens den Gewinn teilen. Für eine über 50% hinausgehende Gewinnbeteiligung des Gesellschafter-Geschäftsführers gelte also die Vermutung, dass sie durch die Gesellschafterstellung veranlasst ist, also insofern eine vGA vorliegt.

Konsequenzen:

Der BFH bestätigt mit dieser Entscheidung die Auffassung der Finanzverwaltung zur 50%-Grenze, wie sie unter anderem im BMF-Erlass vom 1.2.2002 zum Ausdruck gekommen ist (BStBl 2002 I, S. 219): Danach bezieht sich die Regelvermutung auf den **handelsrechtlichen Jahresüberschuss** vor Abzug der ertragsabhängigen Steuern und der Tantieme.

Die **50%-Grenze** ist also als Obergrenze für Gewinntantiemen nach wie vor sehr ernst zu nehmen. Sie sollte sicherheitshalber in neuen Tantiemevereinbarungen **von vornherein mit eingebaut** sein. Die oben genannte **25%-Obergrenze** wird dagegen in den meisten Fällen – weil steuerlich unnötig – in der Praxis entbehrlich sein. Sie braucht also in Tantiemevereinbarungen nicht mehr unbedingt enthalten zu sein.

Der Fall zeigt außerdem, dass auch Geschäftsführer, die **nicht an der GmbH beteiligt** sind, mit ihrem Gehalt wie Gesellschafter-Geschäftsführer einer besonderen steuerlichen Angemessenheitskontrolle unterliegen, wenn deren Angehörige alleinige oder beherrschende Gesellschafter der GmbH sind.

BFH, Urteil vom 4.6.2003, Az. I R 24/02

41 Gewinntantieme – 50%-Grenze (2)

Gewinntantiemen auch von mehr als 50% des Jahresüberschusses in der Gründungsphase zulässig

Der Fall und das Urteil:

Eine neu gegründete GmbH erwarb ein Bauunternehmen, in dem der eine ihrer beiden Gesellschafter-Geschäftsführer zuvor als leitender Angestellter, der andere als Mitarbeiter tätig war. Die GmbH räumte jedem der zu je 50% beteiligten Geschäftsführer einen auf fünf Jahre befristeten Anspruch auf eine Gewinntantieme in Höhe von 40% des Jahresüberschusses, maximal aber 150% des Festgehalts von 135.000 DM ein. Das Finanzamt stufte die Gewinntantiemen insoweit als vGA ein, als sie insgesamt 50% des Jahresüberschusses überstiegen. Klage und Revision hatten keinen Erfolg.

Der BFH geht von seiner ständigen Rechtsprechung aus, wonach Gewinntantiemen regelmäßig – d.h. unter normalen Verhältnissen – insoweit zu einer vGA führen, wenn sie insgesamt 50% des Jahresüberschusses übersteigen.

Die dahinter stehende **Vermutung** der Gewinnabsaugung kann allerdings im Einzelfall widerlegt werden, indem die GmbH wirtschaftliche Gründe für eine **höhere, zeitlich begrenzte Tantieme** nachweist, etwa die Anlaufphase einer neu gegründeten GmbH.

Dieses Argument griff im Urteilsfall aber nicht, weil die GmbH sofort auf die Organisation und Geschäftsbeziehungen des übernommenen Einzelunternehmens zurückgreifen konnte und angesichts der langjährigen leitenden Tätigkeit eines ihrer Geschäftsführer keinen besonderen Reibungsverlusten bei der Geschäftsübernahme ausgesetzt war. Die **typischen Anlaufprobleme** neu gegründeter Unternehmen **lagen** somit gerade **nicht vor**.

Die hohen Tantiemen ließen sich nach Ansicht des BFH auch nicht mit unangemessen **niedrigen Festgehältern** der Gesellschafter-Geschäftsführer rechtfertigen. Der BFH räumt zwar ein, dass ein am unteren Rand des Angemessenen liegendes Festgehalt mit einer an der oberen Grenze des Angemessenen liegenden Tantieme kombiniert werden kann. Eine eindeutig einem Fremdvergleich nicht Stand haltende Vereinbarung lasse sich jedoch nicht durch eine saldierende Betrachtung rechtfertigen. Gerade die hier gewählte Kombination niedriger Festgehälter und hoher Tantiemen spreche für eine **gesellschaftliche Veranlassung**. Dass im Streitfall eine derartige Vereinbarung in den ersten Jahren für die GmbH günstiger war, ändert daran nichts.

Ebenfalls keinen Einfluss auf die Entscheidung des BFH hatte die **Befristung** der Tantiemen; dieser Umstand hätte nur dann eine Rolle gespielt, wenn eine typische Anlaufphase vorgelegen hätte. Auch **die der GmbH** trotz der Tantiemen **verbliebenen hohen Gewinne** änderten an der Qualifikation der vGA nichts.

Konsequenzen:

Aus der Entscheidung wird deutlich, dass 50% des Jahresüberschusses überschreitende Prozentsätze für Gewinntantiemen – ebenso wie generelle Umsatztantiemen – nur bei „**echten** Neugründungen" eine Chance auf steuerliche Anerkennung haben.

Liegt kein Neugründungsfall vor und gibt es auch keine die Tantiemegestaltung rechtfertigenden **wirtschaftliche Gründe**, nutzt auch eine zeitliche und betragsmäßige Begrenzung der Tantieme nichts.

BFH, Urteil vom 17.12.2003, Az. I R 16/02

42 Gewinntantieme – Berechnung im Verlustfall und Fälligkeit

Auswirkungen eines Verlustrücktrags und einer verspäteten Jahresabschlusserstellung

Der Fall:

Gesellschafter einer GmbH waren zwei mit 51% bzw. 49% beteiligte Brüder. Beide hatten als Geschäftsführer Anspruch auf eine Gewinntantieme in Höhe von 25% des Jahresüberschusses vor Verrechnung von Verlustvorträgen und vor Abzug der Ertragsteuern. Die Tantiemen waren einen Monat nach Genehmigung des Jahresabschlusses durch die Gesellschafterversammlung fällig, wurden jedoch nicht ausgezahlt, sondern nur als „sonstige Verbindlichkeiten" passiviert.

Nachdem die GmbH im Jahr 2009 einen Verlust erlitten hatte, wurden ein Rücktrag in das Jahr 2008 sowie eine entsprechende Korrektur der Bemessungsgrundlage für die 2008er Tantiemen vorgenommen, sodass diese um je rund 100.000 € niedriger ausfielen. Hierzu wurde nachträglich eine geänderte Tantiemevereinbarungen mit einer Berechnung nach Abzug statt bislang vor Abzug von Verlustvorträgen vorgelegt.

Nachdem das Finanzamt infolge einer Lohnsteuer-Außenprüfung Kenntnis von den Tantiemen erlangt hatte, änderte es die Steuerbescheide und unterwarf die ursprünglichen Tantiemen der Einkommensteuer. Die dagegen gerichtete Klage hatte keinen Erfolg.

Das Urteil:

Nach den für beherrschende Gesellschafter bzw. für Gesellschafter mit gleichgerichteten Interessen geltenden Grundsätzen ist vom **Zufluss von Tantiemen bei Fälligkeit** auszugehen. Obwohl der Jahresabschluss der GmbH erst im Dezember 2009 festgestellt und genehmigt wurde, sodass die Tantiemen laut Vereinbarung erst im Januar 2010 fällig gewesen wären, gelten die Tantiemen als im Jahr 2009 zugeflossen. Denn die GmbH hat ihren Jahresabschluss nicht innerhalb der gesetzlichen Frist bis zum 30.11. des Folgejahres erstellt. In einem solchen Fall ist die **Fälligkeit** zur Vermeidung einer willkürlichen Verlagerung des Zuflusses in den darauffolgenden Veranlagungszeitraum **zu fingieren**.

Aufgrund der Handhabung in früheren Jahren, Verlustvorträge in die Berechnung der Tantiemen einzubeziehen, ist davon auszugehen, dass die ursprünglichen Tantiemevereinbarungen nur irrtümlich eine Berechnung vor Abzug von Verlusten vorsahen. Dennoch ist der Verlustrücktrag bei der Berechnung der Tantiemen für das Jahr 2008 nicht zu berücksichtigen. Denn dies wäre nur dann möglich, wenn es vertraglich ausdrücklich vereinbart worden wäre. Eine solche Vereinbarung lag jedoch nicht vor, vielmehr regelte die Tantiemevereinbarung lediglich eine Verrechnung mit Verlustvorträgen.

Konsequenzen:

Da gegen das Urteil Revision (BFH-Az. VI R 44/17) eingelegt wurde, wird der BFH erstmals Gelegenheit haben, sich mit der Fälligkeit der Tantieme bei verspäteter Abschlusserstellung sowie der Berücksichtigung von Verlustrückträgen zu befassen.

Mit dem Einfluss der verspäteten Abschlusserstellung auf die Fälligkeit einer Tantieme hat sich bislang nur – soweit ersichtlich – das FG Baden-Württemberg im Urteil vom 7.11.1996 (Az. 8 K 108/95, EFG 1997, S. 872) auseinandergesetzt und entschieden, dass trotz verspäteter Abschlusserstellung kein früherer Zufluss zu fingieren ist. Da die Finanzgerichte damit unterschiedliche Auffassungen vertreten, ist eine Klärung durch den BFH zwingend. Diese wird insbesondere für kleine GmbHs, die es mit den Fristen des HGB weniger genau nehmen, erhebliche Bedeutung haben.

Während die Kürzung der Bemessungsgrundlage für eine Gewinntantieme um einen Verlustvortrag zwischenzeitlich unstrittig ist, ist die Kürzung um einen Verlustrücktrag Neuland. Die vom FG Rheinland-Pfalz vertretene Auffassung dürfte für betroffene GmbHs in wirtschaftlicher Hinsicht durchaus vorteilhaft sein. Ob sie auch in rechtlicher Hinsicht im vorliegenden Fall umsetzbar ist, erscheint jedoch fraglich. Denn die Geschäftsführer hatten ihre Tantiemen auf den handelsrechtlichen Jahresüberschuss bezogen, das Handelsrecht kennt aber keinen Verlustrücktrag. Soll ein steuerrechtlicher Verlustrücktrag berücksichtigt werden, müsste als Bemessungsgrundlage für die

Gewinntantieme wohl auch eine steuerliche Bemessungsgrundlage wie das Einkommen der GmbH verwendet werden.

FG Rheinland-Pfalz, Urteil vom 24.8.2017, Az. 6 K 1418/14

43 Gewinntantieme – Zufluss

Fälligkeit des Tantiemeanspruchs grundsätzlich mit Feststellung des Jahresabschlusses

Der Fall:

G war Geschäftsführer und alleiniger Gesellschafter der X-GmbH. Er sollte neben einem Festgehalt eine Gewinnbeteiligung in Höhe von 50% des Jahresüberschusses laut Steuerbilanz der X-GmbH erhalten. Die Gewinnbeteiligung war innerhalb von drei Monaten nach Bilanzerstellung auszuzahlen.

Der Jahresabschluss der X-GmbH zum 31.12.2003 wurde am **12.8.2004**, der Jahresabschluss zum 31.12.2004 am 30.6.2005 genehmigt.

Am 16.9.2004 schlossen G und die X-GmbH eine **„Vereinbarung über Gehaltsverzicht im Zusammenhang mit der Erteilung einer Pensionszusage"**. Hierin erklärte G einen Verzicht auf seinen Tantiemeanspruch für 2003 in Höhe von 59.000 € zum 1.11.2004 gegen eine Pensionszusage. In gleicher Weise verzichtete G auf seinen Tantiemeanspruch für 2004 in Höhe von 40.000 € zum 1.11.2005.

Die X-GmbH behandelte die Verzichtserklärungen und die entsprechende Pensionszusage als **Gehaltsumwandlung** in eine wertgleiche Anwartschaft auf Versorgungsleistungen nach dem BetrAVG und führte **keine Lohnsteuer** ab.

Nach einer Lohnsteueraußenprüfung nahm das Finanzamt die X-GmbH für nicht abgeführte Lohnsteuer auf die Tantiemen des G für die Jahre 2003 und 2004 in Haftung. Einspruch und Klage hatten keinen Erfolg.

Das Urteil:

Der BFH hob das erstinstanzliche Urteil auf und verwies die Sache an das FG zurück. Denn die tatsächlichen Feststellungen des FG ermöglichten keine abschließende Beurteilung, ob die Tantiemen zugeflossen sind und deshalb Lohnsteuer einzubehalten und abzuführen war.

Grundsätzlich entsteht Lohnsteuer für Tantiemen mit deren Zufluss beim Arbeitnehmer. Zufluss tritt mit der **Erlangung der wirtschaftlichen Verfügungsmacht** ein (BFH, Urteil vom 1.2.2007, Az. VI R 73/04, BFH/NV 2007, S. 896). In der Regel fließen Geldbeträge dadurch zu, dass sie dem Empfänger bar ausbezahlt oder einem Konto des Empfängers bei einem Kreditinstitut gutgeschrieben werden.

Allerdings kann **bei einem beherrschenden Gesellschafter-Geschäftsführer** ein Einnahmezufluss auch ohne Zahlung oder Gutschrift schon früher vorliegen. So fließt dem beherrschenden Gesellschafter eine eindeutige und unbestrittene Forderung gegen „seine" GmbH bereits mit deren Fälligkeit zu. Denn ein beherrschender Gesellschafter hat es in der Hand, sich geschuldete Beträge auszahlen zu lassen, wenn der Anspruch eindeutig, unbestritten und fällig ist (BFH, Urteil vom 8.5.2007, Az. VIII R 13/06, BFH/NV 2007, S. 2249).

Der Tantiemeanspruch wird aber erst fällig mit Feststellung des Jahresabschlusses, es sei denn, es wurde wirksam und fremdüblich eine andere Fälligkeit vereinbart (OLG Köln, Urteil vom 27.11.1992, Az. 19 U 89/92, GmbHR 1993, S. 157). Danach ist das FG unzutreffend von einer Fälligkeit der Tantieme zum Zeitpunkt des Beschlusses über den Jahresabschluss ausgegangen. Denn die Tantiemeforderungen waren erst drei Monate nach dessen Feststellung fällig.

Zudem war die **Fälligkeitsvereinbarung** bzgl. der Tantieme **fremdüblich**. Denn auch ein Fremdgeschäftsführer hätte sich bei sonst gleichen Umständen auf diese Vereinbarung eingelassen. Denn üblicherweise benötigt eine Gesellschaft bei höheren Tantiemen Zeit, die Liquidität für die Auszahlung herzustellen. Drei Monate sind dafür keine unangemessene Zeitspanne.

Konsequenzen:

Ein Zufluss wäre im Streitfall anzunehmen, wenn sich die Tantiemeverpflichtungen in den Bilanzen der X-GmbH Gewinn mindernd ausgewirkt hätten. Das wäre beispielsweise der Fall, wenn entsprechende Rückstellungen gebildet worden wären. Erst mit Gewinnminderung bei der X-GmbH hätte die Zuflussfiktion für den beherrschenden Gesellschafter-Geschäftsführer angewendet werden können.

BFH, Urteil vom 3.2.2011, Az. VI R 66/09

44 Jubiläumsfeier – Betriebsausgabenabzug

Aufwendungen für eine mehrtägige Jubiläumsfeier können als Betriebsausgaben abzugsfähig sein

Der Fall:

Der Kläger ist ein Verein, der Einkünfte aus Gewerbebetrieb erzielt und den

Zweck verfolgt, den Zusammenhalt unter kleinen mittelständischen Betrieben zu fördern.

Klägerin ist die M-GmbH, deren alleiniger Gesellschafter der Kläger (der Verein V) ist. Diese erbringt Betreuungsleistungen insbesondere für Mitglieder des Vereins.

2012 veranstalteten die M-GmbH und V eine Jubiläumsfeier zum 25-jährigen Bestehen. Die Feier begann freitags um 10 Uhr mit der Vorstandssitzung des Vereins. Daran schlossen sich nachmittags die Mitgliederversammlung und abends eine Beachparty an.

Am Samstag fanden Vorträge, ein Jubiläumsmarkt und ab 16 Uhr eine Schifffahrt auf dem Rhein statt. Die Veranstaltung endete am Sonntag mit einem Jazzbrunch. Die etwa 450 Teilnehmer setzten sich aus Vereinsmitgliedern, externen Geschäftspartnern sowie elf Arbeitnehmern zusammen.

Die Kosten von 240.000 € teilten sich die beiden Kläger und machten sie als Betriebsausgaben geltend. Das Finanzamt qualifizierte die Aufwendungen als nicht abziehbare Aufwendungen für Geschenke und Bewirtung und ließ den Betriebsausgabenabzug nicht zu.

Das Urteil:

Das FG gab der Klage überwiegend statt. Hinsichtlich des größten Teils der Aufwendungen greife das Betriebsausgabenabzugsverbot für Geschenke (§ 4 Abs. 5 Satz 1 Nr. 1 EStG) nicht, da der größte Teil der Aufwendungen keine Geschenke seien.

Eine **Zuwendung (Geschenk**) sei dann nicht unentgeltlich, wenn die Zuwendung – für den Empfänger erkennbar – als Gegenleistung für eine bestimmte Leistung des Empfängers gedacht ist und in einem unmittelbaren zeitlichen oder wirtschaftlichen Zusammenhang mit einer solchen Leistung steht. Einladungen und Veranstaltungen, mit denen das Ziel verfolgt werde, eine konkrete Gegenleistung des Eingeladenen zu fördern, seien daher keine Geschenke (BFH, Beschluss vom 17.2.2010, Az. I R 79/08).

Die Gäste hätten aber konkrete Gegenleistungen in Form ihrer Anwesenheit und des fachlichen Austauschs erbracht. Dem Rahmenprogramm sei demgegenüber lediglich eine untergeordnete Bedeutung zugekommen. Denn aufgrund von Zeugenaussagen hätten bei den Gesprächen während der Veranstaltung berufliche Themen, nicht aber die Feier als solche, im Vordergrund gestanden. Daher wurden lediglich geringfügige Aufwendungen für eine Fotobox und einen Kickertisch (ca. 1.800 €) als nichtabziehbare Geschenke angesehen.

Konsequenzen:

Werden mit einer Veranstaltung gemischte Ziele verfolgt, die jeweils eine nicht nur untergeordnete Bedeutung haben, ist der Anteil der Geschenke herauszurechnen.

Liegen dabei abgrenzbare berufliche und private Veranlassungsbeiträge vor, die jeweils nicht von völlig untergeordneter Bedeutung sind, ist der **beruflich veranlasste Teil**, der gegebenenfalls durch Schätzung zu ermitteln ist, **zum Abzug zugelassen** (BFH, Urteil vom 7.5.2013, Az. VIII R 51/10).

Danach kommt es für die Abziehbarkeit von Aufwendungen entscheidend darauf an, ob nach den Verhältnissen des Einzelfalls eine unbedeutende private Mitveranlassung vorliegt, die den vollständigen Abzug von Betriebsausgaben eröffnet, oder ein Abzug insgesamt ausgeschlossen ist, weil eine nur unbedeutende berufliche Mitveranlassung gegeben ist.

FG Münster, Urteil vom 9.11.2017, Az. 13 K 3518/15 K

45 Krankenversicherungs-Zuschuss

Ist der Zuschuss der GmbH lohnsteuerfrei oder –pflichtig?

In der Praxis ergibt sich häufig folgendes Problem: Eine GmbH leistet zu den Krankenversicherungsbeiträgen ihres Gesellschafter-Geschäftsführers Zuschüsse. Sind diese als Arbeitslohn zu versteuern oder handelt es sich um lohnsteuerfreie Arbeitgeberzuschüsse?

Die Steuerfreiheit der Arbeitgeberzuschüsse zur Krankenversicherung des Geschäftsführers richtet sich nach § **3 Nr. 62 EStG**. Hiernach besteht **Lohnsteuerfreiheit**, wenn der Arbeitgeber nach sozialversicherungsrechtlichen Vorschriften zur Zahlung verpflichtet ist. Anderenfalls stellen die Zuschüsse steuerpflichtigen Arbeitslohn dar.

a. Zunächst ist anhand des für die Sozialversicherung – vom BSG – entwickelten Indizienkatalogs zu prüfen, ob der Geschäftsführer abhängig beschäftigt im Sinne der Sozialversicherung ist.

b. Ergibt die Prüfung ein **abhängiges Beschäftigungsverhältnis** und liegt das Geschäftsführergehalt unter der Jahresarbeitsentgeltgrenze, ist der Arbeitgeberbeitrag wie bei jedem anderen Arbeitnehmer steuerfrei.

c. Überschreitet das Gehalt die Jahresarbeitsentgeltgrenze und ist der Geschäftsführer deshalb nicht versicherungspflichtig, hat er nach § **257 SGB V** einen **Anspruch auf einen Zuschuss**, und zwar in Höhe des Beitrags, der für einen versicherungspflichtigen Beschäftigten zu zahlen wäre maximal in Höhe der Hälfte des tatsächlichen Beitrags.

Hierbei spielt es keine Rolle, ob der Geschäftsführer in der gesetzlichen Krankenversicherung freiwillig oder privat versichert ist. Der Arbeitgeberzuschuss ist in diesen Fällen **steuerfrei**.

Ergibt die sozialversicherungsrechtliche Prüfung aber, dass **kein abhängiges Beschäftigungsverhältnis** vorliegt, z.B. bei einer Beteiligung von 50% und mehr besteht keine Versicherungspflicht in der gesetzlichen Krankenversicherung (ausgenommen Land- und Forstwirte sowie Künstler und Publizisten). In diesen Fällen existiert auch kein gesetzlicher Anspruch auf einen Zuschuss nach § 257 SGB V, da diese Vorschrift ein abhängiges Beschäftigungsverhältnis voraussetzt. Der Zuschuss ist dann **steuerpflichtiger Arbeitslohn**.

Zu beachten ist, dass die Zuschüsse von vornherein klar und eindeutig vereinbart werden sollten, da ansonsten noch die Gefahr einer **vGA** bestehen kann.

46 Kundenzahlungen auf Privatkonto – vGA

Kundenzahlungen, die auf dem privaten Bankkonto des beherrschenden Gesellschafter-Geschäftsführers vereinnahmt werden, sind vGA

Der Fall:

Kläger sind die Eheleute E. Die Ehefrau war im Streitjahr nichtselbstständig tätig, der Ehemann war alleiniger Gesellschafter und Geschäftsführer der E-GmbH. Im Rahmen einer Betriebsprüfung wurde festgestellt, dass eine spanische Firma in Rechnung gestellte Beträge in Höhe von knapp 65.000 € nicht auf das in den Rechnungen angegebene Bankkonto der GmbH, sondern auf das gemeinsame Konto der Kläger überwiesen hatte. Die GmbH hatte den auf dem Bankkonto verbliebenen Betrag als Bareinzahlung in die Kasse gebucht. Ferner waren rund 37.600 € von dem Privatkonto der Kläger für an die GmbH gerichtete Rechnungen gezahlt worden.

Das Finanzamt setzte die Einkommensteuer unter dem Vorbehalt der Nachprüfung neu fest, wobei die vereinnahmten Beträge als Einkünfte aus Kapitalvermögen (vGA) des Klägers und die vom Privatkonto bezahlten Beträge als verdeckte Einlagen angesetzt wurden.

Einspruch und Klage gegen den Ansatz der vGA blieben erfolglos. Mit der Revision rügte die E-GmbH die Verletzung von § 20 Abs. 1 Nr. 1 Satz 2 EStG, weil für die Überweisung auf das Privatkonto eine betriebliche Veranlassung aufgrund schuldrechtlicher Vereinbarung zwischen der GmbH und dem Gesellschafter bestanden habe.

Das Urteil:

Der BFH wies die Revision zurück. Zu Recht hat das Finanzgericht die Eingänge der **Zahlungen von Kunden der GmbH auf dem Privatkonto der Kläger als vGA** bei den Einkünften des Klägers aus Kapitalvermögen erfasst.

Ist der begünstigte Gesellschafter-Geschäftsführer beherrschend, kann die Vermögensminderung bei der GmbH schon dann ihre Ursache im Gesellschaftsverhältnis haben, wenn der Leistung an den Gesellschafter oder eine ihm nahestehende Person keine klare und im Voraus abgeschlossene Vereinbarung zugrunde liegt. Im Rahmen des § 20 Abs. 1 Nr. 1 EStG ist die vGA in diesen Fällen beim Gesellschafter zu erfassen, wenn ihm ein Vermögensvorteil zufließt. Mit dem Eingang der Zahlungen auf dem Privatkonto haben die Kläger die Verfügungsgewalt über die Beträge und damit einen Vermögensvorteil zulasten der GmbH erlangt.

Konsequenzen:

Das Urteil zeigt wieder einmal die zentrale Bedeutung von klaren, eindeutigen und im Voraus getroffenen Vereinbarungen für beherrschende Gesellschafter, die im Zweifelsfall auch nachweisbar sein müssen. Nach der BFH-Rechtsprechung liegt ein Vermögensvorteil beim Gesellschafter immer dann vor, wenn dieser über ein bestimmtes, messbares Gut in Geld oder Geldeswert verfügen kann. Es ist dabei unerheblich, ob die GmbH oder ihr beherrschender Gesellschafter-Geschäftsführer erkannt hat, dass sie durch ihr Handeln eine vGA bewirken. Allein aus der Tatsache, dass der Geschäftsführer mit den eingegangenen Beträgen auch Verbindlichkeiten der GmbH gegenüber Dritten getilgt hat, kann nicht auf das Vorliegen einer klaren Vereinbarung geschlossen werden.

Erhält ein Gesellschafter auf seinem Privatkonto Zahlungen für Leistungen seiner GmbH, muss er unverzüglich die Überweisung an die GmbH veranlassen. Nur dann kann eine vGA vermieden werden.

BFH, Urteil vom 21.10.2014, Az. VIII R 11/12

47 Mehrfach-Geschäftsführertätigkeit – angemessenes Gehalt

Zur Angemessenheit der Bezüge eines für zwei GmbHs tätigen Gesellschafter-Geschäftsführers

Der BFH hat sich in zwei Entscheidungen vom 26.5.2004 damit befasst, welche Bezüge angemessen sind, wenn ein geschäftsführender Gesellschafter für zwei GmbHs tätig ist.

Die Fälle:

Fall 1 (BFH-Az. I R 101/03): An der X-GmbH waren Sohn S und seine Mutter M zu 75% bzw. 25% beteiligt und als Geschäftsführer tätig. S war zugleich Gesellschafter-Geschäftsführer der Z-GmbH, obwohl sein Anstellungsvertrag mit der X-GmbH ihm jede nebenberufliche Tätigkeit untersagte. Beide erhielten in den Streitjahren folgende Bezüge (in DM):

Jahre		X-GmbH	Z-GmbH
S		M	S
1993	253.112	166.799	210.000
1994	238.291	158.070	168.000

Das Finanzamt sah bei der X-GmbH 300.000 DM insgesamt als für beide Geschäftsführer angemessen an und behandelte die darüber hinausgehenden Bezüge als vGA. Die dagegen gerichtete Klage blieb erfolglos.

Fall 2 (BFH-Az. I R 92/03): B und C, zwei der drei geschäftsführenden Gesellschafter der A-GmbH, waren zugleich Gesellschafter-Geschäftsführer der B- bzw. C-GmbH. Die A-GmbH hatte sie vom Wettbewerbsverbot befreit. Allen GmbHs hatten B und C nach den Anstellungsverträgen ihre ganze Arbeitskraft zur Verfügung zu stellen. Sie erhielten in den Streitjahren folgende Bezüge (in DM):

Jahre	A-GmbH		B-GmbH	C-GmbH
	B	C	B	C
1991	274.000	274.000	75.400	23.200
1992	315.000	315.000	75.400	79.810

Das Finanzamt behandelte die von der A-GmbH an B und C gezahlten Gehälter insoweit als vGA, als die Geschäftsführer Gehälter von den anderen

GmbHs bezogen hatten. B und C hätten durch die Zusatztätigkeiten gegen ihre Dienstpflichten bei der A-GmbH verstoßen. Bei einem Fremdgeschäftsführer wäre das Gehalt entsprechend angepasst worden. Das FG bestätigte das Finanzamt weitgehend, machte die Angemessenheitsprüfung aber an dem einem Fremdgeschäftsführer der A-GmbH gezahlten Gehalt von 174.000 DM fest. Dieser musste eingestellt werden, um den Arbeitsausfall von B und C zu kompensieren.

Die Urteile:

Der BFH hat die Entscheidungen beider Finanzgerichte aufgehoben und die Verfahren zurückverwiesen.

Im Fall 1 war dafür ausschlaggebend, dass das FG nicht berücksichtigt hatte, dass die Tätigkeit des S für die Z-GmbH sich auch ertragsteigernd auf die X-GmbH ausgewirkt hatte. Das FG hatte aufgrund externer Daten Gehälter der X-GmbH für S in Höhe von 246.000 DM bzw. 258.000 DM als angemessen angesehen. Diese seien jedoch wegen der Mehrfachtätigkeit zu halbieren.

Sollten die Vorteile aus der Nebentätigkeit des S für die X-GmbH so groß gewesen sein, dass sie den fehlenden Arbeitseinsatz für das Unternehmen ausgeglichen haben, könnte das gezahlte Gehalt trotz der Doppeltätigkeit angemessen sein. Entsprechendes hätte die GmbH jedoch noch nachzuweisen.

Im Fall 2 beurteilte das FG die Gehälter bei isolierter Betrachtung jeweils als angemessen, nahm jedoch wegen der Doppeltätigkeit eine vGA in Höhe von zwei Dritteln des Gehalts eines Fremdgeschäftsführers an.

Allerdings hat sich das FG nicht mit dem Argument auseinandergesetzt, dass die Tätigkeit von B und C in den weiteren GmbHs möglicherweise zu Vorteilen für die A-GmbH geführt habe, sodass der Fall letztlich aus dem gleichen Grund wie im Fall 1 zurückverwiesen wurde. Außerdem hat das FG zu prüfen, ob der von B und C ausgesprochene Verzicht auf Tantiemen bereits eine Gehaltsreduzierung darstellte.

Konsequenzen:

Aus den Urteilen lassen sich folgende **Grundsätze für die Angemessenheit der Gehälter von Mehrfach-Geschäftsführern** mit Gesellschafterstatus ableiten:

- Wird ein GmbH-Geschäftsführer zum Geschäftsführer einer weiteren GmbH bestellt, sind seine von der ersten GmbH gezahlten Bezüge zu reduzieren, sofern dadurch das Verhältnis zwischen Leistung und Gegenleistung nicht mehr stimmt. Solange das Gehalt angesichts reduzierter Tätigkeit nach dem Maßstab des Fremdvergleichs angemessen ist, erübrigt sich eine Reduzierung.
- Eine Gehaltsminderung erübrigt sich auch dann, wenn der Einsatz des Ge-

schäftsführers für eine weitere GmbH bewirkt, dass die Nachteile infolge des fehlenden zeitlichen Engagements anderweitig ausgeglichen werden.

- Eine unterlassene Reduzierung stellt eine „stille" Gehaltserhöhung dar, die allerdings im Rahmen der Bandbreitenbetrachtung noch als angemessen anerkannt werden kann.
- Die Aufnahme der weiteren Geschäftsführertätigkeit erfordert eine Anpassung der Anstellungsverträge hinsichtlich der Erlaubnis von Nebentätigkeiten und des Ausmaßes der dem Erst-Arbeitgeber geschuldeten Arbeitskraft sowie eine Befreiung vom Wettbewerbsverbot. Dies gilt auch für Tätigkeiten innerhalb einer Unternehmensgruppe.

BFH, Urteile vom 26.5.2004, Az. I R 92/03, I R 101/03

48 Mehrfach-Geschäftsführertätigkeit – Sozialversicherungspflicht

Zur Vergütung und Sozialversicherungspflicht bei Tätigkeit eines Gesellschafter-Geschäftsführers für mehrere GmbHs

Der Fall:

Die A-GmbH wird von zwei Gesellschafter-Geschäftsführern (mit jeweils 25% an der GmbH beteiligt) geleitet. Beide unterliegen nicht der gesetzlichen Sozialversicherung.

Einer der Geschäftsführer soll nun die Funktion eines zweiten Geschäftsführers in der B-GmbH übernehmen und wird als solcher auch im Handelsregister eingetragen. Er ist an der B-GmbH nicht beteiligt. Kann der Geschäftsführer der A-GmbH im Rahmen eines Beratervertrags, der zwischen der A-GmbH und der B-GmbH geschlossen wird, seine Tätigkeit abrechnen, oder wird er, da er an der B-GmbH nicht beteiligt ist, Angestellter der B-GmbH und somit auch sozialversicherungspflichtig?

Rechtliche Beurteilung:

Es ist **gesellschaftsrechtlich nicht** ausgeschlossen, dass ein und dieselbe Person in mehreren GmbHs zum Geschäftsführer bestellt wird (vgl. GmbH-Stpr 2009, S. 10 ff.). Zu beachten ist unter Umständen ein Wettbewerbsverbot. Hiervon können die betroffenen Gesellschafter-Geschäftsführer aber befreit werden.

Das Entgelt, das der Geschäftsführer für seine Tätigkeit von der GmbH erhält, unterliegt im Regelfall der Lohnsteuer. Die Sozialversicherungspflicht hängt davon ab, ob ein abhängiges Beschäftigungsverhältnis vorliegt oder nicht. Dies wird von der Rechtsprechung anhand verschiedener Kriterien wie z.B. Beteiligungshöhe, feste Arbeitszeiten, Branchenkenntnisse, Unternehmerrisiko etc. beurteilt.

In Einzelfällen hat die Rechtsprechung auch eine selbstständige Tätigkeit im Rahmen eines Beratervertrags angenommen. In diesen Fällen ist das Entgelt umsatzsteuerpflichtig (vgl. GmbH-Stpr 2007, S. 69).

Insbesondere in **Konzernkonstellationen** kommt es häufig vor, dass der Geschäftsführer einer Gesellschaft zugleich Geschäftsführer in einer anderen Konzerngesellschaft ist. Sofern seine Tätigkeit dort nicht separat vergütet wird, empfiehlt sich eine Kostenerstattung an diejenige Gesellschaft, die den Geschäftsführer „ausleiht". Anderenfalls könnten sich Probleme einer vGA ergeben.

49 Mehrfachverdiener – Gesellschafter-Geschäftsführer

vGA-Gefahren bei gleichzeitigem Bezug von Pensionszahlungen und Geschäftsführergehalt oder Beraterhonorar

Der Fall:

Der an der AB-GmbH zu 50% neben seinem Mitgesellschafter A beteiligte Geschäftsführer B (geboren 1927) bekam im Jahr 1980 eine Pension zugesagt. Die Vereinbarung wurde jedoch in der Folgezeit mehrfach geändert: Die Änderungen ergeben sich aus der nachstehenden Übersicht. Mit Erreichen des 70. Lebensjahres (1997) schied der Gesellschafter-Geschäftsführer B allerdings nicht aus den Diensten der GmbH aus. Neben seinen Versorgungsbezügen in Höhe von monatlich 7.000 DM erhielt er ein laufendes Geschäftsführergehalt in Höhe von ca. 29.000 DM monatlich. Für die restlichen Versorgungsansprüche (10.000 DM - 7.000 DM =3.000 DM) erhielt B eine Abfindung in Höhe des versicherungsmathematischen Barwerts.

Am 31.12.2002 schied der 76-jährige B aus den Diensten der GmbH aus. Kurze Zeit vorher hatte er mit der GmbH einen Beratervertrag abgeschlossen. Der wesentliche Inhalt des Vertrags:

- die Unterstützung der Geschäftsführung, ohne dass nähere Modalitäten geregelt waren,
- die völlige Weisungsfreiheit des B als Berater sowie
- seine Freiheit in der Bestimmung des Leistungsorts und des Zeitrahmens.

Anstellungsvertrag vom 1.1.1980	Pension ab dem 65. Lebensjahr in Höhe von 75% der letzten Aktivbezüge
Änderung vom 11.12.1984	Altersrente erst bei Ausscheiden als Geschäftsführer nach dem 68. Lebensjahr in Höhe von 3.000 DM/mtl. Wahlrecht auf Kapitalabfindung in Höhe des Barwerts der Rentenverpflichtung – zusätzliche Invaliditätsrente und Witwenversorgung
Änderung vom 16.1.1991	Pensionsanspruch erst beim Ausscheiden mit dem 70. Lebensjahr in Höhe von 10.000 DM/mtl. Dynamisierungsklausel – Wahlrecht auf Kapitalabfindung für den Teilrentenbetrag von 3.000 DM
Beschluss vom 17.3.1997	„Klarstellender" Beschluss der Gesellschafterversammlung, dass ein arbeitsrechtlicher Anspruch auf Altersrente nur vom Erreichen des Lebensalters abhängt (und nicht auch noch vom Ausscheiden)

Das Beraterhonorar war monatlich auf 10.000 € netto festgelegt. Außerdem war vereinbart, dass der Vertrag erst nach sechs Jahren, zum 31.12.2008, kündbar war. Das Finanzamt setzte die seit 1998 gezahlten Versorgungsbezüge als vGA an.

Das Urteil:

Das Finanzgericht entschied, dass die an B in den Jahren 1998 bis 2002 gezahlten **Versorgungsleistungen als vGA** zu beurteilen sind. Gleiches gilt für die ab dem Jahr 2003 aufgrund des Beratervertrags gezahlten Honorare. Ein ordentlicher und gewissenhafter Geschäftsleiter – so das Leitbild nach der höchstrichterlichen Rechtsprechung (vgl. dazu die „Doppelverdienerproblematik": im BFH-Urteil vom 5.3.2008, Az. I R 12/07; BFH/NV 2008, S. 273; GmbH-Stpr 2008, S. 204) – hätte von einem Nichtgesellschafter verlangt, dass das Einkommen aus der fortbestehenden Geschäftsführertätigkeit **auf die Versorgungsleistungen angerechnet** wird. Die Altersrente ist zwar Teil des Entgelts für (bereits) geleistete Arbeit. Sie soll aber in erster Linie zur Deckung des Versorgungsbedarfs nach Wegfall der Dienstbezüge beitragen, also erst nach dem Ausscheiden aus dem aktiven Dienst gezahlt werden. Im Streitfall wurden die Geschäftsführerbezüge weder auf die ausgezahlte Kapitalabfindung noch auf die laufenden Pensionsleistungen angerechnet. Ob der Gesellschafter-Geschäftsführer eine volle Kapitalabfindung oder wie hier auch laufende Rentenzahlungen erhält, macht nach Ansicht des Finanzgerichts keinen Unterschied. Die **Pensionsleistungen** an B bis einschließlich des Jahres 2002 sind **in voller Höhe als vGA** anzusehen.

Das ab 2003 gezahlte **Beraterhonorar** – und nicht die nebenher gezahlte Pension – ist **ebenfalls** als **vGA** zu beurteilen. Die Ausgestaltung des Beratervertrags ist unüblich. Ein fremder Geschäftsführer hätte mit einem 76-Jährigen keinen auf sechs Jahre fest abgeschlossenen Beratervertrag vereinbart und die GmbH für einen so langen Zeitraum mit jährlichen Honorarverpflichtungen in Höhe von 120.000 € belastet.

Konsequenzen:

Mit der ab 2003 gewählten Gestaltung eines Beratervertrags hatte der Gesellschafter-Geschäftsführer zwar einen steuerlich gangbaren Weg eingeschlagen. Doch stand der Beratervertrag nicht nur wegen der Honorarhöhe „auf wackligen Beinen". Weiterhin sprachen folgende Indizien für eine vGA:

- eine mit sechs Jahren überlange Unterstützungsphase der Geschäftsführung durch einen ehemaligen Senior-Chef als Berater,
- keine im Detail geregelten Modalitäten, sondern eine **völlig offene Regelung** über den Umfang der zu erbringenden Leistungen.

☞ Ein neben laufenden Pensionsleistungen an den Ex-Gesellschafter-Geschäftsführer geleistetes Beraterhonorar hat grundsätzlich gute Chancen, steuerlich anerkannt zu werden. Immer vorausgesetzt, dass es einem Fremdvergleich standhält. Besonders wichtig ist in diesem Zusammenhang, keine allzu langen Kündigungsfristen zu vereinbaren (maximal 12 Monate) und außerdem ein angemessenes Honorar, das erheblich unter der früheren Geschäftsführervergütung liegen sollte.

✋ Schon eine längere Laufzeit des Beratervertrags kann im Einzelfall steuerlich gefährlich werden, nämlich dann, wenn es – trotz Ausscheiden aus dem aktiven Dienst und Beratervertrag – gewichtige Indizien für ein nach wie vor bestehendes **verdecktes Geschäftsführerverhältnis** gibt. Auch die Höhe der „Beratervergütung" kann Anlass dafür geben, dass in Wahrheit immer noch eine (fortgesetzte) Geschäftsführertätigkeit vorliegt.

FG München, Urteil vom 19.7.2010, Az. 7 K 2384/07

50 Nebentätigkeit

Wann dem Geschäftsführer die Übernahme einer Nebentätigkeit erlaubt ist und wann sie genehmigt werden sollte

Der Fall:

Geschäftsführer einer GmbH, an der sie auch als Minderheitsgesellschafter (20%) beteiligt sind, werden mitunter aus dem Kreis des Vorstands eines örtlichen Branchenverbands gefragt, ob sie bereit sind, einen demnächst frei werdenden Vorstandsposten zu übernehmen. Außer einer geringen Aufwandsentschädigung erfolgt keine Vergütung. Kann diese Nebentätigkeit übernommen werden, auch wenn im Anstellungsvertrag nichts über Nebentätigkeiten geregelt ist?

Rechtliche Beurteilung:

Der Geschäftsführer einer GmbH hat seine **ganze Arbeitskraft** der Gesellschaft zur Verfügung zu stellen. Dies schließt grundsätzlich jede Nebentätigkeit aus. Ausnahmen können durch den Anstellungsvertrag gestattet werden.

Diese Verpflichtung ist Ausdruck der Treuepflicht, welcher der Geschäftsführer unterliegt. Die Treuepflicht wird in der Rechtsprechung und der Lehre konkretisiert. Hiernach ist es dem Geschäftsführer verboten, die Organstellung zu seinen eigenen Gunsten auf Kosten der Gesellschaft auszunutzen. Er hat bei sich bietenden Geschäftschancen nur das Wohl der Gesellschaft im Auge zu haben.

Insbesondere **private Geschäfte**, die zum Unternehmensgegenstand der Gesellschaft gehören, sind dem Geschäftsführer untersagt. Bei sogenannten **neutralen Geschäften** (z.B. einem Grundstückserwerb) hängt die Entscheidung vom Einzelfall ab. Die Veröffentlichung von Beiträgen in Fach- oder sonstigen Zeitschriften oder eine ehrenamtliche Tätigkeit, etwa im karitativen Bereich, ist dem Geschäftsführer hingegen gestattet, sofern sie seine Zeit nicht übermäßig in Anspruch nimmt.

Die Übernahme eines Vorstandsamtes in einem Fachverband dürfte ebenfalls rechtlich zulässig sein, wenn sich der Zeitaufwand hierfür in Grenzen hält. Die Zulässigkeit folgt auch daraus, dass durch die Nebentätigkeit die Interessen der Gesellschaft gefördert werden.

Im Zweifel empfiehlt sich eine ausdrückliche Genehmigung durch die Gesellschafterversammlung, wenn der Anstellungsvertrag nicht bereits eine entsprechende Nebentätigkeit zulässt.

51 Nur-Gewinntantieme

Vereinbarung einer Nur-Gewinntantieme für den Geschäftsführer in der GmbH-Aufbauphase sachgerecht – betragsmäßige Begrenzung nicht zwingend

Der Fall:

Laut Anstellungsvertrag sollten die beiden zu je 40% beteiligten Gesellschafter-Geschäftsführer einer in 1999 gegründeten GmbH bis zum 30.6.2001 als alleinige Vergütung für ihre Tätigkeit jährlich jeweils eine Tantieme in Höhe von 24% des Jahresüberschusses vor Abzug von Etragsteuern sowie eine Tantieme erhalten. Ab 1.7.2001 sollte zusätzlich ein festes monatliches Grundgehalt von je 2.500 DM gezahlt werden.

Die für 1999 gebildete Tantiemerückstellung von 57.954 DM erkannte das Finanzamt nicht an, sondern sah darin eine vGA. Im Verfahren des vorläufigen Rechtsschutzes wurde der GmbH Aussetzung der Vollziehung der darauf festgesetzten Körperschaft- und Gewerbesteuer vom FG und letztlich auch vom BFH gewährt.

Die Entscheidung:

Der BFH geht davon aus, dass eine Nur-Tantieme grundsätzlich auf eine gesellschaftsrechtliche Veranlassung und damit auf eine vGA hindeuten kann. Etwas anderes gelte nur dann, wenn die Nur-Tantieme wirtschaftlich sachgerecht sei und auch von einem Fremdgeschäftsführer akzeptiert worden wäre.

Im Entscheidungsfall könne die Nur-Tantieme möglicherweise anerkannt werden, weil

- sie wirtschaftlich sachgerecht sei, insbesondere die Fixkosten der GmbH in der Anlaufphase mindere,
- sie den Geschäftsführern Anreiz biete, bereits in der Anlaufphase einen Gewinn zu erzielen,
- die fehlende betragsmäßige Begrenzung der Nur-Tantieme angesichts nicht zu erwartender hoher Erträge nicht zwingend geboten war,
- eine zeitliche Begrenzung auf 2,5 Jahre vorlag,
- ein Fremdgeschäftsführer die Nur-Tantieme angesichts des geringen Risikos – wöchentliche Arbeitszeit von zehn Stunden und Möglichkeit der anderweitigen Sicherung des Lebensunterhalts – ebenfalls akzeptiert hätte.

Konsequenzen:

Aus der Sicht des BFH sprechen im vorliegenden Fall mehr Gründe für als gegen die Anerkennung der Nur-Tantieme. Deshalb hat er im Rahmen einer summarischen Prüfung die vom Finanzgericht gewährte Aussetzung der Vollziehung bestätigt. Die endgültige Entscheidung bleibt dem Hauptsacheverfahren vorbehalten.

Der vorliegende Beschluss liegt auf der Linie des BFH-Urteils vom 27.3.2001 (Az. I R 27/99, BStBl 2002 II, S. 111), das Auslöser des die Nur- Tantieme grundsätzlich anerkennenden BMF-Schreibens vom 1.2.2002 (Az. IV A 2 - S 2742 - 4/02, BStBl I 2002, S. 219, GmbH-Stpr 2002, S. 77) war.

Erstmals war im vorliegenden Fall ein **konkreter Zeitraum** – 2,5 Jahre Gegenstand einer Entscheidung, der nun als typisierender Maßstab für die **zeitliche Begrenzung einer Nur-Tantieme in der Aufbauphase** herangezogen werden kann.

Großzügig zeigt sich der BFH in Sachen fehlender betragsmäßiger Begrenzung der Nur-Tantieme, die er hier angesichts der – in der Entscheidung nicht genannten – Branche der GmbH für entbehrlich hält. Zugleich wird damit aber klargestellt, dass die **betragsmäßige Begrenzung** bei **neu gegründeten GmbHs** mit starken Ertragsschwankungen ebenso unverzichtbar ist wie bei in stark risikobehafteten Geschäftszweigen tätigen GmbHs, denen das BMF ebenfalls die Möglichkeit der Vereinbarung einer Gewinntantieme zugesteht.

Soweit der BFH auf die Reduzierung der Fixkosten und den Gewinnanreiz für die Geschäftsführer abstellt, führt er Allgemeinplätze ins Feld, die für jede Neugründung einer – insbesondere von Gesellschafter-Geschäftsführern geleiteten – GmbH gelten dürften.

Knackpunkt für die Anerkennung der Nur-Tantieme wird damit der Fremdvergleich. Offen bleibt nämlich, ob die Nur-Tantieme für einen Gesellschafter-Geschäftsführer auch dann anzuerkennen ist, wenn die Geschäftsführung nicht als **Teilzeitjob** erledigt werden kann.

BFH, Beschluss vom 18.3.2002, Az. I B 156/01

52 Nur-Pension

„Entlohnung" des beherrschenden Gesellschafter-Geschäftsführers ausschließlich mit Pensionszusage als vGA?

Der Fall:

S war beherrschender Gesellschafter-Geschäftsführer einer GmbH. Er verzichtete auf seine vertraglich zugesicherten monatlichen Barbezüge zugunsten einer ausschließlichen Pensionszahlung (sogenannte Nur-Pension). Diese sollte der 41jährige S bei Dienstunfähigkeit oder bei Ausscheiden nach Vollendung des 65. Lebensjahres erhalten. Die Pensionsanwartschaft wurde nicht durch den Abschluss einer Rückdeckungsversicherung abgesichert.

Das Urteil:

Der BFH entschied, dass die gebildete Pensionsrückstellung **in voller Höhe vGA** war.

Die betriebliche oder gesellschaftliche Veranlassung eines Aufwands zu Gunsten eines Gesellschafters ist aus dem Wortlaut der zugrunde liegenden Vereinbarung oft nicht zu erkennen. Es bedarf **objektiver Prüfungskriterien**, um zu erkennen, ob das Gesellschaftsverhältnis die Vereinbarung veranlasste.

Dies lässt sich hinreichend sicher **nur an Hand eines Fremdvergleichs** entscheiden.

Zur Konkretisierung dieses Fremdvergleichs hat die höchstrichterliche Rechtsprechung bisher im Regelfall auf die Sorgfaltspflicht eines ordentlichen und gewissenhaften Geschäftsführers abgestellt.

Dieser Maßstab ist jedoch nicht für alle Fälle als Beurteilungskriterium geeignet, da der hierbei vorgenommene Fremdvergleich nur aus der Sicht der GmbH gesehen wird. Der Fremdvergleich erfordert jedoch **auch die Einbeziehung des Vertragspartners**. Auch für den Fall, dass ein Dritter einer aus der Sicht der GmbH vorteilhaften Vereinbarung nicht zugestimmt hätte, kann deren Veranlassung im Gesellschaftsverhältnis liegen.

Ein fremder Angestellter lässt sich – so der BFH – in der Regel nicht auf eine Entlohnung mit einer reinen Versorgungszusage ein. Das gilt jedenfalls dann, wenn die Pensionsanwartschaft nicht durch den Abschluss einer Rückdeckungsversicherung abgesichert ist. **Er würde nicht das Risiko einer Verschlechterung der Bonität der GmbH tragen** wollen. Er würde auch nicht das Risiko eingehen, für eine unter Umständen jahrzehntelange Tätigkeit keinerlei Vergütung zu erhalten.

Unter Hinweis auf den Fremdvergleich hat der BFH auch in einem weiteren Urteil eine Nur-Pension zugunsten **der Ehefrau des Gesellschafters** einer GmbH & Co. KG abgelehnt (BFH vom 25.7.1995 Az. VIII R 38/93, GmbH-Stpr 1996, S. 25). Zum gleichen Ergebnis kommt das BFH-Urteil vom 28.4.2010, Az. I R 78/08 (GmbH-Stpr 2010, S. 310).

Konsequenzen:

Der BFH hat Pensionsrückstellungen zu Gunsten fremder Arbeitnehmer nur anerkannt, soweit die Pensionszusage dazu diente, eine nach der Rente aus der gesetzlichen Rentenversicherung verbleibende Versorgungslücke **von 20 bis 30% der letzten Aktivbezüge** zu schließen. Für Ehegatten-Arbeitsverhältnisse hat er eine betriebliche Veranlassung der Versorgungszusage insoweit verneint, als sie zu einer Überversorgung führt. Die Obergrenze einer angemessenen Altersversorgung liegt danach **bei 75% der letzten Aktivbezüge**. Von einer Prüfung einer eventuellen Überversorgung kann abgesehen werden, wenn die laufenden Aufwendungen für die Altersvorsorge **30% des steuerpflichtigen Arbeitslohns nicht** übersteigen.

Bei beherrschenden Gesellschaftern meinte der BFH früher, dass es nicht darauf ankomme, ob einem fremden Arbeitnehmer eine Nur-Pensionszusage zugesagt worden wäre, da die Position eines Gesellschafter-Geschäftsführers von der eines fremden Arbeitnehmers verschieden sei (BFH-Urteil vom 21.2.1974, BStBl 1974 II, S. 363).

Von dieser Rechtsprechung rückte der BFH dann mit dem vorliegenden Urteil ab. Er meint, dass eine Vereinbarung – selbst wenn sie für die Gesellschaft von Vorteil ist – durch das Gesellschaftsverhältnis veranlasst ist und damit eine vGA auslöst, wenn sie **wegen Unüblichkeit** einem Fremdvergleich nicht standhält. Dies bedeutet, dass der BFH die aus der Sicht der GmbH betrachtete Denkfigur des ordentlichen und gewissenhaften Geschäftsleiters nur als untergeordneten Teilaspekt des Fremdvergleichs sieht.

Als Konsequenz daraus lässt sich Folgendes feststellen:

- Nur-Pensionen scheint der BFH **im Allgemeinen** nicht mehr anerkennen zu wollen.
- Ob es bei diesem prinzipiellen „Nein" bleibt, ist aber fraglich. Denn es gibt Konstellationen, in denen es gute betriebliche Gründe für eine „Entlohnung" nur in Form einer Pensionszusage gibt.

Beispiel:
Aufgrund von vorübergehenden Liquiditätsproblemen seiner GmbH verzichtet ein Gesellschafter für ein Jahr auf jegliche Gehaltszahlung, denn er hat noch andere Einkunftsquellen. Auf seine ungeschmälerte Pension – er ist 60 Jahre alt – will er aber nicht verzichten. Für deren Aufrechterhaltung arbeitet er (ansonsten) unentgeltlich weiter.

Anmerkungen:

Aus einer BFH-Entscheidung vom 9.11.2005 ergibt sich eine Modifizierung der bisherigen Rechtsprechung: Zwar bleibt der BFH bei Nur-Pensionszusagen bei seinem grundsätzlichen „Nein", wenn dies **von Anfang an** vereinbart wurde. Eine spätere **Umwandlung von Barlohn** in (Nur-)Pensionsansprüche beurteilt er aber nicht prinzipiell negativ (vgl. Zimmers, GmbH-Stpr 2006, S. 36 ff.)

BFH-Urteil vom 17.5.1995, Az. I R 147/93; BFH-Urteil vom 9.11.2005, Az. I R 89/04

53 Nur-Umsatztantieme

Zur Anerkennung von ausschließlich umsatzorientierten Vergütungen an Gesellschafter-Geschäftsführer

Der Fall und das Urteil:

Steuerlich sehr weit wagten sich die beiden Gesellschafter-Geschäftsführer eines jungen Unternehmens aus der Medienbranche vor: Vier Jahre nach GmbH-Gründung genehmigten sie sich als Geschäftsführergehalt eine Erfolgsvergütung in Höhe von 40 bzw. 20% der den Kunden berechneten und bezahlten Beträge. Daneben bekamen sie als Festvergütung nur eine monatliche Aufwandspauschale von 400 DM. Die Obergrenze für die Erfolgsvergütung sollte bei 20.000 DM bzw. 10.000 DM pro Monat liegen. Ein zeitliches Limit war nicht vereinbart. In den Streitjahren stieg der GmbH-Umsatz zwar stetig von rund 380.000 DM auf 1,2 Mio. DM. Doch geriet die Firma vor allem durch stark ansteigende Personalkosten – u.a. auch durch die Geschäftsführer-Jahresvergütungen von zuletzt insgesamt 360.000 DM – immer mehr in die Verlustzone.

Für das Finanzamt und auch das Finanzgericht war vor diesem Hintergrund klar: Die fast ausschließlich umsatzorientierten Geschäftsführervergütungen haben **Gewinn absaugenden Charakter** und waren damit nicht anzuerkennen. Die weiteren Kritikpunkte der Finanzrichter:

- Angesichts der weiterhin „roten" GmbH-Zahlen, die auch auf die (zu üppigen) Geschäftsführervergütungen zurückzuführen waren, konnte das Vergütungssystem im vierten Jahr nach Gründung nicht länger aufrechterhalten werden.
- Allenfalls in der **Gründungsphase** hätte man die getroffene Vergütungsregelung tolerieren können. Doch über diese Phase war die GmbH im Streitfall schon längst hinaus. Vier Jahre nach Gründung wäre eine differenziertere Regelung bei den Chefgehältern angebracht gewesen mit dem Ziel, die GmbH endlich in die Gewinnzone zu führen.
- Umsatztantiemen müssen außerdem **stets zeitlich begrenzt** sein, woran es hier ebenfalls fehlte.

Konsequenzen:

In der Gründungsphase, in der meist keine Gewinne anfallen, muss das Finanzamt auch umsatzorientierte Vergütungen akzeptieren (ggf. sogar Vergütungen nur über eine Umsatztantieme). Vorausgesetzt: Die Regelung ist **zeitlich auf eine kurze Phase** begrenzt, enthält eine Obergrenze, die eine Gewinnabsaugung bei der GmbH wirkungsvoll verhindert, und wird bei Bedarf ggf. schnell angepasst.

Auch um später keinen Ärger mit dem Finanzamt über die Gehaltshöhe zu bekommen, sollte man sich als GmbH-Gründer vorher in etwa durchgerechnet haben, was realistisch betrachtet bei der geplanten umsatzorientierten Vergütungsregelung herauskommen kann. Schließlich muss jede Gesellschafter-Geschäftsführervergütung – ob Festgehalt und/oder Gewinn- bzw. Umsatztantieme – auch **insgesamt steuerlich angemessen** sein.

Hier hatten die Gesellschafter im Streitfall ebenfalls keine gute Hand. Angesichts der erzielten Umsätze und der Tatsache, dass in der GmbH **sonst ausschließlich Aushilfskräfte tätig** waren, zählte das FG das Unternehmen nur zu den „Kleinen" seiner Branche. Nach den einschlägigen Gehaltsstrukturuntersuchungen (BBE, Kienbaum, Grätz) waren seinerzeit also höchstens Chefgehälter von 70.000 bis 120.000 DM p.a. steuerlich angemessen.

Bei **mehreren** Geschäftsführern und einer **ertragsschwachen** GmbH – wie vorliegend – sind von diesen Orientierungsgrößen jedoch noch **erhebliche Abschläge** zu machen. Alles in allem betrachtet bedeutete das: Mit den gezahlten Geschäftsführergehältern von 240.000 DM und 120.000 DM (insgesamt 360.000 DM) war das **Maß des Angemessenen** weit überschritten.

FG Saarland, Urteil vom 29.8.2001, Az. 1 K 266/98

54 Pauschaler Auslagenersatz

Pauschaler „Auslagenersatz" der GmbH an ihren Gesellschafter-Geschäftsführer bzw. an dessen Einzelfirma als vGA

Der Fall und die Entscheidung:

X ist „Inhaber" zweier Unternehmen: Der Z-GmbH, deren alleiniger Gesellschafter und Geschäftsführer er ist, und eines auf seinen Namen lautenden Einzelunternehmens (X-Einzelfirma). Zwischen diesen beiden Betrieben kam es zu Pauschalzahlungen, die das Finanzamt als vGA der Z-GmbH an X ansah.

Die X-GmbH war in einer Betriebsprüfung damit aufgefallen, dass auf dem Sonder-Konto „sonstige betriebliche Aufwendungen" ein Betrag von rund 3.000 DM verbucht war. Als der Prüfer nachhakte, bekam er folgende Antwort: Es handele sich dabei um Zahlungen an die Einzelfirma X. Diese seien für Fahrzeugnutzungs- und Büropersonalkosten (Schreibbüro- Kapazitäten und Telefondienste) entstanden, welche die Einzelfirma für die Z-GmbH getragen habe.

Die Z-GmbH legte eine zwischen ihr und der X-Einzelfirma getroffene **schriftliche Abrede** vor, die X als Geschäftsführer der GmbH unterschrieben hatte. Vereinbart war hier die Erstattungspflicht der GmbH bezüglich der o.g. Dienste bzw. Nutzungen. Der Einfachheit halber war außerdem verabredet, dass die Aufwendungen **auf der Basis einer Kostenschätzung** durch X zu erstatten waren. Diese Schätzung belief sich im Streitjahr auf zwölf **Monatspauschalen** à 2.500 DM. Die „Abrechnung" durch die X-Einzelfirma über die Einzelbeträge war allerdings nicht unterschrieben. Auch eine Datumsangabe fehlte.

Für das Finanzamt lag ein **Fall von vGA** vor, schon allein deshalb, weil keine ordentlichen Abrechnungen vorlagen und **X quasi als Alleinherrscher** beider Unternehmen willkürlich die Höhe der Pauschalzahlungen bestimmen konnte. Negativ ins Gewicht fiel dabei der **fehlende Interessengegensatz** zwischen der von X beherrschten GmbH und seiner Einzelfirma. Das FG beurteilte dies genauso.

Auch der BFH kam zu dem Ergebnis, dass an der Einstufung der Pauschalzahlungen als vGA nichts auszusetzen war. Angesichts des „vereinfachten" Berechnungsmodus wären die Zahlungen der Z-GmbH nur dann als Betriebsausgaben anzuerkennen, wenn ein **Interessengegensatz** zwischen ihr und ihrem beherrschenden Gesellschafter X glaubhaft gemacht worden wäre, mit anderen Worten, wenn es eine **andere unabhängige Kontrollinstanz** zur Prüfung der Abrechnungen gegeben hätte.

Die obersten Finanzrichter argumentieren also auf derselben Linie wie bei der **Zahlung von Überstundenvergütungen** an einen Gesellschafter-Geschäftsführer. Deren Anerkennung wird nämlich u.a. deshalb verweigert, weil der Gesellschafter-Geschäftsführer seine Aufzeichnungen letztlich allein und damit „in eigener Willkür" überprüft.

Festzuhalten bleibt damit: Ein Interessengegensatz zwischen einem beherrschenden Gesellschafter und seiner GmbH besteht bei vom Gesellschafter-Geschäftsführer selbst pauschal festgesetzten GmbH-Zahlungspflichten normalerweise nicht. Dies – so der BFH – ergibt sich aus der langjährigen höchstrichterlichen Rechtsprechung (u.a. Urteil vom 27.3.2001, Az. I R 40/00, BStBl 2001 II, S. 655).

Ausnahme: Es gibt im kaufmännischen Bereich bei der Rechnungsüberprüfung eine andere – keinen Weisungen des Gesellschafter-Geschäftsführers – unterliegende Instanz wie etwa einen gleichberechtigten **Mitgeschäftsführer, der nicht an der GmbH beteiligt ist** und der auch nicht Angehöriger des Gesellschafter-Geschäftsführers ist.

Konsequenzen:

Dies heißt aber noch lange nicht, dass ein (beherrschender) Gesellschafter nicht steuerlich wirksam einen Vertrag mit seiner GmbH über die Nutzung der von ihm persönlich – oder z.B. über eine ihm gehörende andere Firma – zur Verfügung gestellte Sach- und Fremdpersonalmittel abschließen könnte.

Beispiele:

1. *Der Geschäftsführer vermietet sein Heimbüro an die GmbH.*
2. *Er überlässt der GmbH einen PKW zur betrieblichen Nutzung als Fahrzeugvermieter und Halter.*

Nur darf er nicht – wie hier geschehen – bei der Festsetzung der Vergütungshöhe (auch hinsichtlich des Zahlungszeitpunkts!) die alleinige Entscheidungsgewalt haben und das Nutzungsentgelt muss angemessen hoch sein.

Für die Praxis lässt sich aus der BFH-Entscheidung zweierlei ableiten:

- Nutzungsüberlassungsverträge zwischen GmbH und Gesellschafter der oben genannten und ähnlicher Art sollten stets **feste (Pauschal-)Beträge** und einen **klaren Abrechnungs-Modus zu festen Terminen** vorsehen.
- Die Zahlung von pauschalem „Auslagenersatz" durch die GmbH an die **Gesellschafter**, funktioniert steuerlich dagegen nicht. Bei beherrschenden Gesellschafter-Geschäftsführern greift dazu noch das **Nachzahlungsverbot**.

Pauschaler Auslagenersatz ist auch bei Arbeitnehmeraufwendungen für den Arbeitgeber nach geltendem Lohnsteuerrecht verpönt und führt bei Fremdgeschäftsführern zu **steuerpflichtigem Arbeitslohn**.

Im GmbH-Bereich – also bei pauschalem Auslagenersatz der GmbH **an den Gesellschafter-Geschäftsführer** selbst – droht allerdings die besondere Steuerfalle der **vGA**. Vereinbart werden kann selbstverständlich stattdessen, dass die GmbH die in Rechnung gestellten „Auslagen" ihres Gesellschafters bzw. einer anderen ihm gehörenden Firma in voller Höhe trägt.

☞ Dann muss im Vertrag die Kostenerstattung aber von der vorherigen **Vorlage von Nachweisen und überprüfbaren Belegen abhängig gemacht** sein. Und bei der Kostenerstattung sollte man sich strikt an den vereinbarten Abrechnungs- und Belegmodus halten.

BFH, Beschluss vom 16.7.2003, Az. I B 215/02

55 Pensionszusage – Barlohnumwandlung

Anerkennung einer Pensionszusage ungeachtet der Erdienbarkeit bei Zuwendungen an Unterstützungskasse durch Gehaltsumwandlung

Der Fall:

Die X-GmbH zahlte ihrem Mehrheitsgesellschafter A seit Juli 1995 ein Grundgehalt von 10.000 DM (5.113 €). Dieses wurde ab dem 1.1.2010 auf 5.730 € angehoben. A hatte 1994 von der X-GmbH die Zusage erhalten, ihm bei Erreichen der Altersgrenze von 65 Jahren 60% seines Grundgehalts als Altersrente zu zahlen. Im Juni 2010 wurde diese Zusage dahingehend geändert, dass hinsichtlich des zu diesem Zeitpunkt noch nicht erdienten Teils der Pension der Durchführungsweg der Altersversorgung auf eine rückgedeckte Unterstützungskasse (Zusage 1) wertgleich umgestellt wurde.

Die X-GmbH entrichtete nunmehr Beiträge an die Unterstützungskasse. Das

Finanzamt passte die Pensionsrückstellung an, ließ aber den Betriebsausgabenabzug der Zahlungen an die Unterstützungskasse nicht zu.

Im August 2010 erteilte die X-GmbH dem A eine zusätzliche Unterstützungskassenzusage (Zusage 2). Danach wurde das Grundgehalt des A um 2.070 € ab September gekürzt und die gekürzten Gehaltsanteile in eine Versorgungskasse eingezahlt.

Das Finanzamt war der Auffassung, A habe die Zusage 2 nicht mehr erdienen können, da er im Zusagezeitpunkt bereits 58 Jahre alt gewesen sei. Es behandelte die Zahlungen an die Unterstützungskasse als vGA. Das FG gab der X-GmbH Recht.

Das Urteil:

Der BFH wies die Revision des Finanzamts als unbegründet zurück:

Entgegen der Auffassung der Finanzverwaltung, die die Grundsätze der Erdienbarkeit auch auf Pensionszusagen anwendet, die durch echte Barlohnumwandlungen des Gesellschafter-Geschäftsführers finanziert werden, gilt nunmehr, dass die Indizwirkung der fehlenden Erdienbarkeit für die außerbetriebliche Veranlassung einer Zusage regelmäßig entkräftet ist, wenn bestehende Gehaltsansprüche des beherrschenden Gesellschafter-Geschäftsführers zugunsten einer Altersversorgung umgewandelt werden.

Das Merkmal fehlender Erdienbarkeit stellt zwar ein gewichtiges Indiz für die Veranlassung durch das Gesellschaftsverhältnis dar. Im Streitfall wurde diese Indizwirkung aber entkräftet, weil A die Versorgungszusage im Wege der Umwandlung eines Teils seines Gehalts selbst finanziert hatte und ein ordentlicher und gewissenhafter Geschäftsleiter daher keine zehnjährige Restdienstzeit erwartet hätte. Außerdem war das Grundgehalt seit 15 Jahren nahezu gleich geblieben und wurde zum 1.1.2010 lediglich moderat um 637 € erhöht.

Konsequenzen:

Gleiches gilt auch für die Zahlungen aufgrund der Zusage 1. Auch diese sind als Betriebsausgaben zu qualifizieren. Denn die Zusage 1 resultiert aus der Änderung der ursprünglichen Direktzusage. Hinsichtlich des zu diesem Zeitpunkt bereits erdienten Teils der Zusage blieb alles beim Alten. Hinsichtlich des noch nicht erdienten Teils wurde der Durchführungsweg geändert.

Obwohl A zu diesem Zeitpunkt bereits 58 Jahre alt war, wird die Frage der Erdienbarkeit nicht erneut aufgeworfen, da eine bereits bestehende Versorgungszusage ohne Mehrbelastung der X-GmbH geändert wurde. Diese Änderung war damit keine Zusageerhöhung und damit nicht mit einer finanziellen Mehrbelastung der X-GmbH verbunden. Es handelte sich um eine wertgleiche Umstellung.

BFH, Urteil vom 7.3.2018, Az. I R 89/15

56 Pensionszusage – Beratervertrag

Unvereinbarkeit von Pensionszahlung und Beratervertrag

Der Fall:

Der alleinige Gesellschafter und Geschäftsführer einer GmbH erhielt 1994 im Alter von 51 Jahren eine Pensionszusage. Bei Ausscheiden ab Vollendung des 60., aber vor Vollendung des 65. Lebensjahres, sollte die Pension (ggf. mit Abschlägen) gezahlt werden. 1998 wurde die Höhe der Pension vom Grundgehalt abgekoppelt und mit 4.000 DM festgeschrieben, zugleich wurde das Grundgehalt von 13.000 DM auf 7.000 DM gesenkt.

Nach Übertragung von Minderheitsbeteiligungen an beide Kinder und Aufhebung der Abschlagsregelung im November 2005 schied der Geschäftsführer am 1.10.2006 aus und bezog eine Pension von 2.045 € (4.000 DM). Zuvor hatten GmbH und Geschäftsführer noch einen Vertrag über die Beratung in allen Fragen der Unternehmensführung gegen eine monatliche Vergütung von 3.800 € geschlossen.

Das Finanzamt sah sowohl in den Pensionszahlungen als auch in den Beraterhonoraren vGA. Das FG bestätigte dies.

Das Urteil:

Die **Pensionszahlungen** führen aus folgenden Gründen **zu vGA**:

- Bereits 1994 wurde der Erdienenszeitraum nicht eingehalten, da der Geschäftsführer binnen weniger als zehn Jahren eine – wenn auch reduzierte – Pension beanspruchen konnte.
- Die Änderung der Bemessungsgrundlage für die Pension diente allein dazu, deren (weitere) Verringerung infolge der Gehaltsreduzierung zu verhindern, und war somit durch das Gesellschaftsverhältnis veranlasst.
- Ebenfalls durch das Gesellschaftsverhältnis veranlasst war die Aufhebung der Abschlagsregelung bei vorzeitigem Ausscheiden, da sie nur der Verbesserung der Position des Geschäftsführers dienen sollte. Die Aufhebung war nicht betrieblich veranlasst, sondern vor dem Hintergrund der Anteilsübertragung und dem Ausscheiden des Geschäftsführers zu sehen.

Die **Beraterhonorare** sind **als vGA** einzustufen, weil der Beratervertrag fremdunüblich war und letztlich dazu diente, die Geschäftsführertätigkeit zu verdecken. Dies lässt sich daraus ableiten, dass die Beratertätigkeit unmittelbar an die Geschäftsführertätigkeit anschloss und das Honorar pauschal statt tätigkeitsbezogen und zudem höher als das bisherige Grundgehalt als Geschäftsführer war. Ferner war der Vertragsgegenstand allgemein gehalten; er sah keine konkreten Aufträge vor. Unklarheiten hinsichtlich des Inhalts der

GmbH-Beratung konnten nicht ausgeräumt werden. Außerdem war der Beratervertrag während der ersten beiden Jahre seiner Laufzeit unkündbar und damit nicht fremdüblich.

Konsequenzen:

Während sich der gleichzeitige Bezug von Geschäftsführergehalt und Pension ausschließt (sofern das Gehalt nicht auf die Pension angerechnet wird), hat der BFH im Urteil vom 23.10.2013 (Az. I R 60/12; GmbH-Stpr 2014, S. 181) den Abschluss eines Beratervertrags mit einem pensionierten Geschäftsführer grundsätzlich gebilligt.

Allerdings darf sich der Gegenstand des Beratervertrags nach Art und Umfang nicht mit der früheren Tätigkeit des Geschäftsführers decken (BFH, Beschluss vom 5.3.2008, Az. I B 171/17, GmbH-Stpr 2008, S. 175). Zudem muss ein Beratervertrag, den ein beherrschender Gesellschafter mit seiner GmbH schließt, einem Fremdvergleich standhalten. Hiervon kann im vorliegenden Fall aber nicht die Rede sein. Da Entsprechendes auch für die Pensionszusage gilt, ist wohl kaum davon auszugehen, dass der BFH der von der GmbH eingelegten Nichtzulassungsbeschwerde (Az. I B 104/16) stattgeben wird.

FG Berlin-Brandenburg, Urteil vom 6.9.2016, Az. 6 K 6168/13

57 Pensionsanspruch –Verzicht bei Anteilsverkauf (1)

Ermäßigte Besteuerung bei Zwangslage – BFH-Grundsatzentscheidungen

Der ermäßigten Besteuerung einer Abfindung von Pensionsansprüchen steht die Finanzverwaltung insbesondere dann kritisch gegenüber, wenn die Ansprüche in Zusammenhang mit **dem Verkauf der GmbH-Anteile** abgefunden werden. Eine steuerbegünstigte Entschädigung (§ 24 Nr. 1 EStG und § 34 EStG) setzt nämlich u.a. voraus, dass sich der Pensionsberechtigte in einer Zwangslage befunden hat (vgl. GmbH-Stpr 2003, S. 122 f.).

In seinem Urteil vom 12.12.2001 (Az. XI R 38/00, GmbH-Stpr 2002, S. 276) hatte der BFH zwar entschieden, dass ein Gesellschafter-Geschäftsführer, der sich aus Altersgründen zur Veräußerung seiner GmbH-Anteile entschließt, nicht unbedingt damit rechnen muss, dass dies nur bei gleichzeitigem Verzicht auf seine Pensionsansprüche möglich ist.

In der Praxis sind aber potenzielle GmbH-Anteilskäufer häufig darauf bedacht, eine „altlastenfreie" Gesellschaft zu erwerben und drängen daher im Vorfeld auf die Auflösung der Pensionsrückstellungen. Wird die Pensionszusage also auf **Druck des Käufers** abgelöst, dem sich der Steuerpflichtige unter den gegebenen Umständen nicht entziehen kann, spricht dies für eine **Zwangslage** und somit für die ermäßigte Besteuerung der Pensionsabfindung seitens der Gesellschaft.

Mit weiterem **Urteil vom 11.12.2002** hat der BFH klargestellt, dass nichts anderes gelten kann, wenn Gesellschaftsanteile **aus Krankheitsgründen** veräußert werden. Grundsätzlich dürfen die Anteilsveräußerer erwarten, dass die GmbH auch mit einem neuen Gesellschafter ihre Pensionsverpflichtungen vertragsgemäß erfüllen wird. Sofern diese Erwartung in der Praxis enttäuscht wird und die vorherige Ablösung der Pensionsverpflichtung zwingende Voraussetzung für den späteren Anteilsverkauf ist, ist darin eine Zwangslage zu sehen.

Ob eine zu einer ermäßigten Besteuerung führende Zwangslage tatsächlich vorgelegen hat, ist eine subjektive Tatsache, die, wie so oft im Steuerrecht, anhand **objektiver Kriterien** belegt werden muss.

Im Streitfall der oben genannten BFH-Entscheidung hatten die Kläger (Anteilsverkäufer) und der potenzielle Erwerber im Vorfeld der Anteilsverkaufsverhandlungen festgelegt, dass der Käufer nicht bereit sei, mit Rückstellungen beschwerte Anteile zu übernehmen. Es wurde anheimgestellt, zum Zweck des Zustandekommens des Kaufvertrags die Rückstellungen (insbesondere die Pensionsrückstellungen) aufzulösen.

Diesen Vereinbarungen sei, so der BFH, eindeutig zu entnehmen, dass der potenzielle Käufer nicht bereit war, die Pensionsrückstellungen und damit die Verpflichtung zur laufenden Pensionszahlung an die Kläger zu übernehmen. Dem Nachweis der Zwangslage sei somit Genüge getan.

☞ Nach dieser BFH-Entscheidung steht fest, dass der **richtigen Beweisvorsorge** in der Praxis **entscheidende Bedeutung** zukommt. Daher sollte sich aus schriftlichen Vereinbarungen (in der Regel mit dem Anteilskäufer) zweifelsfrei ergeben, dass der Anteilsverkäufer bei der Ablösung seiner Pensionsansprüche unter rechtlichem, wirtschaftlichem oder tatsächlichem Druck gestanden hat.

BFH, Urteil vom 11.12.2002, Az. XI R 41/01

58 Pensionsanspruch –Verzicht bei Anteilsverkauf (2)

Steuerbegünstigte Abfindung bei „Druck" des Erwerbers auf Anteilsverkäufer – Weiterbeschäftigung in anderer Funktion ist unschädlich

Der Fall:

Der Kläger war Gesellschafter-Geschäftsführer (99%-Beteiligung) einer GmbH und im Streitjahr 2008 61 Jahre alt. Ihm war von der GmbH eine Pension mit Vollendung des 65. Lebensjahrs zugesichert worden. Er war berechtigt, bei Eintritt des Versorgungsfalls anstelle der Rente eine einmalige Kapitalabfindung in Höhe des Barwerts der Rentenverpflichtungen zu verlangen.

Im Jahr 2008 verhandelte er mit Interessenten über den Verkauf seiner Geschäftsanteile an der GmbH. Die künftigen Erwerber machten den Verkauf davon abhängig, dass die Altersregelung vorher abgewickelt wird. Im notariellen Vertrag wurde sodann ausdrücklich geregelt, dass die Erwerber die Pensionsverpflichtung nicht übernehmen.

Der Kläger verzichtete daraufhin gegenüber der GmbH auf seine Pensionsansprüche und erhielt als Gegenleistung die Auszahlungsbeträge der gekündigten Rückdeckungsversicherung in Höhe von rund 500.000 €. Das Finanzamt versagte nach einer Außenprüfung die Ermäßigung des Steuersatzes (§ 34 EStG).

Das Urteil:

Der BFH gab dem Gesellschafter-Geschäftsführer Recht.

Nach ständiger BFH-Rechtsprechung setzt die **ermäßigte Besteuerung** einer Entschädigung voraus, dass der Steuerpflichtige (Anteilsverkäufer) unter **rechtlichem, wirtschaftlichem** oder **tatsächlichem Druck** gestanden hat.

Demzufolge kann – so der BFH – bei einem **zunächst freiwilligen Entschluss** zum Anteilsverkauf eine Zwangslage zum Verzicht auf Versorgungsansprüche **später dadurch entstehen**, dass der Erwerber nicht bereit ist, die Versorgungsverpflichtungen zu übernehmen.

Vor diesem Hintergrund sei im Streitfall davon auszugehen, dass der Kläger unter Zwang handelte, als er der Ablösung der Altersversorgung zustimmte. Denn erst **im Laufe der Vertragsverhandlungen** hatten die Käufer der GmbH-Anteile den Erwerb des Unternehmens von der Nichtübernahme der Altersversorgungsregelung abhängig gemacht – was ausreiche.

Der Steuerbegünstigung stehe auch nicht entgegen, dass der ehemalige Gesellschafter-Geschäftsführer im Anschluss an das Arbeitsverhältnis (als Geschäftsführer) für **ein Jahr als beratender Ingenieur eingestellt** worden ist. Eine steuerermäßigte Entschädigung verlange lediglich, dass das zugrundeliegende **Rechtsverhältnis beendet** wird. Dies sei hier eindeutig der Fall gewesen, da die anschließende Beratertätigkeit nicht als Fortsetzung des ursprünglichen Arbeitsverhältnisses angesehen werden könne. Schließlich unterscheide sich die Tätigkeit als beratender Ingenieur maßgeblich von den Aufgaben und der Stellung des Geschäftsführers.

Konsequenzen:

Nach ständiger gefestigter BFH-Rechtsprechung ist klar: Selbst bei einem freiwillig gefassten Veräußerungsentschluss liegt eine **Zwangslage** immer dann vor, wenn der potenzielle Erwerber den Kauf von der Auflösung der Pensionsverbindlichkeiten unter Zahlung einer Abfindung abhängig macht (vgl. Lehr, GmbH-Stpr 2003, S. 122, 187).

☞ Dass die anschließende Beratungstätigkeit der Steuerermäßigung nicht entgegensteht (weil das ursprüngliche Rechtsverhältnis unter Umständen nicht tatsächlich beendet worden ist), hat der BFH im Streitfall ausdrücklich betont. Ein **Beratervertrag** nach Beendigung des Geschäftsführersamts wirke sich daher nicht nachteilig auf die Steuerermäßigung für die Abfindung aus. Etwas anderes würde nur dann gelten, wenn das bisherige Arbeitsverhältnis (als Geschäftsführer) unter dem **Deckmantel eines Beratervertrags** nahezu unverändert fortgeführt wird.

BFH-Urteil vom 10.4.2003, Az. XI R 4/02

59 Pensionsanspruch – Verzicht bei Unverfallbarkeit (3)

Abfindung unverfallbarer Pensionsansprüche bei Anteilsveräußerung auf Veranlassung des Erwerbers keine vGA

Der Fall:

Die X-GmbH hatte ihren mit je 50% beteiligten Gesellschafter-Geschäftsführern A und B in den Jahren 1987 und 1989 Pensionszusagen erteilt. Diese wurden durch den Abschluss von Rückdeckungsversicherungen abgesichert.

Mit Kaufvertrag vom 17.11.1997 veräußerten A und B ihre Geschäftsanteile an C. Nach dem Inhalt des Kaufvertrags sollten sie ihr Geschäftsführeramt zum 2.1.1998 niederlegen und zum gleichen Zeitpunkt ihre Anstellungsverträge als Geschäftsführer beenden. Beide verzichteten mit Wirkung zum 30.11.1997 auf alle Pensionsansprüche gegenüber der X-GmbH.

In 1997 zahlte die X-GmbH insgesamt rund 1 Mio. DM an A und B. Dies entsprach den Rückkaufswerten für die Rückdeckungsversicherungen. Zu Beginn des Jahres 1998 vereinnahmte sie einen Betrag in gleicher Höhe von der Versicherungsgesellschaft. Die X-GmbH löste die zum 31.12.1997 ermittelten Pensionsrückstellungen in Höhe von insgesamt 2,2 Mio. DM für beide Geschäftsführer Gewinn erhöhend auf und behandelte den Unterschiedsbetrag von knapp 1,2 Mio. DM zu den an A und B entrichteten Zahlungen (rund 1 Mio. DM) gewinnmindernd als verdeckte Einlage.

Das Finanzamt erhöhte den Gewinn der X-GmbH um die 1,2 Mio. DM mit dem Argument, die Ansprüche aus den Pensionszusagen und aus den Rückdeckungsversicherungen hätten sich gleichwertig gegenübergestanden, sodass eine verdeckte Einlage ausscheide. Außerdem führe die Übertragung der Ansprüche aus den Rückdeckungsversicherungen zu einer vGA. Dagegen klagte die X-GmbH.

Das Urteil:

Das FG Münster gab der X-GmbH Recht. Insbesondere habe die X-GmbH durch die Zahlung des Betrags von rund 1 Mio. DM an A und B deshalb keine vGA geleistet, da diese Vermögensminderung **nicht durch das Gesellschaftsverhältnis veranlasst** sei. Denn es habe eine im Voraus abgeschlossene, klare und zivilrechtlich wirksame Vereinbarung vorgelegen.

Des Weiteren habe kein Abfindungsverbot bestanden, und die abgefundenen Pensionsansprüche seien bei Abschluss der Abfindungsvereinbarungen am 17.11.1997 **auch bereits unverfallbar** gewesen.

Außerdem seien die Abfindungen **nicht** überhöht gewesen. Denn den an A und B ausgekehrten Ansprüchen aus den Rückdeckungsversicherungen von 1 Mio. DM hätten unverfallbare Ansprüche von A und B mit einem Teilwert von 2,1 Mio. DM gegenübergestanden.

Letztlich könne eine Veranlassung der Vereinbarung vom 17.11.1997 durch das Gesellschaftsverhältnis auch nicht daraus hergeleitet werden, dass sie im Zusammenhang mit dem Anteilsverkauf abgeschlossen worden sei. Denn der Anteilserwerber sei nicht gewillt gewesen, die Anteile ohne Befreiung von Pensionslasten zu übernehmen. In einem derartigen

Fall sei der Abschluss der Abfindungsvereinbarung betrieblich und nicht gesellschaftlich veranlasst.

Konsequenzen:

Bislang ist nicht in allen Details eindeutig höchstrichterlich geklärt, ob und wann bei der Abfindung von Pensionszusagen vGA vorliegen. Höchstrichterlich geklärt ist aber, dass die Abfindung einer Pensionszusage dann zur vGA führt, wenn der **Versorgungsanspruch noch nicht unverfallbar** ist (BFH, Beschluss vom 9.2.2006, Az. X B 147/04, BFH/NV 2005, S. 1052).

Weiterhin hat der BFH dann eine vGA angenommen, wenn eine Abfindung **entweder einzelvertraglich** oder durch Bezugnahme auf § 3 Abs. 1 BetrAVG **ausdrücklich ausgeschlossen** ist (BFH, Urteil vom 14.3.2006, Az. I R 38/05, BFH/NV 2006, S. 1515).

Ungeklärt waren bislang Gestaltungen, in denen ein Abfindungsverbot nicht existierte. Hier hat nunmehr das Besprechungsurteil Abhilfe geschaffen. Danach liegt dann keine vGA vor, wenn

- die Abfindung auf Veranlassung des Erwerbers vereinbart wurde, und
- der Abfindungsbetrag den Teilwert der erdienten unverfallbaren Ansprüche nicht übersteigt.

Die Vereinbarung von Abfindungsklauseln in Pensionszusagen ist problematisch. Denn diese müssen zur Vermeidung eines schädlichen Widerrufvorbehalts im Sinne des § 6a Abs. 1 Nr. 2 EStG die **Abfindung zum Anwartschaftsbarwert** vorsehen (BFH-Urteil vom 10.11.1998, Az. I R 499/97, BStBl II 2005, S. 261) und eine Abfindung zu einem solchen Wert führt bei vorzeitigem Ausscheiden eines Gesellschafter-Geschäftsführers wegen Abgeltung noch nicht erdienter Ansprüche zu **einer vGA**.

FG Münster, rechtskräftiges Urteil vom 23.3.2009, Az. 9 K 319/02, K,G,F

60 Pensionszusage – Allgemeines

Zur steuerlichen Anerkennung unverfallbarer Zusagen und zur Frage der Länge des Erdienungszeitraums

• Steuerliche Problematik

Pensionszusagen an Gesellschafter-Geschäftsführer werden nur bei Einhaltung besonderer Modalitäten steuerlich anerkannt. Zu Diskussionen in Betriebsprüfungen führen seit jeher vor allem folgende Fragen: Steht einer steuerlichen Anerkennung im Wege,

- wenn dem Gesellschafter-Geschäftsführer die **sofortige Unverfallbarkeit** der Versorgungsansprüche zugesagt wird, oder muss eine bestimmte **Wartezeit** z.B. von drei oder fünf Jahren eingehalten werden?
- wenn dem Gesellschafter-Geschäftsführer die Pensionszusage **erst im fortgeschrittenen Alter** – z.B. nach dem 55. für das 65. Lebensjahr – erteilt

wird, sodass dieser (wegen nicht eingehaltener Zehnjahresfrist) die Pensionsansprüche nicht mehr „richtig erdienen" kann bzw. die GmbH hier ein höheres Risiko als bei einem jüngeren Geschäftsführer eingeht?

Auf beide Fragen schien es aufgrund gefestigter Verwaltungspraxis und BFH-Rechtsprechung immer nur dieselben Antworten zu geben. Als **angemessene Wartezeit** galt laut BFH ein Zeitraum von ungefähr **fünf Jahren** (vgl. GmbH-Stpr 1999, S. 222), als üblicher Erdienungszeitraum – je nach Gesellschafterstatus – eine Zeitspanne von **drei bzw. zehn Jahren** (vgl. GmbH-Stpr 1999, S. 222, 223).

☞ Doch hat der BFH in letzter Zeit seine Rechtsprechung zu den Anerkennungsvoraussetzungen von Pensionszusagen modifiziert. Selbst jahrelang als unverrückbar geltende Positionen – wie etwa den zehnjährigen Erdienungszeitraum (vgl. u.a. noch FG Brandenburg vom 30.8.2000, GmbH-Stpr 2002, S. 251) – haben die obersten Finanzrichter mittlerweile aufgegeben (Entscheidungen vom 24.4.2002 und vom 22.1.2002).

- **Pensionszusage-Rechtsprechung zur Unverfallbarkeit und Erdienbarkeit**

– **Unverfallbarkeitsfrist**: a) Sagt eine GmbH ihrem Gesellschafter-Geschäftsführer eine Pensionsanwartschaft binnen kürzerer Zeit zu, als bei normalen Arbeitnehmern gesetzlich vorgesehen ist (gemeint ist das BetrAVG und die Fünfjahresfrist gemäß § 1b Abs. 1), kann laut BFH vom 22.1.2002 eine steuerliche Anerkennung durchaus in Betracht kommen. Selbst eine sofort unverfallbare Zusage kann im Einzelfall anzuerkennen sein (BFH-Beschluss vom 22.1.2002, Az. I B 75/01, GmbH-Stpr 2002, S. 389). b) Schon die Vorinstanz – das FG Köln – hatte die sofort unverfallbare Pensionszusage wegen besonderen Versorgungsbedarfs des Gesellschafter-Geschäftsführers akzeptiert. Im Streitfall war für die steuerliche Anerkennung auch wichtig, dass es einen betrieblichen Anlass für diese Zusage gab und eine Risikoabsicherung für den Fall des vorzeitigen Ausscheidens erfolgt war (FG Köln vom 17.5.2001, Az. 13 K 1792/00, EFG 2001, 1235, GmbH-Stpr 2002, S. 29).

– **Erdienungsdauer**: Das Einhalten der Zehnjahresfrist ist laut BFH- Entscheidung vom 24.4.2002 nicht mehr unabdingbare Voraussetzung für die steuerliche Anerkennung einer Pensionszusage an einen beherrschenden Gesellschafter-Geschäftsführer. Vielmehr ist diese Frist nur eine von mehreren Voraussetzungen, auf die es ankommen kann, aber nicht muss (Az. I R 43/01, DStR 2002, S. 1854; GmbH-Stpr 2002, S. 419).

- **Kritische Anmerkungen zum BMF-Pensionszusage-Erlass**

Für die wenig zufriedenstellende Stellungnahme des Bundesfinanzministeriums (Erlass vom 9.12.2002, Az. IV A2 - S 2742 - 68/02, DStR 2002, S. 2172) gibt es wohl gleich mehrere Gründe:

- **Eindeutige Finanzrechtsprechung:** Sowohl die Frage der Unverfallbarkeit als auch des Erdienungszeitraums dürften mittlerweile vom BFH eindeutig beantwortet worden sein (s.o.). Nur scheint dies das BMF (noch) nicht zur Kenntnis nehmen zu wollen. Stattdessen hält man lieber weiter an überkommenen Verwaltungstraditionen fest, so etwa bei den Erdienungsfristen an der Regelung im BMF-Erlass vom 7.3.1997. Danach soll z.B. bei beherrschenden Gesellschafter-Geschäftsführern grundsätzlich eine zehnjährige Erdienungsdauer erforderlich sein (GmbH-Stpr 1997, S. 198, s. auch GmbH-Stpr 1998, S. 223).
- Änderung **des gesetzlichen Umfelds:** Außerdem hat sich – wie das BMF selbst einräumt – das Gesetz zur betrieblichen Altersversorgung (BetrAVG), auf die sich u.a. die althergebrachte „Fristenregelung" zur Pensionszusage stützt, zwischenzeitlich maßgeblich geändert. So gibt es u.a. eine neue Unverfallbarkeitsfrist und Sonderregelungen für Entgeltumwandlungen in Pensionsanwartschaften.

Durch das Altersvermögensgesetz ist beispielsweise die **frühere Unverfallbarkeitsfrist von zehn Jahren auf fünf Jahre verkürzt** worden (§ 1b Abs. 1 BetrAVG). Zudem ist bei Arbeitnehmern im Fall der **Umwandlung** von Gehaltsbestandteilen in Rente die **sofortige Unverfallbarkeit** nun gesetzlich vorgeschrieben (§ 1b Abs. 5 BetrAVG).

- **Übertragung des gesetzlichen Leitbildes auf Gesellschafter-Geschäftsführer**: Letztendlich fragt man sich, ob Leitbilder eines eher typischen Arbeitnehmergesetzes wie des BetrAVG überhaupt unverändert auf Gesellschafter-Geschäftsführer angewendet werden können.

Schließlich ist der **Versorgungs- und Absicherungsbedarf** von Gesellschafter-Geschäftsführern **ein ganz anderer** als der eines „normalen Arbeitnehmers". Hier soll nur daran erinnert werden, dass z.B. beherrschende Gesellschafter-Geschäftsführer **nicht als Arbeitnehmer** ihres eigenen Betriebs, sondern als Unternehmer eingestuft werden. Weil ihnen aber die Arbeitnehmereigenschaft (§ 17 Abs. 1 BetrAVG) fehlt, genießen sie keinen Schutz für den Fall der Insolvenz (vgl. dazu: Kommentar zum BetrAVG, § 17 Rz. 3, Förster/Cisch/Karst).

In dieselbe Richtung, dass nämlich Gesellschafter-Geschäftsführer und ihr Versorgungsbedarf nicht mit dem normaler Arbeitnehmer vergleichbar ist, geht übrigens auch das FG Köln mit Urteil vom 17.5.2001 (Az. 13 K 1792/00, GmbH-Stpr 2002, S. 29). Dort wurde eine sofort unverfallbare Zusage an einen Gesellschafter-Geschäftsführer anerkannt, der damit **erstmals eine gesicherte Anwartschaft** auf Altersversorgung erhielt. Außerdem war es für die GmbH betriebswichtig, so ihren erprobten Geschäftsführer auf Dauer zu binden. Sein vorzeitiges Ausscheiden war durch eine Pensionskürzungsklausel sanktioniert.

- **Der wesentliche Inhalt des BMF-Pensionszusage-Schreibens**

– **Verwaltungsgrundsätze zur Unverfallbarkeit:** Die Vereinbarung einer sofort unverfallbaren Pensionszusage soll „grundsätzlich für sich genommen nur dann nicht als durch das Gesellschaftsverhältnis veranlasst" anzusehen sein, wenn „es sich um eine **sofortige ratierliche** Unverfallbarkeit handelt".

Bei einem Anspruch auf betriebliche Altersversorgung **durch Entgeltumwandlung** sollen die Finanzbehörden laut BMF nicht beanstanden, wenn sich die Unverfallbarkeit nach § 2 Abs. 5a BetrAVG richtet, also eine unverfallbare **Anwartschaft auf Leistungen aus den bis dahin umgewandelten Entgeltbestandteilen** eingeräumt wird.

Für den Fall der Beanstandung der Pensionszusage „als durch das Gesellschaftsverhältnis veranlasst" liegt nach Ansicht des BMF bei einem **vorzeitigen Ausscheiden des Pensionsberechtigten** aus dem Beschäftigungsverhältnis auf der Ebene der GmbH eine vGA vor, und zwar insoweit, als die ausgewiesene Pensionsrückstellung (§ 6a EStG) den Betrag übersteigt, der sich bei einer sofortigen ratierlichen Unverfallbarkeit ergeben würde.

Bei Zusagen an **beherrschende** Gesellschafter-Geschäftsführer soll zur Ermittlung des Betrags, der sich bei einer sofortigen ratierlichen Unverfallbarkeit ergeben würde, nicht der Beginn der Betriebszugehörigkeit, sondern der **Zeitpunkt der Zusage** maßgebend sein.

– **Verwaltungsgrundsätze zum Erdienungszeitraum:** Das BMF weist hier darauf hin, dass

  - nach den einschlägigen BMF-Schreiben (vom 1.8.1996, BStBl I 1996, S. 1138; vom 7.3.1997, BStBl I 1997, S. 637) die Zeiträume, in denen sich der Gesellschafter-Geschäftsführer seine Ansprüche aus einer betrieblichen Altersversorgungszusage erdienen muss, sich an die Unverfallbarkeitsfristen des seinerzeit geltenden BetrAVG anlehnen, und
  - diese Fristen durch das Altersvermögensgesetz vom 26.6.2001 verkürzt worden sind.

Trotzdem seien die laut den oben genannten BMF-Schreiben gültigen Fristen **weiterhin maßgeblich** für die Erdienungsdauer. Ein Unterschreiten dieser Fristen (vgl. GmbH-Stpr 1998, S. 222, 223) sei als „Indiz" dafür zu sehen, dass die Zusage **ihre Ursache im Gesellschaftsverhältnis** hat.

Mit anderen Worten: Das BMF will der GmbH bzw. ihrem Gesellschafter-Geschäftsführer bei Abweichung von diesen „Altfristen" die **Beweislast dafür auferlegen**, dass **keine vGA** vorliegen. Hier macht es sich nach unserer Meinung die Finanzverwaltung zu einfach, wenn man die neuere BFH-Rechtsprechung zu den Erdienungszeiten (vom 24.4.2002, siehe oben) und zur Beweislastverteilung bei vGA (Beschluss vom 4.4.2002, GmbH-Stpr 2003, S. 19; vgl. auch Schwarz, GmbH-Stpr 2003, S. 9) berücksichtigt.

- **Fazit und Praxishinweise:**

Wenn der Betriebsprüfer Pensionszusagen wegen angeblich fehlender Finanzierbarkeit oder wegen nicht eingehaltener Fristen beanstandet, sollte man sich davon auf keinen Fall beeindrucken lassen.

- Hier sollten Sie hart bleiben und auf einer Einzelfallprüfung und Beurteilung nach neuester Finanzrechtsprechung bestehen, wobei das **Finanzamt grundsätzlich die** Beweislast für eine vGA trifft.
- Vor allem bei Unterschreitung von „Altfristen" wie etwa der Zehnjahresfrist sollte man keine Beweislastumkehr zum Vorteil des Finanzamts akzeptieren. Dazu dürfte es hier z.B. genügen, den Steuerprüfer auf den Leitsatz des BFH-Beschlusses vom 22.1.2002 zum Erdienungszeitraum aufmerksam zu machen.

Dieser Leitsatz ist eindeutig und zeigt klar, dass es dem BFH nicht um eine Entscheidung in einem besonderen Einzelfall, sondern um ein Grundsatzurteil ging. Er lautet nämlich:

Verspricht eine GmbH ihrem 56-jährigen beherrschenden Gesellschafter-Geschäftsführer eine Pension für die Zeit nach Vollendung des 65. Lebensjahrs, so führt dies nicht notwendig zur Annahme einer verdeckten Gewinnausschüttung. Dies gilt insbesondere dann, wenn die Zusage auch deshalb erteilt wird, weil der Geschäftsführer nicht anderweitig eine angemessene Altersversorgung aufbauen konnte".

Im Übrigen verweist der BFH in den Gründen auf ein früheres Urteil, in dem er bereits ein Abweichen von „normalen" Erdienungszeiten für möglich gehalten hat (BStBl 1995 II, S. 419, 422).

Eine ausführliche Bestandsaufnahme der Rechtsprechung zur steuerlichen Anerkennung von Pensionszusagen an Gesellschafter-Geschäftsführer findet sich in GmbH-Stpr 2012, S. 37 ff.

BMF-Schreiben vom 9.12.2002, Az. IV A 2 - S 2742 - 68/02

BFH-Beschluss vom 22.1.2002, Az. I B 75/01

61 Pensionszusage – Bewertung

Höhere Mindest-Pensionsaltersgrenzen haben niedrigere Zuführungen zu Pensionsrückstellungen zur Folge

Frage:

Ist es richtig, dass sich die Konditionen zur Bildung von Pensionszusagen für beherrschende Gesellschafter-Geschäftsführer verschlechtert haben?

Antwort:

Richtig ist, dass sich die steuerlichen Bewertungsvorgaben durch die Einkommensteuer-Änderungsrichtlinien (R 6a Abs. 8 EStÄR 2008) geändert haben. Während bisher ein Mindestpensionsalter von 65 Jahren zugrunde gelegt wurde, sehen die neuen Richtlinien eine **Staffelung des Pensionsalters** nach den Geburtsjahrgängen vor:

- Jahrgang bis 1952/Pensionsalter 65 Jahre
- Jahrgang 1953 bis 1961/Pensionsalter 66 Jahre
- Jahrgang ab 1962/Pensionsalter 67 Jahre

In Fällen von schwerbehinderten Geschäftsführern gelten niedrigere Grenzen.

Durch die höheren Mindestpensionsaltersgrenzen werden die Zuführungen zu Pensionsrückstellungen künftig niedriger ausfallen. Je nach Einzelfall kann es sogar zu einer einmaligen Teilauflösung von Pensionsrückstellungen kommen.

Die Konsequenz ist, dass die **Wertansätze** in der Steuerbilanz von denen der Handelsbilanz noch **stärker als bisher abweichen**. Da eine Übergangsfrist nicht vorgesehen ist, konnten bereits bei versicherungsmathematischen Gutachten zu den Stichtagen Ende 2008, die nach den Bewertungsvorgaben der EStR 2005 erstellt wurden, Änderungen notwendig werden.

Betroffen sind sowohl **bestehende** als auch **neue Versorgungszusagen** an beherrschende GmbH-Gesellschafter-Geschäftsführer, die **1953 oder später geboren** sind. Die Erhöhung des Pensionsmindestalters führt dazu, dass der Finanzierungsaufwand aus der Pensionszusage auf einen bis zu zwei Jahre längeren Zeitraum zu verteilen ist, sodass die steuerlichen **Wertansätze geringer** ausfallen. Eine Erhöhung des steuerlichen Gewinns kann die Folge sein.

62 Pensionszusage – Erdienbarkeit (1)

Zehnjahreszeitraum für beherrschende Gesellschafter-Geschäftsführer kein starres Anerkennungskriterium

Die Gestaltungsspielräume von Gesellschafter-Geschäftsführern in puncto Altersversorgung hat der BFH in den letzten Jahren stark ausgeweitet. Grundlegend für diese Entwicklung ist die BFH-Entscheidung vom 24.4.2002, die als „Meilenstein" für die kritische Frage des Erdienungszeitraums gelten kann.

Der Fall und das Urteil:

Beherrschender Gesellschafter-Geschäftsführer einer GmbH in den neuen Bundesländern war G. Die Firma war im Januar 1991 gegründet worden, hatte aber schon Jahrzehnte vorher als Einzelunternehmen des G bestanden. Im November 1991 machte die GmbH dem im September 1935 geborenen Geschäftsführer G folgende Zusagen:

1. Eine mit 4% dynamisierte Altersrente nach Vollendung des 65. Lebensjahrs, deren Anspruch unverfallbar sein sollte, und zwar bei zehnjähriger Tätigkeit für die GmbH bzw. bei dreijähriger Betriebszugehörigkeit nach Erteilung der Zusage und bei insgesamt zwölfjähriger Tätigkeit für das Unternehmen.
2. Eine dienstzeitunabhängige Invalidenrente sowie zu Gunsten der Ehefrau eine Hinterbliebenenrente in Höhe von 60% der Altersrente.

Zugleich erhielt auch die Ehefrau des G eine Pensionszusage für eine monatliche Rente von 1.000 DM, die nach Vollendung des 60. Lebensjahrs ausgezahlt werden sollte. Andere Mitarbeiter der GmbH bekamen keine Versorgungszusage.

Der Invaliditätsfall trat bei G bereits fünf Jahre später ein. Die GmbH zahlte aber keine Versorgungsleistungen.

Das Finanzamt lehnte die Anerkennung der Pensionszusagen an den Geschäftsführer und seine Ehefrau ab und begründete dies folgendermaßen:

- Bei G mache die verbleibende aktive Zeit nach der Pensionszusage weniger als die erforderlichen zehn Jahre aus, bei seiner Frau sogar noch weniger als fünf Jahre.
- Im Zusagejahr habe die GmbH einen Verlust erwirtschaftet. Somit sei sie außerstande gewesen, die nicht rückgedeckten Versorgungsrisiken – vor allem bei Invalidität – abzudecken.

Vor dem Finanzgericht bekam die GmbH Recht. Der BFH hielt die vom Finanzamt vorgebrachten Gründe ebenfalls nicht für überzeugend.

An der Erdienbarkeit einer Pensionszusage könne es bei einem beherrschenden Gesellschafter-Geschäftsführer zwar dann fehlen, wenn der Zeitraum zwischen Zusage und Eintritt in den Ruhestand weniger als zehn Jahre beträgt. Diese Frist sei im Streitfall nicht eingehalten gewesen (acht Jahre und zehn Monate). Doch sei die **Zehnjahresfrist keineswegs eine starre Regelung**. Vielmehr könne der maßgebliche Erdienungszeitraum im Einzelfall auch kürzer sein. Hinzu kommt, dass die Zehnjahresfrist aus dem BetrAVG nur „entlehnt" ist und ihr von daher bei nicht „normalen" Arbeitnehmern wie Gesellschafter-Geschäftsführern **keine absolute Bindungswirkung** zukommen kann.

Der BFH verweist in diesem Zusammenhang auf seine frühere Rechtsprechung. Dort hatte er bereits erkennen lassen, dass die Zehnjahresfrist kein Dogma sei und im Einzelfall unterschritten werden könne (BFH, Urteil vom 4.5.1998, GmbH-Stpr 1999, S. 57; BFH, Urteil vom 30.1.2002, Az. I R 56/01, DStRE 2002, S. 895).

Ob der Gesellschafter-Geschäftsführer die Pensionszusage dann doch anerkannt bekommt, hängt laut BFH noch von zwei Punkten ab:

1. Es muss **betriebliche Gründe für das Nichtzahlen** der Invaliditätsrente geben oder etwa einen vereinbarten **Verzicht** auf diese Rente. Sonst würde alles auf eine **nicht ernsthafte Pensionszusage hindeuten**.
2. Auch wenn im Zeitpunkt der Pensionszusage (1991) sich die wenige Jahre später (1996) ausgebrochene Erkrankung bereits ankündigte, die dann zur Invalidität führte, hätte ein fremder Geschäftsleiter keine Pensionszusage mehr erteilt.

Konsequenzen:

In der Finanzverwaltung wurde das BFH-Urteil teilweise als **Sonderfallentscheidung** in Sachen „neue Bundesländer" abgetan. Doch sprechen der klare Leitsatz dieser Entscheidung und die deutlichen Hinweise des I. Senats auf seine frühere, bereits positive Rechtsprechung dafür, dass **allgemeingültige Aussagen zur Erdienbarkeit** gemacht worden sind.

Hinzu kommt, dass der BFH in der Urteilsbegründung wortwörtlich formuliert:

„... die im Streitfall gegebene Situation derjenigen ähnelt, in der es um die Schließung einer Lücke in der Altersversorgung des Geschäftsführers geht; für einen solchen Fall hat der Senat schon in der Vergangenheit ein Abweichen von dem normalen Erdienungszeitraum für möglich erachtet (BFHE 176, 413; BStBl 1995 II, S. 419, 421)."

Bis heute scheint man in der Finanzverwaltung nicht bereit zu sein, auf die Zehnjahresfrist und andere aus dem BetrAVG entlehnten Pensionszusagefristen zu verzichten (BMF, GmbH-Stpr 2003, S. 56, 58). Doch angesichts ganz eindeutiger BFH-Rechtsprechung sollte man sich dadurch nicht beirren lassen und stets auf einer Einzelfallprüfung jenseits starrer Fristen bestehen.

BFH, Urteil vom 24.4.2002, Az. I R 43/01

63 Pensionszusage – Erdienbarkeit (2)

Beendigung des Anstellungsverhältnisses vor Ablauf der Zehnjahresfrist

Der Fall:

A ist alleiniger Gesellschafter-Geschäftsführer der X-GmbH. Er erhielt am 21.10.1985 von der X-GmbH eine Versorgungszusage, wonach er ab Erreichung des 65. Lebensjahrs eine lebenslängliche Altersrente von monatlich 3.500 DM erhält. Mit Gesellschafterbeschluss vom 10.1.1994 wurde die Altersrente auf 5.000 DM monatlich angehoben.

Nach Aufgabe der aktiven Tätigkeit im Jahr 2000 zahlte die X-GmbH an A keine Geschäftsführerbezüge mehr aus. Mit Vollendung des 65. Lebensjahrs im Dezember 2008 begann die X-GmbH mit Pensionszahlungen an A.

Im Januar 2012 wurde bei der X-GmbH eine betriebsnahe Veranlagung für die Jahre 2007 bis 2011 durchgeführt. Das Finanzamt setzte für die Jahre 2009 bis 2011 vGA an A im Zusammenhang mit den Auszahlungen der Pensionen an. Nach Auffassung des Finanzamts wurde an A für die Jahre 2009 bis 2011 eine zu hohe Pension ausgezahlt. Es war der Auffassung, dass der Erdienungszeitraum für die zugesagte Pension 278 Monate (Oktober 1985 bis Dezember 2008), der tatsächliche Erdienungszeitraum jedoch nur 194 Monate (Oktober 1985 bis Dezember 2001) umfasst hat.

Der Einspruch blieb erfolglos.

Das Urteil:

Das FG München wies die Klage als unbegründet zurück.

Es ist zu prüfen, ob A während der ihm voraussichtlich verbleibenden Dienstzeit den Versorgungsanspruch noch erdienen kann. Das ist nicht anzunehmen, wenn er im Zusagezeitpunkt das 60. Lebensjahr vollendet hatte oder wenn zwischen dem Zusagezeitpunkt und dem vorgesehenen Eintritt in den Ruhestand nur noch eine kurze Zeitspanne liegt, in der der Versorgungsanspruch vom Begünstigten nicht mehr erdient werden kann. Eine Versorgungszusage an einen beherrschenden Gesellschafter ist nur dann erdienbar, wenn zwischen der Erteilung der Pensionszusage und dem vorgesehenen Eintritt in den Ruhestand ein Zeitraum von mindestens zehn Jahren liegt (BFH, Urteil vom 23.9.2008, Az. I R 62/07, GmbH-Stpr 2009, S. 186).

Im Streitfall sind die am 21.10.1985 erteilte Pensionszusage und die am 10.1.1994 beschlossene Erhöhung jeweils eigenständig auf ihre Erdienbarkeit zu prüfen. Während bei der Pensionszusage vom 21.10.1985 der Erdienungszeitraum (zehn Jahre) erfüllt ist, liegt diese Voraussetzung bei der Pensionserhöhung am 10.1.1994 nicht vor. Zwar lagen zwischen dem Zusagezeitpunkt und dem vorgesehenen Zeitpunkt des Eintritts in den Ruhestand mit Vollendung des 65. Lebensjahrs des A mehr als zehn Jahre. Allerdings wurde der Anstellungsvertrag mit A mit Aufgabe der aktiven Geschäftstätigkeit der X-GmbH im Jahr 2000 faktisch beendet. Dass A weiterhin die Organstellung als Geschäftsführer nach § 35 GmbHG innehatte, ändert hieran nichts. Denn für die Frage der Erdienbarkeit kommt es auf den bestehenden Anstellungsvertrag an. A hat daher durch die Beendigung des Anstellungsvertrags vor Ablauf der Zehnjahresfrist die **Erhöhung der Pensionszusage nicht erdient** (vgl. BFH, Urteil vom 25.6.2014, Az. I R 76/13, GmbH-Stpr 2015, S. 21).

Konsequenzen:

Die erste Pensionszusage und nachträgliche Erhöhungen sind jeweils eigenständig auf ihre Erdienbarkeit zu prüfen. Dabei ist in beiden Fällen der gleiche Maßstab anzulegen.

Dabei kommt es nicht darauf an, wann der Eintritt in den Ruhestand vertraglich vorgesehen ist, sondern allein darauf, wann er faktisch eintritt. Nach Auffassung des BFH würde ein ordentlicher und gewissenhafter Geschäftsleiter einem Nichtgesellschafter eine bereits zugesagte Versorgungsanwartschaft nur dann erhöhen, wenn dieser voraussichtlich noch mindestens zehn Jahre lang für die GmbH tätig sein wird (BFH, Urteil vom 26.6.2013, Az. I R 39/12, GmbH-Stpr 2014, S. 84).

FG München, Urteil vom 22.12.2015, Az. 7 K 991/14

64 Pensionszusage – Erdienbarkeit (3)

Erdienensdauer gilt auch für die Zusage einer Unterstützungskasse

Der Fall:

Dem 1952 geborenen Geschäftsführer und alleinigen Gesellschafter einer GmbH wurde 1996 eine Pension samt Witwenversorgung ab Vollendung des 65. Lebensjahrs zugesagt. Im Jahr 2008 wurde die Pensionszusage „eingefroren“, die Witwenversorgung rückwirkend aufgehoben, die Rückdeckungsversicherung beitragsfrei gestellt und die noch zu erdienende Altersversorgung auf eine Unterstützungskasse verlagert. Die GmbH zahlte im Anschluss daran jährlich 70.000 € an die Unterstützungskasse, die diese für eine Rückdeckungsversicherung verwendete.

Das Finanzamt sah die Zahlung teilweise, das Finanzgericht – unter Berücksichtigung des Verböserungsverbots – in vollem Umfang als vGA an. Die Revision hatte keinen Erfolg.

Das Urteil:

Zuwendungen an Unterstützungskassen sind nur dann als Betriebsausgaben abzugsfähig, wenn die Leistungen der Kasse, würden sie unmittelbar von der GmbH erbracht, betrieblich veranlasst wären. Damit ist der Betriebsausgabenabzug unzulässig, wenn eine vGA vorliegt. Hiervon ist im vorliegenden Fall aus folgenden Gründen auszugehen:

- Der Wechsel des Versorgungswegs ist **als Neuzusage** und nicht als Änderung der bestehenden Pensionszusage anzusehen. Die Neuzusage ergibt sich insbesondere aus dem Wechsel des Vertragspartners des Geschäftsführers von der GmbH zur Unterstützungskasse und dem damit verbundenen Verlust der Ansprüche gegen die GmbH sowie aus der ausdrücklichen Abkopplung der Alt- von der Neuzusage.
- Die neue Versorgungszusage ist durch das Gesellschaftsverhältnis veranlasst. Der zum Zeitpunkt der Vertragsänderung nahezu 57 Jahre alte Geschäftsführer konnte die Neuzusage nicht mehr erdienen, weil bis zum Eintritt des Versorgungsfalls weniger als zehn Jahre blieben. Die zu Pensionszusagen ergangene Rechtsprechung betreffend die Erdienbarkeit ist **auf Unterstützungskassenzusagen übertragbar**. Auch bei mittelbaren Zusagen mit geringerem Gestaltungspotenzial sind strenge Maßstäbe anzulegen.
- Es wurden keine Gründe für das Unterschreiten des Erdienenszeitraums vorgebracht. Die Ausfinanzierung der Unterstützungskassenzusage durch eine Rückdeckungsversicherung rechtfertigt es nicht, auf die Erdienbarkeitskriterien zu verzichten.

Konsequenzen:

Der BFH wird sich mit dieser Problematik nochmals auseinandersetzen müssen. Denn das FG Thüringen hat mit Urteil vom 25.6.2015 (Az. 1 K 136/15, GmbH-Stpr 2016, S. 371) entschieden, dass die Anforderungen an Pensionszusagen für Unterstützungskassenzusagen nicht gelten, wenn die Zuwendungen zur Unterstützungskasse nach einer Gehaltsumwandlung letztlich vom Gesellschafter-Geschäftsführer finanziert werden (BFH-Az. I R 89/15). Im letztgenannten Punkt unterscheidet sich der Sachverhalt des Urteils des FG Thüringen von dem der vorstehenden Entscheidung des BFH.

Mangels Vermögensminderung – so die Argumentation der GmbH im FG-Thüringen-Fall – liege keine vGA vor. Ungeachtet dessen stellte das Finanzamt auf den Erdienbarkeitszeitraum ab, der mit acht Jahren ebenfalls unterschritten wurde. Das FG folgte dagegen der Auffassung der GmbH.

Es bleibt abzuwarten, ob die Argumentation der GmbH auch den BFH überzeugt. Zweifel sind angebracht, nachdem dieser einer Gehaltsumwandlung in Zusammenhang mit Zeitwertkonten von Gesellschafter-Geschäftsführern keine nennenswerte Bedeutung beigemessen hat.

BFH, Urteil vom 20.7.2016, Az. I R 33/15

65 Pensionszusage – Finanzierbarkeit

Beurteilung der Finanzierbarkeit einer Pensionszusage gegenüber dem Gesellschafter-Geschäftsführer auch nach dem niedrigeren Teilwert möglich

Der Fall:

Die A-GmbH hatte im November 2001 durch Gesellschafterbeschluss ihrem alleinigen Gesellschafter-Geschäftsführer A eine Pensionszusage erteilt, die außer der Altersversorgung auch eine Hinterbliebenenversorgung für die Ehefrau und die Kinder umfasste. Für die Pensionszusage wurde eine Rückdeckungsversicherung in Form einer Risikoversicherung abgeschlossen.

Die GmbH bildete zum 31.12.2001 eine Pensionsrückstellung gemäß § 6a Abs. 3 Satz 2 Nr. 1 EStG, der ein versicherungsmathematisches Gutachten zugrunde lag. Das Finanzamt setzte die Körperschaft- und Gewerbesteuer unter dem Vorbehalt der Nachprüfung fest.

Nach einer Außenprüfung vertrat das Finanzamt dann aber die Ansicht, dass die Pensionszusage im Zeitpunkt ihrer Erteilung für die GmbH nicht finanzierbar gewesen sei. Maßgebend sei der Anwartschaftsbarwert nach § 6a Abs. 3 Satz 2 Nr. 2 EStG. Berücksichtige man diesen Wert, ergebe sich im Streitjahr 2001 aufgrund der Pensionsverpflichtung bei der GmbH eine Überschuldung. Durch die Rückdeckungsversicherung sei die zugesagte Pension nur zu zwei Dritteln abgesichert. Damit sei die Pensionsrückstellung zu einem Drittel „durch das Gesellschaftsverhältnis veranlasst" und insoweit als vGA einzustufen.

Die GmbH wehrte sich gegen die geänderten Steuerbescheide. Bei Ansatz des ihrer Ansicht nach **maßgebenden Teilwerts** im Sinne des § 6a Abs. 3 Nr. 1 EStG ergebe sich keine Überschuldung im insolvenzrechtlichen Sinne. Das Finanzamt habe zu Unrecht den **Anwartschaftsbarwert** zugrunde gelegt. Bei der hier vorliegenden positiven Fortführungsprognose seien die steuerlichen Teilwerte maßgebend.

Überschuldung im Sinne des § 19 InsO liegt vor, wenn das Vermögen des Schuldners die bestehenden Verbindlichkeiten nicht mehr deckt. Bei der Bewertung des Vermögens des Schuldners ist laut Gesetz jedoch die Fortführung des Unternehmens zugrunde zu legen, wenn die Fortführung nach den Umständen überwiegend wahrscheinlich ist.

Das Urteil:

Das Finanzgericht entschied, dass das Finanzamt zu Unrecht von einer vGA ausging. Ob eine Pensionszusage finanzierbar und damit anzuerkennen ist, hänge grundsätzlich davon ab, ob der passivierte **Anwartschaftsbarwert** der Pensionsverpflichtung (vgl. § 6a Abs. 3 Satz 2 Nr. 2 EStG) im Zusagezeitpunkt zu der Überschuldung der GmbH im insolvenzrechtlichen Sinne führen würde. Dabei sei eine (teilkongruente) Rückdeckungsversicherung zu berücksichtigen.

Für die Beurteilung der Finanzierbarkeit kann nach Ansicht der Finanzrichter aber statt des Anwartschaftsbarwerts auch der **niedrigere Teilwert** gemäß § 6a Abs. 3 Satz 2 Nr. 1 EStG herangezogen werden, wenn die GmbH diesen Wert nachweist. Das FG verweist in diesem Zusammenhang auf die BFH-Entscheidung vom 4.9.2002 (Az. I R 7/01, BStBl II 2005, S. 662; GmbH-Stpr 2003, S. 134), die auch die Finanzverwaltung akzeptiert hat (BMF-Schreiben vom 6.9.2005, Az. IV B 7 - S 2742 - 69/05, BStBl I 2005, S. 875). Daraus ergebe sich: **Nur** der vom Gesellschafter-Geschäftsführer **bereits erdiente Teil der Pensionszusage**, nicht aber der künftig zu erdienende Teil, sei maßgebend. Im Streitfall minderten sich dadurch die Unternehmenspassiva. Statt einer Überschuldung kam am Ende ein positiver (Unternehmens-)Wert heraus.

Außerdem stellte das FG klar: Wenn die Pensionszusage mehrere Komponenten, z.B. die Alters-, Invaliden- und Hinterbliebenenversorgung, umfasst, erfolgt für **jede der Komponenten eine gesonderte Finanzierbarkeitsprüfung**.

Konsequenzen:

Eine vGA ist nach höchstrichterlicher Rechtsprechung insoweit anzunehmen, als die GmbH ihrem Gesellschafter-Geschäftsführer eine nicht finanzierbare Pensionszusage erteilt (u.a. BFH, Urteil vom 8.11.2000, Az. I R 70/99, GmbH-Stpr 2001, S. 280). Dabei fällt aber eine (teilkongruente) Rückdeckungsversicherung positiv ins Gewicht. Mit der vorliegenden Entscheidung stellt das FG klar, dass es für die Frage der Finanzierbarkeit entscheidend auf die **insolvenzrechtliche (Nicht-)Überschuldung** ankommt und dass es **zwei Bewertungsalternativen** gibt, die in Betracht kommen (siehe dazu und zu den Praxisfolgen: GmbH-Stpr 2003, S. 134).

FG Berlin-Brandenburg, Urteil vom 10.1.2010, Az. 6 K 11136/07

66 Pensionszusage – gehaltsgebunden

Zur Höhe der Rückstellung bei einem gehaltsgebundenen Vergütungsversprechen und einer vorübergehenden Vergütungsabsenkung

Der Fall:

Die A-GmbH wurde 1980 gegründet und betrieb bis zum Eintritt der Liquidation in 2009 ein Bauträgerunternehmen. Der Alleingesellschafter A erhielt 1986 eine Pensionszusage in Höhe von 2.600 DM. In der Versorgungsvereinbarung hieß es:

„Der Altersrentenbetrag ändert sich während der Anwartschaftszeit im gleichen Verhältnis wie das laufende monatliche Festgehalt des Pensionsberechtigten."

Im Zeitpunkt des Vertragsabschlusses erhielt A ein Festgehalt in Höhe von 5.000 DM. Mitte 1989 wurde die Altersrente auf monatlich 4.000 DM erhöht unter Hinweis auf das erhöhte Festgehalt von 7.500 DM.

Aufgrund erheblicher Umsatzeinbußen zahlte die GmbH ab 1995 nurmehr ein Gehalt von 24.000 DM pro Jahr aus. Die Tätigkeit der GmbH bestand darin, Grundstücke anzukaufen, durch Fremdunternehmen bebauen zu lassen und anschließend wieder zu verkaufen. Aufgrund der Marktgegebenheiten ruhte die Geschäftstätigkeit. Ab 1.1.1996 wurde dann laut Gesellschafterbeschluss ein Gehaltsverzicht vereinbart „solange die Geschäftstätigkeit ruht". Die Gesellschafterversammlung beschloss aufgrund steigender Umsätze, ab Mai 1997 ein Monatsgehalt von 3.000 DM zu zahlen, ab 1.10.1999 sogar von 10.000 DM.

Die A-GmbH ging davon aus, dass die Pensionsansprüche des A von dem Gehaltsverzicht nicht berührt wurden. Der beauftragte Gutachter berechnete die Rückstellung in der irrigen Annahme, dass die Aktivbezüge 10.000 DM betrugen.

Das Finanzamt löste die zum 31.12.1996 gebildete Rückstellung vollständig auf, da A am Bilanzstichtag keinen Anspruch auf aktive Bezüge und dementsprechend auch keinen Anspruch auf eine Altersversorgung hatte. Die Rückstellungen für 1997 und 1998 wurden anteilig zum Festgehalt entsprechend gekürzt. Die Klage vor dem FG war erfolgreich.

Das Urteil:

Der BFH hob das Urteil des FG mit folgender Begründung wieder auf:

Die Rückstellung für A ist höchstens mit dem **Teilwert** anzusetzen (§ 6a Abs. 3 Satz 1 EStG 1990/97). **Spätere Veränderungen der Pensionsleistungen**, die hinsichtlich des Zeitpunkts oder ihres Umfangs ungewiss sind, sind erst zu berücksichtigen, wenn sie eingetreten sind.

Das **Schriftformerfordernis** (§ 6a Abs. 1 Nr. 3 EStG 1990/97) wurde nicht eingehalten, soweit die vom FG anerkannte Rücklagenhöhe auf einer Auslegung des schriftlichen Versorgungsversprechens bei (vorübergehender) Absenkung der laufenden Vergütung beruht.

Auf die Schriftform kann keineswegs verzichtet werden. Nach der Gesetzesbegründung sollte die Schriftform in erster Linie der Beweissicherung über den Umfang der Pensionszusage dienen. Dadurch soll vermieden werden, dass über den Inhalt der Pensionszusage (insbesondere über Zusagezeitpunkt, Leistungsvoraussetzungen, Art und Höhe der Leistungen, Widerrufsvorbehalte) Unklarheit oder ein späterer Streit entsteht (vgl. BFH, Urteil vom 22.10.2003, Az. I R 37/02, BStBl II 2004, S. 121).

Das FG ist von einer in seinem Kernbereich (Höhe der Versorgung) unklaren und daher auslegungsbedürftigen Vereinbarung ausgegangen.

Die Konsequenzen:

Ergänzungen zu Pensionsvereinbarungen müssen **immer schriftlich** erfolgen. Eine Anpassungsklausel wie im Streitfall kann nicht so interpretiert werden, das sie nur auf eine „reguläre Gehaltsentwicklung mit einer auf unbestimmte Zeit gerichteten Anpassung der Bezüge" zu beziehen ist und die Versorgung bei einer Absenkung der Bezüge unverändert zu belassen ist.

Vereinbarungen, Pensionsleistungen dem Festgehalt anzupassen, sind durchaus möglich. Um aber bei einer vorübergehenden Absenkung des Gehalts nicht die Altersversorgung zu verlieren, muss die Pensionszusage das Interesse des Gesellschafters an einer Mindestversorgung – unabhängig von der laufenden Vergütung – stärker gewichten. Die **Anpassungsklausel** sollte daher **ausdrücklich begrenzt** und eine Mindestversorgung vereinbart werden.

BFH, Urteile vom 12.10.2010, Az. I R 17/10 und Az. I R 18/10

67 Pensionszusage – Gehaltssteigerungen

Erdienbarkeit entgeltabhängiger Pensionszusagen bei Erhöhung nach einer Gehaltssteigerung

Der Fall:

Die B-GmbH (Klägerin) hatte ihrem langjährigen Gesellschafter-Geschäftsführer G eine endgehaltsabhängige Pensionszusage erteilt. Die Geschäftsführervergütung wurde zum 1.5.2001 von zuvor 424.000 DM auf 600.000 DM erhöht – mit entsprechender Erhöhung der Altersversorgung. G war zu diesem Zeitpunkt über 57 Jahre alt und hatte die Option, mit Vollendung des 60. Lebensjahrs gegen Altersversorgung auszuscheiden. Da sich die Suche eines Nachfolgers als schwierig erwies, ging er tatsächlich erst im Alter von 63 Jahren (Ende 2006) in den Ruhestand.

Das Finanzamt behandelte die Rückstellungen der B-GmbH für die Pensionszusage in den Streitjahren 2001 bis 2004 jeweils im Umfang des Erhöhungsbetrags als vGA. In der Vereinbarung aus dem Jahr 2001 sei eine nachträgliche Erhöhung der erteilten Pensionszusage zu sehen, für die wie bei einer Erstzusage das Kriterium der sogenannten Erdienbarkeit erfüllt sein müsse. Diese fehle aber, weil der Zeitraum zwischen Erhöhung der Pension und dem vorgesehenen Zeitpunkt des Eintritts in den Ruhestand mit 60 Jahren nicht mindestens drei Jahre betragen habe.

Das Urteil:

Nachdem die Klage vor dem Finanzgericht bereits erfolglos geblieben war (vgl. FG Düsseldorf, Urteil vom 9.12.2013, Az. 6 K 17/54/10 KG, GmbH-Stpr 2014, S. 281), wurde auch die Revision vom BFH als unbegründet zurückgewiesen. Für die Berechnung der „Erdienensdauer" kommt es darauf an, wann G zum Zeitpunkt der Erteilung (oder Erhöhung) der Pensionszusage frühestmöglich aus den Diensten der Gesellschaft ausscheiden kann. Im Streitfall hatte er ein „Optionsrecht", mit Vollendung des 60. Lebensjahrs auszuscheiden. Auf diesen Zeitpunkt ist daher auch für die Bestimmung des „Erdienungszeitraums" abzustellen. **Auch für nachträgliche Erhöhungen einer Pensionszusage** gilt das Kriterium der Erdienbarkeit. Um eine nachträgliche Erhöhung kann es sich auch handeln, wenn ein endgehaltsabhängiges Pensionsversprechen infolge einer Gehaltsaufstockung mittelbar erhöht wird und diese Anhebung der Höhe nach einer erneuten Zusage gleichkommt.

Da im Streitfall der Gehaltssprung von rund 41,5% zu einem Pensionsanstieg von mindestens 24% und somit nach Auffassung des Gerichts zu einer Neuzusage führte, musste die Erdienbarkeit geprüft werden. Dabei ist grundsätzlich zu beachten, dass der **Erdienungszeitraum** bei einem beherrschenden Gesellschafter-Geschäftsführer **regelmäßig zehn Jahre** und bei einem nicht beherrschenden Gesellschafter-Geschäftsführer mindestens drei Jahre beträgt und er dem Betrieb aber mindestens zwölf Jahre angehört haben muss.

Konsequenzen:

Soweit ersichtlich hat der BFH nun erstmals zur Anwendung der Erdienbarkeitsgrundsätze auch auf mittelbare Pensionssteigerungen durch Erhöhung des laufenden Gehalts Stellung bezogen. Die reine Kopplung des Rentenniveaus an das zuletzt bezogene Gehalt hat er dabei dem Grunde nach nicht beanstandet. Es ist deshalb durchaus möglich, durch angemessene Gehaltserhöhungen auch das spätere Rentenniveau zu steigern.

Überhöhte oder sprunghafte Gehaltssteigerungen sollten vermieden werden, weil allein diese – unabhängig von der Einhaltung des Erdienungszeitraums – zu vGA führen können. Erst wenn die Gehaltserhöhung den Fremdvergleich besteht, ist in einem zweiten Schritt die Angemessenheit der Pensionserhöhung anhand der noch möglichen Erdienensdauer zu prüfen. In der Praxis sind hier also (mindestens) zwei Hürden zu meistern.

Bei der Berechnung des Erdienungszeitraums ist aufgrund der BFH-Entscheidung zu beachten, dass insoweit der in der Pensionszusage vereinbarte frühestmögliche Zeitpunkt des Pensionsbezugs maßgebend ist – auch wenn der tatsächliche Eintritt in den Ruhestand erst später erfolgt. Außerdem sollte unbedingt beachtet werden, dass Optionen auf ein vorzeitiges Ausscheiden aus dem Dienstverhältnis im Einzelfall negative Folgen auf erteilte Pensionszusagen haben können, ohne dass dies auf den ersten Blick ersichtlich ist.

BFH, Urteil vom 20.5.2015, Az. I R 17/14

68 Pensionszusage – Gehaltsabsenkung

Rechtsprechung zur sogenannten Überversorgung auch bei der Zusage von Festbeträgen anwendbar

Der Fall:

Die A-GmbH gewährte ihrem Alleingesellschafter A ab 1995 ein monatliches Gehalt von zunächst 30.000 DM, später 40.000 DM. Mit Versorgungsvertrag vom November 1997 wurde zusätzlich vereinbart, dass der Geschäftsführer nach vollendetem 65. Lebensjahr Anspruch auf ein lebenslängliches Ruhegeld in Höhe von monatlich 20.000 DM hatte. Für die Pensionszusage bildete die GmbH eine Rückstellung, die jährlich um die erdienten Ansprüche erhöht wurde.

Wegen deutlicher Umsatzrückgänge wurde das Gehalt des A zum 1.7.2000 auf 4.000 DM/Monat und zum 1.7.2001 auf 2.000 DM/Monat reduziert. Fortan war A zunehmend für sein Einzelunternehmen tätig und reduzierte seine Arbeitsleistung für die GmbH. Seit Ende 2001 ist die GmbH inaktiv. Zum 1.12.2001 wurde das Gehalt schließlich auf 0 DM herabgesetzt, die Pensionsrückstellung wurde auf den Stand „31.12.2004" eingefroren.

Im Rahmen einer Außenprüfung ging das Finanzamt davon aus, dass die Gehaltsreduzierung auf 0 DM zum 1.12.2001 einen völligen Barlohnverzicht darstellte und somit eine Überversorgung vorlag. Dagegen läge keine „Nur Pension" vor, weil im Zeitpunkt der Versorgungszusage ein Geschäftsführer-Gehalt von 480.000 DM jährlich gezahlt worden sei.

Das Urteil:

Die gegen die Kürzung der Rückstellung erhobene Klage hatte keinen Erfolg. Nach ständiger Rechtsprechung des BFH liegt eine sogenannte Überversorgung immer dann vor, wenn die Versorgungsanwartschaft zusammen mit einer Rentenanwartschaft aus der gesetzlichen Rentenversicherung 75% der am jeweiligen Bilanzstichtag bezogenen Aktivbezüge übersteigt. Die 75%-Grenze gilt nicht nur für entgeltabhängige Versorgungszusagen, sondern auch bei einer Versorgung in Festbeträgen.

Die Frage der Überversorgung ist nach der Rechtsprechung zu jedem Bilanzstichtag nach den jeweils dann vorliegenden Umständen zu beurteilen. Eine vereinbarte Versorgungsleistung, die im Zeitpunkt der Zusage die 75%-Grenze der Aktivbezüge nicht überschreitet, führt nicht dazu, dass die Versorgungszusage dauerhaft und unabhängig von der künftigen Gehaltsentwicklung als angemessen anzusehen wäre. Bei einer dauerhaften Gehaltskürzung sind daher die Grundsätze der Überversorgungsrechtsprechung ebenso anzuwenden wie bei einer Neuzusage. Die Kürzung der Pensionsrückstellung nach Tz. 19 des BMF-Schreibens vom 3.11.2004 (BStBl I 2004, S. 1045) ab dem 31.12.2001 wurde nicht beanstandet.

Konsequenzen:

Grundsätzlich ist der Teilwert für Pensionsverpflichtungen rückstellungsfähig. Dies gilt auch bei der Versorgung in Form eines Festbetrags. Die 75%-Grenze des BFH wird in der Literatur zwar oft kritisiert, entspricht aber nach wie vor der ständigen höchstrichterlichen Rechtsprechung.

Allerdings hat das FG Berlin-Brandenburg die BFH-Rechtsprechung zur Überversorgung bzw. 75%-Grenze jüngst ausdrücklich abgelehnt (vgl. Prühs, GmbH-Stpr 2015, S. 97; Urteil vom 2.12.2014, Az. 6 K 6045/12). Der Versorgungsgrad in Höhe von 75% lasse sich, so die Finanzrichter, in zukünftigen

Jahren, in denen die Altersvorsorge der nachgelagerten Besteuerung unterliegt, nicht rechtfertigen. Auch könne die steuerliche Berücksichtigung einer Pensionszusage beim Arbeitgeber nicht davon abhängen, welche Anwartschaften ein Arbeitnehmer ggf. bei einem früheren Arbeitgeber bereits erworben hat. Außerdem sei die Versorgungsprüfung des BFH in Fällen der Altersteilzeit nicht sinnvoll anwendbar. Unter dem Strich vertritt das FG die Auffassung, dass nur eine Prüfung der gesellschaftlichen Veranlassung zutreffend erfassen kann, ob eine Versorgungszusage fremdüblich ist oder nicht.

Der BFH hat in dem zwischenzeitlich anhängigen Revisionsverfahren (Az. I R 4/15) Gelegenheit, seine bisherige Rechtsprechung zu überdenken. Bis dahin sollten vergleichbare Fälle offengehalten werden.

FG Köln, Urteil vom 29.4.2015, Az. 13 K 2475/00

69 Pensionszusage – Teilverzicht

Verdeckte Einlage und Zufluss von Arbeitslohn bei Verzicht auf unverfallbare Pensionszusage

Der Fall:

A war alleiniger Gesellschafter-Geschäftsführer der X-GmbH. Laut Anstellungsvertrag vom 6.11.1989 erhielt er ein Monatsgehalt von 20.000 DM sowie ein 13. Monatsgehalt als Weihnachtsgeld. Vereinbart war ferner eine Pensionszusage, nach der er bei Vollendung des 65. Lebensjahrs und Ausscheiden aus der Geschäftsführung eine Pension auf Lebenszeit in Höhe von 45% seiner ihm zuletzt gezahlten monatlichen Bezüge erhalten sollte.

In den Jahren 1992 bis 1994 wurde das Monatsgehalt auf 60.000 DM heraufgesetzt. Am 2.1.1998 erfolgte mit Wirkung ab 1.1.1998 eine Herabsetzung des Gehalts auf 34.000 DM. Am 18.1.1998 schlossen A und die X-GmbH einen Pensionsvertrag, wonach das Ruhegehalt monatlich 22.000 DM betrug. Dieses sollte lebenslang zwölfmal jährlich jeweils monatlich im Voraus bezahlt werden.

Am 2.12.2002 wurde das Gehalt mit Wirkung ab 1.12.2002 auf 5.800 € herabgesetzt. Am 30.12.2002 wurde der Pensionsvertrag so geändert, dass das monatliche Ruhegehalt ab 2003 auf 75% des zuletzt bezogenen Gehalts zur Vermeidung einer Überversorgung herabgesetzt wurde, mithin auf 4.350 €.

In seiner Einkommensteuererklärung für das Streitjahr erklärte A Einkünfte aus nichtselbstständiger Arbeit in Höhe von 4.475 € aus einem ersten Dienstverhältnis und in Höhe von 69.000 € aus einem weiteren Dienstverhältnis. Nach einer Außenprüfung erhöhte das Finanzamt die Einkünfte aus nichtselbstständiger Arbeit für das weitere Dienstverhältnis um 151.284 €. Diese Erhöhung beruhte auf einem Teilverzicht des A auf die bei der X-GmbH erdienten Versorgungsansprüche. Der hiergegen gerichtete Einspruch blieb erfolglos.

Das Urteil:

Das FG wies die Klage des A als unbegründet zurück. Seiner Ansicht nach hat das Finanzamt zu Recht 151.284 € zusätzlich bei den Einkünften aus nichtselbstständiger Tätigkeit berücksichtigt.

Zu den Einkünften aus nichtselbstständiger Arbeit gehören u.a. andere Bezüge und Vorteile aus früheren Dienstleistungen. Dabei kann der Verzicht des Gesellschafters auf seinen Vergütungsanspruch einen Zufluss begründen. So ist ein Zufluss offensichtlich, wenn der Gesellschafter auf seinen Vergütungsanspruch verzichtet, um seine Forderung als Sacheinlage im Rahmen einer Kapitalerhöhung einzubringen (BFH, Urteil vom 25.1.1984, Az. I R 183/81, BStBl II 1984, S. 422). Ein Zufluss liegt auch vor, wenn der verzichtende Gesellschafter eine Umschichtung seines Vermögens anstrebt. Das gilt auch, wenn der Gesellschafter auf einen Pensionsanspruch verzichtet.

Vorliegend hat A als beherrschender Gesellschafter-Geschäftsführer **durch den teilweisen Verzicht** auf die Pensionsforderung seine Beteiligungsrechte gestärkt. Hierin ist eine **verdeckte Einlage** zu sehen, soweit A auf zum Zeitpunkt der Änderungsvereinbarung bereits erdiente Anteile an seinen Ansprüchen verzichtet hat. Dies ist vorliegend mit Hinblick auf das Gesellschaftsverhältnis geschehen, da ein fremder Dritter als Geschäftsführer einem Verzicht insoweit nicht zugestimmt hätte.

Da der Pensionsvertrag mit der X-GmbH auf verschiedene Vorschriften des Betriebsrentengesetzes (BetrAVG) Bezug nimmt, prüft das FG den teilweisen Pensionsverzicht nach den Kriterien, die nach diesem Gesetz und der dazu ergangenen Rechtsprechung für die Kürzung einer Ruhegeldzusage maßgeblich sind. Insoweit kommt das Gericht zu folgenden Ergebnissen:

Ein – teilweiser – Widerruf einer Pensionszusage aus wirtschaftlichen Gründen ist so gut wie unmöglich. Seit dem BAG-Urteil vom 17.6.2003 (Az. 3 AZR 396/02, BAGE 106, S. 327) kann ein Widerruf wegen wirtschaftlicher Notlage der Gesellschaft nicht mehr auf vertraglich vereinbarte Widerrufsvorbehalte gestützt werden. Derartige Widerrufsvorbehalte haben praktisch keine Bedeutung mehr.

Vielmehr hat der Gesetzgeber für wirtschaftliche Notlagen die Möglichkeit des außergerichtlichen Vergleichs unter Einschaltung des Trägers der Insolvenzversicherung vorgesehen und den Arbeitgeber ansonsten auf den Weg des Insolvenzverfahrens verwiesen (vgl. BAG, Urteil vom 17.6.2003, s.o.).

Konsequenzen:

A wollte sich im Urteilsfall strikt an der BFH-Rechtsprechung zur Überversorgung orientieren und zu diesem Zweck seine bereits erdiente Anwartschaft reduzieren. Dafür wird er bestraft, indem der Teilverzicht als verdeckte Einlage behandelt wird und ein entsprechender Zufluss in Höhe von 151.284 € zusätzlich von ihm als Lohn zu versteuern ist. Darauf darf er Einkommensteuer zahlen (wohl über 30.000 €), obwohl ihm gar kein Geld zugeflossen ist. Ein merkwürdiges Zuflussverständnis.

Zudem wird das BetrAVG und die strenge BAG-Rechtsprechung zur Absicherung von Betriebsrenten auf A angewendet – nur weil der Pensionsvertrag auf einzelne Vorschriften des Gesetzes verweist und obwohl das Gesetz ausdrücklich nicht für beherrschende Gesellschafter gilt (§ 17 Abs. 1 Satz 3 BetrAVG).

Man kann nur hoffen, dass der BFH in dem bei ihm anhängigen Verfahren (Az. VI R 4/16) ein klärendes Wort zu den Ungereimtheiten der vorstehenden Entscheidung spricht.

FG Baden-Württemberg, Urteil vom 22.12.2015, Az. 8 K 380/2

70 Pensionszusage – Übertragung auf andere GmbH

Zufluss des Rentenbarwerts der Ansprüche als Arbeitslohn oder als vGA beim Geschäftsführer?

Der Fall:

Der Kläger (K) war Mehrheitsgesellschafter und Geschäftsführer der A-GmbH. Nach Vollendung seines 65. Lebensjahrs zahlte ihm die A-GmbH Versorgungsbezüge aufgrund einer Pensionszusage aus 1987. Im Streitjahr 2012 übertrug die A-GmbH Beratungsmandate und Inventar auf die D-GmbH, bei der der Sohn von K Mehrheitsgesellschafter und Geschäftsführer war. Zur Begleichung des Kaufpreises wurde vereinbart, dass die D-GmbH die Pensionsverpflichtung der A-GmbH gegenüber dem Kläger übernimmt. Da der Rentenbarwert der Verpflichtung den vereinbarten Kaufpreis überstieg, übernahm die D-GmbH nur einen Teil der Verpflichtung. Soweit die bestehende Pensionsverpflichtung den Kaufpreis überstieg, verblieb die Verpflichtung bei der A-GmbH. Sie war aber uneinbringlich.

Das Finanzamt sah in der Übernahme der Pensionsverpflichtung durch die D-GmbH einen Zufluss des Rentenbarwerts beim Kläger. Der Betrag wurde unter Hinweis auf das BFH-Urteil vom 12.4.2007 (Az. VI R 6/02; vgl. Ott,

Pensions-Auslagerung – Aus für die Rentner-GmbH, GmbH- Stpr 2007, S. 228) ermäßigt besteuert. Hiergegen richtet sich nach erfolglosem Einspruch die Klage des K.

Das Finanzamt bestand auf seiner Auffassung, dem K seien Einnahmen aus seinem Pensionsanspruch zugeflossen, indem der verpflichtete Arbeitgeber auf sein Betreiben aus dieser Verpflichtung entlassen worden sei. Die weitere Nutzung des Kapitals in Form des Rentenbarwerts zur Erfüllung der Kaufpreisverpflichtung sei eine Verwendung auf der Vermögensebene. Der bei derartigen Gestaltungen gegebene Zufluss könne nur unter den besonderen Voraussetzungen des § 3 Nr. 55 EStG steuerfrei gestellt werden (bei Übertragung von Versorgunganwartschaften anlässlich eines Arbeitgeberwechsels).

Das Urteil:

Das Finanzgericht hielt die Klage für begründet. Es hielt die von dem beklagten Finanzamt angeführten Urteile des BFH vom 12.4.2007 (Az. VI R 6/02) und vom FG Köln vom 10.4.2013 (Az. 9 K 2247/10) zur Begründung eines Zuflusses für nicht einschlägig.

Selbst unter Berücksichtigung des Klägers als Gesellschafter-Geschäftsführer und einer daraus möglicherweise resultierenden vGA ist ein Zufluss zu verneinen. So fließen ihm Beträge, die ihm die GmbH schuldet, bereits im Zeitpunkt der Fälligkeit zu. Im Streitfall schuldet die A-GmbH dem K aber zu keinem Zeitpunkt die Verfügungsmacht über den Betrag in Höhe des Rentenbarwerts, sondern lediglich laufende Pensionszahlungen.

Konsequenzen:

Der Umstand, dass die A-GmbH der bei ihr verbliebenen Rest-Pensionsverpflichtung nicht mehr nachkommen konnte, da sie keine Ertragskraft mehr besaß, begründet keinen Teilverzicht auf die Pensionsforderung.

Mit den Aktivitäten des Rechtsnachfolgers stand und fiel die Realisierung des Pensionsanspruchs und damit der Zufluss. Im weiteren Sinne kommt die Übertragung des Anspruchs auf die D-GmbH einer Stundung gleich, die ebenfalls nach einhelliger Meinung keine einen Zufluss begründende Verfügung über den gestundeten Anspruch darstellt.

Es bleibt dahingestellt, welche einkommensteuerliche Konsequenzen ein im Rahmen der Übertragung ausgeübter teilweiser Verzicht auf die Pensionsforderung gehabt hätte. Es wäre wahrscheinlich in Höhe des Teilwerts des Verzichts zu einem Zufluss beim Gesellschafter-Geschäftsführer und zu einer verdeckten Einlage in die GmbH gekommen.

FG Düsseldorf, Urteil vom 13.7.2017, Az. 9 K 1804/16 E

71 Pensionszusage – vGA

Vermittlung von Anwartschaften von über 75% der Aktivbezüge unter Einbeziehung der gesetzlichen Rentenversicherung

Der Fall:

R hatte seit Gründung der R-GmbH die Mehrheit der Geschäftsanteile und war als Geschäftsführer tätig. Im Oktober 1982 erteilte die GmbH R eine Pensionszusage für den Fall der Einstellung seiner Tätigkeit nach Vollendung des 60. Lebensjahrs in Höhe von 80% des Jahresbruttogehalts. Im Januar 1985 wurde die Pensionszusage auf die Vollendung des 65. Lebensjahrs abgeändert.

Unstreitig wurden die Gehaltszahlungen ab 1989 wegen wirtschaftlicher Probleme der GmbH reduziert; ansonsten gehen die Beteiligten von unterschiedlichen Beträgen aus. Bei einer Betriebsprüfung im Jahr 2007 vertraten die Prüfer die Auffassung, dass eine Überversorgung vorliege. Die GmbH kürzte daraufhin ihre zum 31.12.2005 gebildete Pensionsrückstellung um 444.128 €. In den Folgejahren wurde es jedoch versäumt (trotz erheblich gestiegenem Gehalts), die Pensionsrückstellungen entsprechend anzupassen. Die Handels-/Steuerbilanz entwickelte sich im Vergleich zur Prüferbilanz wie folgt:

- HB/StB am 31.12.2008 = 694.814 € 2009 = 741.785 €
- PrüfB am 31.12.2008 = 283.112 € 2009 = 741.785 €

Zum 1.1.2009 schied R aus dem aktiven Dienst für die GmbH aus und erhielt eine monatliche Pension von 4.500 €. Das Finanzamt setzte die Differenz zwischen den Pensionsrückstellungen zum 31.12.2008 und dem 31.12.2009 in Höhe von 458.673 € als vGA an. Begründung: Die Pensionsrückstellung sei nach Beendigung des Dienstverhältnisses gemäß § 6a Abs. 3 Nr. 2 EStG mit dem Barwert der künftigen Pensionsleistungen entsprechend der Versorgungszusage zu bilanzieren. Aufgrund des Einspruchs von R berechnete das Finanzamt die vGA neu, indem es eine „Mischrechnung" anwandte, bei der die sogenannte 75%-Grenze auf das durchschnittliche Geschäftsführergehalt des R in den Jahren 1982 bis 2008 angewandt wurde. Soweit R in den Jahren 1990 bis 2006 nur Teile des zugesagten Gehalts bei unverändertem Pensionsanspruch erhalten habe, handele es sich um eine nicht fremdübliche Konstellation, die ein „ordentlicher und gewissenhafter Geschäftsleiter" so nicht praktiziert hätte.

Das Urteil:

Das FG Rheinland-Pfalz sieht die Klage als begründet an. Das Finanzamt gehe zu Unrecht davon aus, dass die Aufstockung der Pensionsrückstellung und die Pensionszahlung zu einer vGA in Höhe von 406.267 € geführt habe.

Die Auffassung des Finanzamts, dass die Aufstockung der Pensionsrückstellung von 2008 auf 2009 zu einer Vermögensminderung geführt habe, die durch das Gesellschaftsverhältnis veranlasst war, hält einer rechtlichen Nachprüfung nicht stand. Für die Auslegung von Willenserklärungen (hier: die Pensionszusage) ist gemäß § 133 BGB nicht der Wortlaut, sondern der im Wortlaut verkörperte Wille maßgebend. Ausgehend von diesen Grundsätzen ist das FG davon überzeugt, dass bereits die Beendigung des Dienstverhältnisses den Eintritt des Versorgungsfalls herbeiführen sollte.

Entgegen der Ansicht des Finanzamts hat die Aufstockung der Pensionsrückstellung auch nicht unter dem Gesichtspunkt einer „Überversorgung" zu einer vGA geführt. Der Annahme des Finanzamts, die Anwartschaft aus der Pensionszusage dürfe zusammen mit der Rentenanwartschaft aus der gesetzlichen Rentenversicherung 75% der Aktivbezüge nicht übersteigen (so BFH vom 27.3.2012, Az. I R 56/11), anderenfalls sei die Pensionszusage nicht fremdüblich und durch das Gesellschaftsverhältnis veranlasst (= vGA), folgt das FG nicht.

Konsequenzen:

Das Urteil des FG Rheinland-Pfalz enthält zahlreiche interessante und praxisnahe Gesichtspunkte zur sogenannten „Überversorgungs-Theorie" des BFH.

Eine Gehaltsabsenkung, der nach Ansicht der Finanzverwaltung eine Kürzung der Pensionsanwartschaft folgen müsste, kann nicht unabhängig von den konkreten Umständen des Einzelfalls nach rund drei Jahren als dauerhaft beurteilt werden. Nach Eintritt des Versorgungsfalls können allenfalls die Pensionszahlungen, nicht jedoch die Aufstockung der Pensionsrückstellung auf den Wert nach § 6a Abs. 3 Satz 2 Nr. 2 EStG unter dem Gesichtspunkt einer „Überversorgung" zu einer vGA führen.

FG Rheinland-Pfalz, Urteil vom 30.11.2016, Az. 1 K 1730/14

72 Pensionszusage – Verzicht

Verzicht auf eine bereits erdiente Anwartschaft

Der Fall:

Der alleinige Gesellschafter und Geschäftsführer einer GmbH hatte aufgrund der ihm erteilten Pensionszusage einen unverfallbaren Anspruch auf eine monatliche Pensionszahlung von 22.000 DM. Falls die GmbH aufgrund geänderter wirtschaftlicher Umstände allerdings nicht mehr dazu in der Lage sein sollte, die Leistung zu erbringen, sollte die Pensionszahlung gekürzt oder in vollem Umfang eingestellt werden.

Nachdem das monatliche Gehalt des Gesellschafter-Geschäftsführers herabgesetzt werden musste, wurde zur Vermeidung einer Überversorgung auch der Pensionsanspruch entsprechend auf 4.350 € monatlich gekürzt und die Pensionsrückstellung zum Teil aufgelöst. Finanzamt und -gericht sahen darin eine verdeckte Einlage, die zugleich zum Zufluss von Arbeitslohn führte. Der BFH bestätigte diese Auffassung, wies die Sache aber an das FG zurück, da dieses keine Feststellungen zur Anwendung der Fünftelregelung getroffen hatte.

Das Urteil:

Der Verzicht eines Gesellschafter-Geschäftsführers auf bereits erdiente, werthaltige Pensionsansprüche führt auf der Ebene der GmbH zu einer verdeckten Einlage, auf der Ebene des Geschäftsführers zu Arbeitslohn. Es liegt eine gesellschaftliche Veranlassung vor, da ein Fremdgeschäftsführer nur dann auf seine Pensionsansprüche verzichten würde, wenn er dazu rechtlich gezwungen wäre. Letzteres gilt unabhängig von den bilanziellen bzw. ertragsteuerlichen Folgen des Verzichts für die GmbH.

Der Gesellschafter-Geschäftsführer wäre zu einem Verzicht nur dann gezwungen gewesen, wenn die GmbH nicht mehr dazu in der Lage gewesen wäre, die Pensionsverpflichtung zu erfüllen. Unter dieser Voraussetzung hätte auch ein Fremdgeschäftsführer verzichtet – allerdings nur im Hinblick auf die zukünftigen, noch nicht erdienten Pensionsansprüche. Zur Verschlechterung der wirtschaftlichen Lage der GmbH wurde im vorliegenden Verfahren aber nichts vorgetragen.

Bei der infolge der verdeckten Einlage als zugeflossen anzusehenden Pension handelt es sich um eine **Vergütung für eine mehrjährige Tätigkeit**, die bei dem Geschäftsführer nach der Fünftelregelung ermäßigt besteuert werden kann (§ 34 Abs. 2 Nr. 4 EStG). Da das FG hierzu keine Feststellungen getroffen hatte, war die Sache zurückzuverweisen.

Konsequenzen:

Entgegen der im finanzgerichtlichen Verfahren geäußerten Auffassung des Finanzamts hat der BFH den Anwendungsbereich der Überversorgungsgrundsätze nicht auf endgehaltsabhängige Versorgungszusagen erstreckt (BFH, Urteil vom 31.5.2017, Az. I R 91/15, GmbHStpr 2018, S. 84). Bei Vereinbarung einer fixen Pension tritt – so der BFH im Besprechungsurteil – bis zur Reduzierung des Gehalts keine Überversorgung ein. Eine Überversorgung kann nur hinsichtlich der noch nicht erdienten zukünftigen Pensionsansprüche vorliegen. Wird nur insoweit ein Verzicht ausgesprochen, kommt es nicht zu einer verdeckten Einlage.

Ob die Finanzverwaltung Letzterem folgt, erscheint fraglich, zumindest lässt sich der hierzu ergangenen Verwaltungsanweisung (BMF-Schreiben vom

14.8.2012, Az. IV C 2 - S 2743/10/10001 001, BStBl I 2012, S. 874, Tz. 2) keine eindeutige Antwort entnehmen.

BFH, Urteil vom 23.8.2017, Az. VI R 4/16

73 Pensionszusage – Weiterbeschäftigung

Keine Deckelung des Pensionsanspruchs durch Obergrenze auf 75 % im Falle der Erdienbarkeit

Der Fall:

A ist Gesellschafter-Geschäftsführer der X-GmbH. Diese hatte ihm eine Pensionszusage erteilt, wonach sein Versorgungsanspruch auf 75% der Geschäftsführerbezüge gedeckelt war. Nach Vollendung des 65. Lebensjahrs – die zugesagte Pension war voll erdient – arbeitete A in Teilzeit auf der Grundlage eines neuen Anstellungsvertrags zu reduzierten Bezügen für die X-GmbH weiter.

Das Finanzamt war der Auffassung, dass der Pensionsanspruch des A trotz bereits erdienter Pension auf 75% der Teilzeitbezüge gedeckelt sei. Außerdem ging es davon aus, der vertragliche Pensionsanspruch des A sei vollständig aufgeschoben, auch wenn die Teilzeitvergütung betragsmäßig unterhalb der bereits erdienten Pension liegt.

Das Urteil:

Das FG Schleswig-Holstein gab der hiergegen gerichteten Klage mit folgender Begründung statt: Eine bereits mit Vollendung des 65. Lebensjahrs unverfallbar erworbene Pension ist nicht aufgrund einer zeitlich nachgelagerten Teilzeitbeschäftigung zu reduzierten Bezügen zu kürzen.

Denn die Vollendung des 65. Lebensjahres des Gesellschafter-Geschäftsführers bewirkt eine Zäsur, da die Pension in diesem Zeitpunkt bereits unverfallbar erdient ist. Es kann am Maßstab der §§ 133, 242 BGB bei objektiver Betrachtung der wechselseitigen Interessen nicht davon ausgegangen werden, dass die Vertragsparteien durch die weitere Teilzeitbeschäftigung des Gesellschafter-Geschäftsführers aufgrund eines neu abgeschlossenen Vertrags dessen Pensionsansprüche kürzen wollten. Außerdem ist eine Vertragsklausel, wonach Pensionsleistungen der Gesellschaft erst dann erbracht werden, wenn der Gesellschafter-Geschäftsführer keine Gehaltszahlungen von der Gesellschaft mehr erhält, dahin auszulegen, dass ein bereits erdienter Pensionsanspruch lediglich im Umfang des tatsächlich gezahlten Teilzeitentgelts aufgeschoben ist.

Konsequenzen:

Kein Geschäftsführer kann ein Interesse daran haben, nach dem Eintritt in den Ruhestand auf neuer vertraglicher Grundlage für seine Gesellschaft tätig zu sein, wenn er hierdurch angesichts der Anrechnung der laufenden neuen Teilzeitbezüge auf die Pensionsleistungen nicht nur keine Gegenleistung bekommt, sondern obendrein noch bereits unverfallbar erworbene Pensionsansprüche verlieren würde. Gegen das Urteil wurde Revision eingelegt. Sie ist beim BFH unter dem Az. I R 56/17 anhängig.

Der BFH wird im Rahmen der Revision erneut Gelegenheit haben, seine ablehnende Haltung zum Nebeneinander einer in der Vergangenheit erdienten betrieblichen Pension und eines Geschäftsführergehalts für die Fortsetzung der Geschäftsführung nach Erreichen des Pensionsalters zu überdenken. Es wäre wünschenswert, wenn er dabei die üblichen Zuverdienste von Ex-BFH-Richtern zu ihrer Beamtenpension berücksichtigen würde, die selbstverständlich nicht zu einer Kürzung der Pension führen.

FG Schleswig-Holstein, Urteil vom 4.7.2017, Az. 1 K 201/14

74 Pensionszusage – Widerruf

Widerruf einer Pensionszusage, Zufluss von Arbeitslohn

Der Fall:

A (Kläger) war alleiniger Gesellschafter-Geschäftsführer der A-GmbH. Zu seinen Gunsten bestand seit 1980 eine Pensionszusage. Diese wurde im Dezember 2008 neu gefasst, indem ein Widerrufsvorbehalt mit folgendem Wortlaut vereinbart wurde: „Wir behalten uns vor, die zugesagten Leistungen zu kürzen oder einzustellen, wenn sich die wirtschaftliche Lage der GmbH so wesentlich verschlechtert, dass uns eine Aufrechterhaltung der zugesagten Leistungen nicht mehr zugemutet werden kann, oder …".

Zur Abwendung der bilanziellen Überschuldung traf die A-GmbH in der Folgezeit eine Reihe von Maßnahmen. Da diese nicht ausreichten, um die drohende insolvenzrechtliche Überschuldung zu vermeiden, widerrief die GmbH im Dezember 2009 die Pensionszusage mit Wirkung zum 31.12.2009. Im Jahresabschluss 2009 löste die A-GmbH die Pensionsrückstellung erfolgswirksam auf.

In seiner ESt-Erklärung 2009 machte A keine Angaben zum Widerruf der Pensionszusage und wurde erklärungsgemäß veranlagt. Nach einer Lohnsteuerprüfung bei der A-GmbH in 2012 vertrat das Finanzamt die Auffassung, der Widerruf der Pensionszusage durch die GmbH stelle einen rechtlichen Gestaltungsmissbrauch (§ 42 AO) dar und sei wie bei einem Verzicht des Klägers als Zufluss von Arbeitslohn bei A zu behandeln. Der bei der GmbH ausgewiesene Ertrag sei durch die Berücksichtigung einer Einlage außerbilanziell wieder zu korrigieren.

Die Zeitspanne zwischen Aufnahme des Widerrufsvorbehalts und der Erklärung des Widerrufs betrage – so das Finanzamt – nahezu ein Jahr. Dies spreche zunächst gegen einen steuerschädlichen Gesamtplan. Jedoch sei zu berücksichtigen, dass der Kläger bereits unmittelbar nach Vereinbarung des Widerrufsvorbehalts den Widerruf hätte aussprechen müssen, da die wirtschaftliche Notlage der A-GmbH bereits zu diesem Zeitpunkt eingetreten war. Der Einspruch blieb erfolglos.

Das Urteil:

Das Finanzgericht Köln hielt die Klage für begründet. Das Finanzamt habe zu Unrecht den Widerruf der Pensionszusage in 2009 als Arbeitslohn des Klägers versteuert. Zu den Einkünften aus § 19 EStG kann auch der fiktive Zufluss von Arbeitslohn infolge des Verzichts auf eine Pensionszusage gehören. Ein solcher liegt im Streitjahr 2009 jedoch nicht vor. Die Vereinbarung des Widerrufsvorbehalts 2008 und der tatsächliche Ausspruch des Widerrufs führen zumindest im Streitjahr 2009 nicht zu einem Zufluss von Arbeitslohn.

Es kann daher dahinstehen, ob die gewählte Vorgehensweise als Gestaltungsmissbrauch nach § 42 AO zu betrachten ist.

Konsequenzen:

Hätte A sofort nach der Vereinbarung 2008 auf die Pensionszusage verzichtet, wäre der fiktive Zufluss von Arbeitslohn im Jahr 2008 zu versteuern gewesen. Im Ergebnis befindet sich das Finanzamt – selbst wenn ein Gestaltungsmissbrauch zu bejahen wäre – im falschen Veranlagungszeitraum.

Ein Lohnzufluss im Jahr 2009 kann auch nicht aufgrund eines etwaigen schädlichen Gesamtplans angenommen werden. Es gibt keinen allgemeinen Rechtsgrundsatz, dass eine aufgrund einheitlicher Planung in engem zeitlichem und sachlichem Zusammenhang stehende Mehrzahl von Rechtsgeschäften zu einem einheitlichen Vorgang zusammengefasst und unter einem Steuertatbestand subsumiert werden kann.

Selbst in dem Falle, dass der Widerruf als Gestaltungsmissbrauch anzusehen wäre, hätte dies allenfalls zur Folge, dass ein fiktiver Zufluss von Arbeitslohn im VAZ 2008 anzunehmen wäre, in dem der Widerrufsvorbehalt vereinbart wurde.

FG Köln, Urteil vom 11.10.2007, Az. 9 K 3518/14

75 Reisekosten – Auslagenersatz

Erstattung von Reisekosten des Gesellschafter-Geschäftsführers durch GmbH möglich

Zu den steuerlich abzugsfähigen Reisekosten zählen **Fahrtkosten, Verpflegungsmehraufwendungen, Übernachtungskosten** und **Nebenkosten**.

In welcher Höhe die GmbH als Arbeitgeberin ihren Arbeitnehmern, also auch ihrem (Gesellschafter-)Geschäftsführer, Reisekosten **steuerfrei** erstatten darf, ist in § 3 Nr. 16 EStG geregelt. **Darüber hinausgehende Erstattungen** sind möglich, sollten aber schriftlich vereinbart sein, und führen insoweit zu steuerpflichtigem Arbeitslohn, bei fehlender vertraglicher Regelung sogar zu vGA.

Einem Gesellschafter-Geschäftsführer können die Reisekosten erstattet werden, die ein ordentlicher und gewissenhafter Geschäftsleiter jedem anderen Arbeitnehmer auch zahlen würde. Neben einem **Auslagenersatz in Höhe der steuerlichen Pauschbeträge** für Fahrtkosten, Verpflegung und Übernachtung kommt ggf. auch **eine Arbeitgebererstattung von Kosten aufgrund von Einzelnachweisen** in Betracht. Bei Bagatellaufwendungen (wie Telefon- oder Parkgebühren) reicht eine schriftliche Glaubhaftmachung der Aufwendungen aus.

Entscheidend ist, dass Sie als Gesellschafter-Geschäftsführer die **betriebliche Veranlassung** der Reise und die jeweiligen Kosten nachweisen können. Ansonsten droht eine vGA. Als beherrschender Gesellschafter-Geschäftsführer sollten Sie die Erstattung von Reisekosten zur Abwendung einer vGA **im Voraus** in Ihren Anstellungsvertrag „dem Grunde nach" vereinbaren. Dies gilt sogar dann, wenn Ihr Erstattungsanspruch gesetzlich begründet ist.

Der BFH hat grundlegend bestätigt, dass **Reisekostenerstattungen** an den Gesellschafter-Geschäftsführer vom Grundsatz her bei der GmbH **als Betriebsausgabe abzugsfähig** sind. Insoweit dürfte es, soweit die betriebliche Veranlassung unstreitig ist und die formalen Notwendigkeiten beachtet wurden, keine Probleme mit der steuerlichen Anerkennung geben.

BFH, Urteil vom 19.2.1999, Az. I R 105 – 107/97

76 Reisekosten, privat veranlasst

Privat veranlasste Reisen des Gesellschafter-Geschäftsführers auf Kosten der GmbH

Der Fall:

Gegenstand einer GmbH sind die Personenbeförderung sowie Dienstleistungen für Luftfahrtunternehmen. Der Gesellschafter-Geschäftsführer und seine bei der GmbH angestellte Ehefrau unternahmen in den Jahren 2004 bis 2006 teils mehrfach Reisen nach Alicante, Neapel, Paris, Malaga und Teneriffa, deren Kosten die GmbH bestritt.

Mangels betrieblicher Veranlassung versagte das Finanzamt im Anschluss an eine Betriebsprüfung den Betriebsausgabenabzug aller Reisekosten. Die dagegen gerichtete Klage blieb erfolglos.

Das Urteil:

Die Reiseaufwendungen sind betrieblich veranlasst, da eine GmbH keine Privatsphäre hat. Sie sind jedoch außerbilanziell als vGA dem Einkommen hinzuzurechnen. Denn die Kosten beruhen auf dem Gesellschaftsverhältnis, weil die Reisen in nicht nur untergeordnetem Umfang die privaten Interessen des Gesellschafter-Geschäftsführers berührten.

Ob eine Reise privat (mit)veranlasst ist, ist anhand der Kriterien zu beurteilen, die zu Einzelunternehmen und Personengesellschaften entwickelt wurden. Aus Gründen der rechtsformneutralen Besteuerung ist in den Fällen, in denen bei Personenunternehmen nicht abziehbare Betriebsausgaben vorliegen, bei GmbHs von vGA auszugehen. Ob eine Reise betrieblich veranlasst ist, ist anhand des jeweiligen Einzelfalls zu beurteilen. Hierbei sind die Reiseroute, die touristische Attraktivität der aufgesuchten Orte, die fachliche Organisation der Reise und die Ausfüllung der Reisezeit mit fachbezogenen Veranstaltungen zu berücksichtigen. Da die GmbH eine betriebliche Veranlassung der Reisen nicht einmal ansatzweise substantiiert darlegen konnte, ist davon auszugehen, dass diese in erheblichem Umfang durch private Interessen des Gesellschafter-Geschäftsführers mit veranlasst waren, sodass die geltend gemachten Reisekosten als vGA zu behandeln sind.

Konsequenzen:

Aussichtsloser als im vorliegenden Fall hätte eine Klage wohl kaum sein können. Die GmbH konnte nicht darlegen, in welchen Tagungsgebäuden berufliche Veranstaltungen stattgefunden hatten, wie sich der Teilnehmerkreis zusammengesetzt und ob ihr Geschäftsführer tatsächlich teilgenommen hatte. Belege zu Treffen mit Gesprächspartnern an den aufgesuchten Orten fehlten gänzlich. Übernachtungen erfolgten in touristisch interessanten Hotels statt in typischen Tagungshäusern. Die Mitnahme der Ehefrau ließ sich nur mit deren Spanischkenntnissen begründen; die waren aber weder in Paris noch in Neapel hilfreich.

☞ Ein solches Debakel kann nur durch frühzeitige Vorsorge vermieden werden. Geschäftsführer, die auf Kosten der GmbH beruflich veranlasste Auslandsreisen unternehmen, sollten daher

- Tagungsprogramme und -unterlagen aufbewahren,
- Teilnahmebestätigungen der Veranstalter anfordern,
- informelle Treffen mit Geschäftspartnern durch entsprechende Korrespondenz sowie Unterlagen zum Gegenstand und zur Dauer belegen können,
- ein Reisetagebuch führen, aus dem sich der gesamte zeitliche Ablauf der Reise sowie der Veranstaltungen, Termine etc. ergibt,
- auf die Mitnahme der Ehefrau verzichten, sofern die betriebliche Veranlassung nicht zweifelsfrei belegt werden kann. Ist die Ehefrau nicht zugleich Arbeitnehmerin der GmbH, sind ohnehin getrennte Reisekassen zwingend.

Ergibt sich aus den Aufzeichnungen, dass eine Reise teils betrieblich, teils privat veranlasst ist, können die **Kosten** nach den Grundsätzen des Großen Senats des BFH (Beschluss vom 21.9.2009, Az. GrS 1/06, BStBl II 2010, S. 672) **aufgeteilt** werden. Eine vGA lässt sich vermeiden, indem der private Anteil nicht als Betriebsausgabe, sondern zulasten des Gesellschafter-Verrechnungskontos gebucht wird.

FG München, Urteil vom 17.2.2014, Az. 7 K 50/12

77 Sozialversicherungspflicht (1)

Zur Versicherungspflicht eines Fremdgeschäftsführers einer GmbH ohne Alleinvertretungsbefugnis

Der Fall und das Urteil:

Der Kläger war ursprünglich Gesellschafter und Geschäftsführer einer GmbH, deren Unternehmensgegenstand die Entwicklung, der Vertrieb und der Betrieb von Informations- und Telekommunikationslösungen ist. Im Dezember 2004 veräußerte er seine Beteiligung, blieb aber Geschäftsführer dieser Gesellschaft ohne Alleinvertretungsbefugnis.

Streitig ist, ob der Kläger ab 2005 als Fremdgeschäftsführer der Sozialversicherungspflicht unterliegt. Als alleiniger Softwareentwickler sei er das „Hirn" der Gesellschaft, und der Betrieb sei unverändert auf seine Person zugeschnitten. Von dritter Seite sei er in keiner relevanten Weise kontrollierbar und unterliege deshalb nicht der Sozialversicherungspflicht. Nach Auffassung der beklagten Deutschen Rentenversicherung Bund (DRV Bund) liegt keine Ausnahme von der vom Bundessozialgericht für Fremdgeschäftsführer ohne eigene Kapitalbeteiligung aufgestellten Regel vor. Das Landessozialgericht (LSG) hat die Klage abgewiesen und eine Sozialversicherungspflicht bejaht.

Konsequenzen:

Nach § 7a SGB IV in der ab 1.1.2006 geltenden Fassung kann bei der DRV Bund eine schriftliche Entscheidung – sogenannte **Statusentscheidung** – beantragt werden, ob eine (sozialversicherungspflichtige) Beschäftigung vorliegt, es sei denn, die Einzugsstelle oder ein anderer Versicherungsträger hatte bereits im Zeitpunkt der Antragstellung ein Verfahren zur Feststellung einer Beschäftigung eingeleitet. Die Einzugsstelle hat einen solchen Antrag immer dann zu stellen, wenn sich aus der Meldung des Arbeitgebers ergibt, dass der Beschäftigte Angehöriger des Arbeitgebers oder geschäftsführender Gesellschafter einer GmbH ist.

Tipp: Nach Auffassung des LSG hat die DRV Bund zu Recht festgestellt, dass der Kläger als Fremdgeschäftsführer einer GmbH eine in der gesetzlichen Rentenversicherung sowie eine nach dem Recht der Arbeitsförderung versicherungspflichtige (abhängige) Beschäftigung ausübt. Ein **nicht am Gesellschaftskapital beteiligter** Fremdgeschäftsführer einer GmbH, der nach dem Gesellschaftsvertrag und dem Geschäftsführerdienstvertrag **keine Alleinvertretungsbefugnis** hat, sondern nur eine Vertretungsbefugnis zusammen mit einem weiteren Geschäftsführer oder einem Prokuristen, übt eine sozialversicherungspflichtige Beschäftigung im Sinne des § 7a SGB IV aus. In einem solchen Fall nimmt der Fremdgeschäftsführer **nicht am Unternehmensrisiko** teil und es liegt auch **keine Dominanz** gegenüber den Gesellschaftern der GmbH vor.

LSG Rheinland-Pfalz, Urteil vom 31.3.2010, Az. LGR 3/09

78 Sozialversicherungspflicht (2)

Zur Sozialversicherungspflicht von Gesellschafter-Geschäftsführern

Bei Geschäftsführern mit Gesellschafterstatus ist in der Regel eine möglicherweise bestehende Sozialversicherungspflicht genauer zu prüfen. Eine abhängige Beschäftigung wird grundsätzlich nur anzunehmen sein, wenn der Gesellschafter-Geschäftsführer **funktionsgerecht dienend** am Arbeitsprozess der GmbH teilnimmt, für seine Beschäftigung ein **entsprechendes Arbeitsentgelt** erhält und **keinen maßgeblichen Einfluss** auf die Geschicke der Gesellschaft kraft seines Anteils am Stammkapital geltend machen kann (vgl. ausführlich Helms, KÖSDI 2010, S. 1706 ff).

Sozialversicherungsrechtlich gilt ein Geschäftsführer **mit einer Beteiligung von 50% und mehr aus dem Stammkapital** als „Selbstständiger". Das Gleiche gilt bei **faktischer Beherrschung** der GmbH. Dann muss der Geschäftsführer z.B. einer Familien-GmbH noch nicht einmal an der Gesellschaft beteiligt sein.

Im Rahmen eines besonderen Clearingverfahrens erfolgt im Allgemeinen eine sozialversicherungsrechtliche Statusklärung.

- **Aufwendungen für Statusfeststellungen als Werbungskosten**

Nach aktueller BFH-Rechtsprechung (Urteil vom 6.5.2010, GmbH-Stpr 2010, S. 273) kann der Geschäftsführer die Kosten für Beratungsleistungen zu der Frage, ob für seine Tätigkeit Sozialversicherungsbeiträge abgeführt werden müssen, als Werbungskosten geltend machen. Damit hat der BFH bestätigt, dass auch die mit der Beschäftigung einhergehenden öffentlich-rechtlichen Streitigkeiten den notwendigen Veranlassungszusammenhang mit den Einkünften aus nichtselbstständiger Arbeit aufweisen.

Im Rahmen der verfahrensrechtlichen Möglichkeiten sollten entsprechende Anträge auf Berücksichtigung solcher Kosten für Altjahre noch gestellt werden.

Bezüglich der Fragen der **Mitgliedschaft im Pensionssicherungsverein aG** („Insolvenzschutz der Pensionszusage") gibt es grundsätzlich **keine Möglichkeit eines Statusfeststellungsverfahrens**. Das Risiko einer Fehleinschätzung bei Gesellschafter-Geschäftsführern kann aber auch hier durchaus hoch sein. Dem sollte im Zweifel zumindest mit einer formlosen Anfrage beim Pensionsversicherungsverein aG begegnet werden (vgl. ausführlich zur Problematik, KÖSDI 2010, S. 17013ff).

- **Vertretungsbefugnis für Steuerberater im sozialrechtlichen Statusfeststellungsverfahren?**

Steuerliche Berater müssen sich bewusst sein, dass momentan noch nicht abschließend geklärt ist, ob sie Mandanten **im Rahmen des Statusfeststellungsverfahrens** nach § 7a SGB IV überhaupt **vertreten dürfen**. Während § 73 Abs. 2 Nr. 4 Sozialgerichtsgesetz eine Vertretungsbefugnis für Steuerberater in den Verfahren bei Arbeitgeberprüfungen nach § 28p SGB IV und der Einziehung des Gesamtsozialversicherungsbeitrags durch die Krankenkassen nach

§ 28h SGB IV ausdrücklich vorsieht, fehlt eine solche für das Statusfeststellungsverfahren gegenüber der Deutschen Rentenversicherung.

In einer Entscheidung vom 9.12.2009 (Az. S 12 Kr 27/09) hat das SG Kassel die Vertretungsbefugnis für Steuerberater im Statusfeststellungsverfahren bejaht. Demgegenüber hatte beispielsweise das SG Aachen vor einiger Zeit eine solche Vertretungsbefugnis ausdrücklich abgelehnt.

Für Sie als Geschäftsführer heißt das: Lassen Sie im Zweifel Ihren steuerlichen Berater im Statusfeststellungsverfahren außen vor, bevor die Rechtslage nicht eindeutig geklärt ist. Etwas anderes gilt, wenn Ihr Berater Anwalt oder auf das Sozialversicherungsrecht spezialisierter Berater ist.

- **Bindungswirkung der Bescheide der Sozialbehörden**

Nach Ansicht des BFH (Urteil vom 6.6.2002, GmbH-Stpr 2003, S. 85) sind Entscheidungen des zuständigen Sozialversicherungsträgers über die Sozialversicherungspflicht von Beschäftigungsverhältnissen im Besteuerungsverfahren zu beachten. Dies gilt vor allem dann, wenn im amtlichen Clearingverfahren eine **sozialversicherungsrechtliche Bewertung** Ihrer Tätigkeit als abhängig beschäftigter Geschäftsführer stattgefunden hat. Solche Rechtsakte sind grundsätzlich immer dann zu respektieren, sofern sie nicht offensichtlich rechtswidrig sind. Die Finanzverwaltung hat diese Rechtsauffassung übernommen (vgl. u.a. OFD Hannover, Verfügung vom 14.2.2007, Az. S. 2333-93 - StO 211).

Mit Urteil vom 21.1.2010 (Az. VI R 52/08, GmbH-Stpr 2010, S. 206) hat der BFH seine Rechtsauffassung im Urteil vom 6.6.2002 (s.o.) bestätigt.

79 Sozialversicherungspflicht (3)

Sozialversicherungspflicht eines Arbeitnehmer-Gesellschafters in Zweipersonen-GmbH

Der Fall:

Der Kläger war zusammen mit einem Partner sowohl an einer GmbH als auch an einer Gesellschaft bürgerlichen Rechts (GbR) zu gleichen Teilen beteiligt. Die Geschäfte beider Gesellschaften wurden im Wesentlichen vom Partner des Klägers geführt, der auch der alleinige Geschäftsführer der GmbH war. Von dieser erhielt der Kläger Prokura und war entsprechend als leitender Mitarbeiter – für beide Gesellschaften – tätig. Für die Tätigkeit bei der GmbH war ein als Arbeitsvertrag bezeichneter Vertrag die Grundlage.

Mit dem Klageverfahren begehrt der Kläger die Feststellung, dass er bei dieser Tätigkeit abhängig beschäftigt war. Daneben verlangt er die Feststellung, nicht überwiegend selbstständig tätig zu sein.

Das Urteil:

Mit Bescheid vom 19.6.2009 stellte die beklagte Einzugsstelle fest, dass für die „Tätigkeit als mitarbeitender Gesellschafter" keine Versicherungspflicht zur Kranken-, Pflege- und Rentenversicherung sowie zur Arbeitsförderung bestehe. Da der Kläger zu 50% am Stammkapital der GmbH beteiligt sei, könne er Gesellschafterbeschlüsse verhindern, besitze eine Sperrminorität und übe dadurch maßgeblichen Einfluss auf die Geschicke der Gesellschaft aus.

In der ersten Instanz wurde die Klage abgewiesen. Dieser Auffassung ist das LSG nicht gefolgt. Es hat auch keine Revision zugelassen.

Konsequenzen:

Gerade die steuerlichen Berater von kleineren Kapitalgesellschaften sind immer wieder vor die Frage nach der Sozialversicherungspflicht bei Tätigkeiten von Gesellschaftern für die Kapitalgesellschaft, insbesondere für eine GmbH, gestellt. Üblicherweise betrifft diese Frage die Tätigkeit als Geschäftsführer. Da aber bei einer übersehenen Pflicht zumindest für vier Jahre die Sozialversicherungsbeiträge nachgefordert werden können und diese Beträge bis zur jeweiligen Beitragsbemessungsgrenze bei rd. 40% der Vergütung des Beschäftigten liegen, kann eine fehlerhafte Beurteilung für eine kleinere Kapitalgesellschaft schnell existenzbedrohende Auswirkungen haben.

Grundlage der Prüfung einer abhängigen Beschäftigung ist § 7 Abs. 1 SGB IV, wonach **Beschäftigung** jede nichtselbstständige Arbeit ist. Nach der gesetzlichen Regelung hat die Tätigkeit nach Weisungen des Weisungsgebers zu erfolgen, und es ist die Eingliederung in dessen Arbeitsorganisation als Anhaltspunkt für eine abhängige Beschäftigung erforderlich. Gerade bei der Prüfung der Weisungsabhängigkeit kommt es entscheidend auf die rechtlichen Verhältnisse an. Auszugehen ist von den schriftlich fixierten Vereinbarungen für die Tätigkeit. Die tatsächlich gelebte Rechtspraxis, also die tatsächlichen Umstände, wird nur herangezogen, um das tatsächlich rechtlich Vereinbarte zu ermitteln, also erfolgte konkludente Änderungen des rechtlich Vereinbarten festzustellen.

Das LSG stellte fest, dass der Kläger, der aufgrund eines typischen Arbeitsvertrags für die GmbH tätig war, den Weisungen des Geschäftsführers unterworfen war. Dieser ist nach dem rechtlichen Aufbau der GmbH wiederum den Weisungen der Gesellschafterversammlung unterworfen. Da der Kläger und der Geschäftsführer aber wiederum je zur Hälfte an der GmbH beteiligt waren und beiden keine Sonderrechte zustanden, konnte der Kläger also keine Gesellschafterbeschlüsse in seinem Sinne herbeiführen und damit dem

Geschäftsführer Weisungen erteilen. Der Geschäftsführer wiederum konnte solche Beschlüsse verhindern und damit Weisungen an ihn verhindern. Aus diesem Grund war der Kläger für sozialversicherungsrechtliche Zwecke abhängig beschäftigt.

LSG Berlin-Brandenburg, Urteil vom 7.1.2016, Az. L 9 KR 84/13

80 Sozialversicherungspflicht (4)

Zur abhängigen Tätigkeit eines Minderheitsgesellschafter-Geschäftsführers bei Abschluss eines Geschäftsbesorgungsvertrags anstelle eines Dienstvertrags

Der Fall:

Die Beteiligten streiten im Rahmen eines Statusfeststellungsverfahrens darüber, ob der Kläger als Geschäftsführer der A-GmbH in der Zeit ab 1.8.2015 der Versicherungspflicht in der gesetzlichen Rentenversicherung sowie nach dem Recht der Arbeitsförderung unterliegt. Die Gesellschaft hat die Entwicklung sowie den Ver- und Betrieb von softwaregestützten Anwendungen, Datenbanken und Internetplattformen zum Gegenstand.

Neben dem Kläger waren drei weitere Personen mit jeweils 25% am Stammkapital der GmbH beteiligt. Nach der Satzung werden Gesellschafterbeschlüsse mit einfacher Mehrheit der abgegebenen Stimmen gefasst, soweit der Gesellschaftsvertrag oder zwingende gesetzliche Regelungen keine größere Mehrheit vorsehen. Einer Mehrheit von 75% der abgegebenen Stimmen bedurften insbesondere Beschlüsse über die Zustimmung zu Geschäftsbesorgungsmaßnahmen, welche nach der Satzung, der Geschäftsordnung für die Geschäftsführung oder aus sonstigen Gründen unter dem Vorbehalt eines zustimmenden Gesellschafterbeschlusses stehen.

Die GmbH hat drei jeweils einzelvertretungsberechtigte und vom Selbstkontrahierungsverbot ausgenommene Geschäftsführer. Sie sind nach der Satzung der Gesellschaft verpflichtet, die Geschäfte der Gesellschaft in Übereinstimmung mit dem Gesetz, der Satzung sowie den Beschlüssen der Gesellschafter zu führen. Sie bedürfen der vorherigen Zustimmung durch Gesellschafterbeschluss für alle Geschäfte, die über den Geschäftsbetrieb der GmbH hinausgehen. Für eine Reihe von (wesentlichen) Geschäften, unter anderem den Abschluss von Verträgen mit Gesellschaftern sowie das Eingehen von Verbindlichkeiten mit einem Betrag von über 75.000 € sieht die Geschäftsordnung der Geschäftsführung eine einstimmige Beschlussfassung vor.

Vertragliche Regelungen zwischen der GmbH und ihren drei Geschäftsführern über deren Geschäftsführertätigkeit existieren nicht. **Anstelle eines**

Geschäftsführeranstellungsvertrags wurde für alle drei Geschäftsführer **jeweils ein Geschäftsbesorgungsvertrag** mit Wirkung ab 1.8.2016 mit einer Einmann-GmbH (strategisches Projektmanagement, operatives Projektmanagement und Beteiligungsprojektmanagement) geschlossen, hinter der der jeweilige Geschäftsführer als Gesellschafter steht. Diese Geschäftsbesorgungsverträge führen zum selben wirtschaftlichen Ergebnis wie ein Geschäftsführeranstellungsvertrag. Der Kläger ist (durch seine Einmann-GmbH) für das Beteiligungsprojektmanagement zuständig.

Das Urteil:

Das Sozialgericht (SG) Berlin hat festgestellt, dass der Kläger im Rahmen seiner Tätigkeit als Geschäftsführer ab dem 1.8.2015 der Versicherungspflicht in der gesetzlichen Rentenversicherung sowie nach dem Recht der Arbeitsförderung unterliegt. Es bleibt abzuwarten, wie das Landessozialgericht Berlin-Brandenburg (Az. L 9 KR 264/17) entscheiden wird.

Konsequenzen:

Personen, die gegen Arbeitsentgelt beschäftigt sind, unterliegen grundsätzlich der Versicherungspflicht in der Rentenversicherung sowie nach dem Recht der Arbeitsförderung (§ 1 Satz 1 Nr. 1 SGB VI). Voraussetzung ist, dass ein Beschäftigungsverhältnis vorliegt. Das SG hat bei seiner Prüfung, ob die Tätigkeit des Klägers im Rahmen einer Beschäftigung oder selbstständig ausgeübt wurde, den Geschäftsbesorgungsvertrag zugrunde gelegt. Dieser Vertrag ist nach seiner Bezeichnung und seinem Inhalt kein Arbeitsverhältnis, sondern eine auf die Übernahme eines Beteiligungsprojektmanagements gerichtete Geschäftsbesorgung für die GmbH. Dies steht der Annahme eines sozialversicherungsrechtlichen Beschäftigungsverhältnisses dann nicht im Wege, wenn die Geschäftsbesorgung wie im entschiedenen Fall ausgestaltet ist.

Der Kläger ist alleiniger Gesellschafter und Geschäftsführer der Beteiligungsprojektmanagementgesellschaft. Die Geschäftsbesorgung ist ausschließlich durch den Kläger auszuführen. Der Gegenstand der Geschäftsbesorgung und die Geschäftsführertätigkeit des Klägers stehen in einem untrennbaren Zusammenhang. Die drei unter den Geschäftsführern bzw. deren GmbHs aufgeteilten Projektbereiche sind klassische Bereiche der Geschäftsführung einer Gesellschaft. Diese Aufteilung entspricht einer internen Verteilung der Zuständigkeiten mehrerer GmbH-Geschäftsführer. Da der Geschäftsbesorgungsvertrag nach Auffassung des SG das schuldrechtliche Kausalgeschäft zur Bestellung des Klägers als Geschäftsführer der GmbH darstellt, ist es folgerichtig, trotz Fehlens eines Geschäftsführeranstellungsvertrags von einer **abhängigen Beschäftigung des Klägers** auszugehen.

SG Berlin, Urteil vom 8.5.2017, Az. S 81 KR 988/16

81 Sozialversicherungspflicht (5)

Zur Sozialversicherungspflicht eines Gesellschafter-Geschäftsführers ohne Sperrminorität

Der Fall:

Der 1970 geborene Kläger ist selbstständiger Rechtsanwalt, stellvertretender ärztlicher Direktor einer Universitätsklinik (Abteilung Sportmedizin, Teilzeit zu 40%) und Gesellschafter sowie alleinvertretungsbefugter und vom Selbstkontrahierungsverbot befreiter Geschäftsführer einer GmbH, die eine sportmedizinische Einrichtung betreibt. An der Gesellschaft sind unter anderen fünf Ärzte mit je 12%, darunter der Kläger, beteiligt.

Der Geschäftsführervertrag sieht vor, dass die Tätigkeit des Klägers ausschließlich die geschäftsführende und keine ärztliche Tätigkeit beinhaltet. Die Arbeitszeit richtet sich nach den festgelegten Aufgaben sowie den betrieblichen Erfordernissen. In diesem Rahmen ist sie vom Geschäftsführer frei und eigenverantwortlich zu gestalten. Ab dem 1.2.2010 erhält der Kläger ein festes Monatsgehalt in Höhe von 600 € brutto sowie den Ersatz aller Kosten, die durch erforderliche Geschäftsreisen entstehen, nach Maßgabe der steuerlichen Vorschriften.

Daneben wurde zwischen dem Kläger und der GmbH ein Vertrag über die freie Mitarbeit für die Tätigkeit als Arzt geschlossen, in dem ab dem 1.2.2010 eine Umsatzbeteiligung in Höhe von 60% an den vom Kläger erbrachten Leistungen vereinbart ist.

Nach Auffassung des Klägers ist er ab 1.2.2010 nicht abhängig beschäftigt. Es bestehe keine Versicherungspflicht in der gesetzlichen Renten- und Arbeitslosenversicherung.

Das Urteil:

Sozialgericht und Landessozialgericht (LSG) haben die Klage abgewiesen. Es bleibt abzuwarten, wie das Bundessozialgericht (BSG) (Az. B 12 R 5/16 R) entscheiden wird.

Konsequenzen:

Personen, die gegen Arbeitsentgelt beschäftigt sind, unterliegen der Renten- und Arbeitslosenversicherung. Eine Beschäftigung ist die nichtselbstständige Arbeit, insbesondere in einem Arbeitsverhältnis. Nach der ständigen BSG-Rechtsprechung setzt eine Beschäftigung voraus, dass der Arbeitnehmer vom Arbeitgeber persönlich abhängig ist. Bei einer Beschäftigung in einem fremden Betrieb ist dies der Fall, wenn der Beschäftigte in den Betrieb eingegliedert ist und er dabei einem Zeit, Dauer, Ort und Art der Ausführung umfassenden Weisungsrecht des Arbeitgebers unterliegt. Diese Weisungsgebundenheit kann – vornehmlich bei Diensten höherer Art – eingeschränkt und zur „funktionsgerecht dienenden Teilhabe am Arbeitsprozess" verfeinert sein.

Bei GmbH-Geschäftsführern, die zugleich Gesellschafter sind, jedoch weder über die Mehrheit der Gesellschaftsanteile noch über eine sog. Sperrminorität verfügen, nimmt das BSG regelmäßig eine abhängige Beschäftigung an, soweit nicht besondere Umstände vorliegen, die eine Weisungsgebundenheit im Einzelfall ausnahmsweise aufheben.

Eine Sperrminorität liegt dann vor, wenn der Gesellschafter nach dem Gesetz und den Absprachen im Gesellschaftsvertrag Einzelanweisungen an sich im Bedarfsfall jederzeit verhindern kann. Dagegen liegt kein maßgeblicher gesellschaftsrechtlicher Einfluss – und damit in der Regel eine Stellung als Beschäftigter – vor, wenn der Gesellschafter-Geschäftsführer so wesentliche Entscheidungen wie die Auflösung der Gesellschaft, die operative Neuausrichtung oder seine eigene Abberufung bzw. Entlassung nicht verhindern kann. Ein Gesellschafter-Geschäftsführer einer GmbH, der über keine Sperrminorität verfügt und dessen Anstellungsvertrag mit der GmbH mehr für eine selbstständige als für eine abhängige Beschäftigung spricht, ist dennoch abhängig beschäftigt, weil er bei seiner Tätigkeit als Geschäftsführer **an die Beschlüsse der Gesellschafterversammlung gebunden ist**, kraft seines Gesellschaftsanteils keinen bestimmenden Einfluss auf die Willensbildung der GmbH ausüben und im Bedarfsfall etwaige, ihm unangenehme Weisungen nicht jederzeit verhindern kann.

Auch wenn nach den vertraglichen Regelungen mehr für eine selbstständige Tätigkeit spricht, besteht gleichwohl schon deshalb ein **abhängiges Beschäftigungsverhältnis**, weil der Kläger als Geschäftsführer im Rahmen seiner Tätigkeit **an Gesellschafterbeschlüsse gebunden** ist. Nach Auffassung des LSG führt schon allein die fehlende im Gesellschaftsrecht wurzelnde Rechtsmacht eines Geschäftsführers – selbst bei Ausgestaltung des Geschäftsführervertrags im Sinne einer selbstständigen Tätigkeit – zum Vorliegen einer abhängigen Beschäftigung. Diese Frage hat das BSG noch nicht entschieden. In den bisherigen Fällen sprach der Anstellungsvertrag stets für ein Arbeitsverhältnis, und das BSG prüfte in einem zweiten Schritt, ob abweichend hiervon wegen einer aus dem Gesellschaftsrecht bestehenden Rechtsmacht gleichwohl eine selbstständige Tätigkeit vorlag.

LSG Baden-Württemberg, Urteil vom 18.10.2016, Az. L 11 R 1032/16

82 Sozialversicherungspflicht (6)

Zum sozialversicherungsrechtlichen Status eines Gesellschafter-Geschäftsführers einer GmbH mit einer Kapitalminderheit und einer Sperrminorität

Der Fall und das Urteil:

Die Klägerin (GmbH) wurde am 21.9.2010 gegründet und betreibt einen Restaurantbetrieb. Gesellschafter ist A mit einem Anteil von 20%. Er ist gleichzeitig Geschäftsführer. Nach seinem Geschäftsführervertrag ist er hinsichtlich des Zeitpunkts, der Dauer, des Umfangs und des Orts seiner Tätigkeit weisungsfrei und übt gegenüber den Angestellten der Klägerin die Rechte eines Arbeitgebers aus. An bestimmte Arbeitszeiten ist er nicht gebunden.

Der Geschäftsführervertrag kann von beiden Seiten nur aus wichtigem Grund aufgelöst werden. Eine ordentliche Kündigung ist ausgeschlossen. Entsprechendes ist für die (organschaftliche) Abberufung des A als Geschäftsführer der Klägerin vereinbart. Er erhält zwar ein Festgehalt, kann aber über dessen Höhe maßgeblich mitbestimmen. So darf sein Gehalt einen von ihm vorgegebenen Mindestbetrag nicht unterschreiten.

A ist außerdem am Gewinn beteiligt, bestimmt über Dauer und Lage seines Urlaubs und ihm wird seine Vergütung im Krankheitsfall drei Monate fortgezahlt. Er verfügt nach dem Gesellschaftsvertrag über eine Sperrminorität für eine Vielzahl von Gesellschafterbeschlüssen (z.B. Einstimmigkeit bei Abschluss sowie Änderung von Geschäftsführeranstellungsverträgen und Auflösung der Gesellschaft).

A hatte bereits das in Insolvenz gegangene Vorgängerrestaurant (mit 30 Mitarbeitern) geführt. Ohne ihn „ging nichts". Er hatte „freie Hand". Die Beteiligten streiten über den sozialversicherungsrechtlichen Status des A. Nach Auffassung sowohl des Sozialgerichts als auch des Landessozialgerichts übt er keine abhängige und sozialversicherungspflichtige Beschäftigung aus, sondern ist vielmehr selbstständig erwerbstätig.

Konsequenzen:

Neben der Frage, ob ein Arbeitnehmer vom Arbeitgeber persönlich abhängig ist, muss bei einem Geschäftsführer für seinen sozialversicherungsrechtlichen Status auch berücksichtigt werden, ob und mit welchem Anteil dieser am Stammkapital der GmbH beteiligt ist. Bei einer Kapitalgesellschaft ist die Rechtsmacht in der Gesellschaft und damit auch die Rechtsstellung als selbstständig erwerbstätiger Unternehmer oder abhängig beschäftigter Arbeitnehmer grundsätzlich mit seiner Kapitalbeteiligung verknüpft. Der Umfang der Kapitalbeteiligung und das Ausmaß des sich daraus ergebenden Einflusses auf die Gesellschaft und die Stimmrechte in der Gesellschafterversammlung stellen ein wesentliches Merkmal bei der Abgrenzung von abhängiger Beschäftigung und selbstständiger Tätigkeit eines Geschäftsführers dar.

Ist der Geschäftsführer am Stammkapital einer GmbH beteiligt, also Gesellschafter-Geschäftsführer und nicht lediglich Fremdgeschäftsführer (ohne Gesellschafterstellung), ist die ihm durch das Gesellschaftsrecht, insbesondere den Gesellschaftsvertrag, zugewiesene Rechtsmacht in der GmbH von maßgeblicher Bedeutung. Kann er aufgrund seiner Gesellschafterstellung wesentlichen rechtlichen Einfluss auf die Willensbildung der Gesellschaft ausüben, kommt ein abhängiges Beschäftigungsverhältnis nicht in Betracht. Dies ist regelmäßig der Fall, wenn der Gesellschafter-Geschäftsführer **mindestens über die Hälfte des Stammkapitals** verfügt.

Ist sein **Anteil am Stammkapital geringer** (Minderheitsgesellschafter), kommt es darauf an, ob seine Rechtsmacht in der Gesellschaft aus anderen Gründen der Rechtsmacht eines Mehrheitsgesellschafters bzw. des mit mindestens 50% am Stammkapital der Gesellschaft beteiligten Gesellschafters vergleichbar ist. Das kann bei der Einräumung von Sonderrechten zur Herbeiführung oder Verhinderung von Gesellschafterbeschlüssen und insbesondere bei der Einräumung einer sog. „Sperrminorität" der Fall sein. Erforderlich ist immer, dass dem Gesellschafter-Geschäftsführer im Ergebnis die Rechtsmacht zukommt, sich gegen ihm nicht genehme Weisungen hinsichtlich der Ausübung seiner Geschäftsführertätigkeit zu wehren. Eine „unechte Sperrminorität", die sich nur in Minderheitenschutzklauseln hinsichtlich besonders wichtiger Geschäfte erschöpft, reicht nicht aus.

Die Tatsache, dass ein Minderheitsgesellschafter-Geschäftsführer tatsächlich „freie Hand" hat und ohne ihn „nichts geht", reicht für seine selbstständige Erwerbstätigkeit nicht aus, wenn den tatsächlichen Gepflogenheiten aufgrund der (fortbestehenden) Verteilung der Rechtsmacht im Unternehmen jederzeit ein Ende gesetzt werden kann (keine Anerkennung einer „Schönwetter-Selbstständigkeit").

LSG Baden-Württemberg, Urteil vom 23.11.2016, Az. L 5 R 50/16

83 Sozialversicherungspflicht (7)

Minderheits-Gesellschafter-Geschäftsführer mit Stimmbindungsabrede und Kaufoption zu seinen Gunsten

Der Fall:

A ist Geschäftsführer und Gesellschafter der X-GmbH, und zwar mit einer Beteiligung in Höhe von 45,6% des Stammkapitals. Nach dem Gesellschaftsvertrag werden Beschlüsse mit einfacher Mehrheit gefasst und bestimmte, ausdrücklich bezeichnete Beschlussgegenstände mit einer Mehrheit von 80% der abgegebenen Stimmen.

In einer Stimmbindungsabrede hat sich der Bruder B gegenüber A verpflichtet, nur im „Sinne und nicht gegen den Willen" seines Bruders abzustimmen. Es ist ein „normaler" Geschäftsführeranstellungsvertrag abgeschlossen worden. B hat mit A zudem einen Vertrag über „Option und Angebot zum Erwerb von Geschäftsanteilen" abgeschlossen. A wollte feststellen lassen, dass er nicht sozialversicherungspflichtig ist.

Das Sozialgericht hat der Klage stattgegeben, das Landessozialgericht hat sie abgewiesen.

Das Urteil:

Auch das BSG geht von einer sozialversicherungspflichtigen Tätigkeit des A als eines nicht selbstständig Tätigen aus und hat daher die Revision zurückgewiesen.

Sozialversicherungspflichtig sind gegen Arbeitsentgelt beschäftigte Personen. Erforderlich ist insoweit gemäß § 7 Abs. 1 SGB IV die nicht selbstständige Arbeit, insbesondere in einem Arbeitsverhältnis. **Anhaltspunkte** für eine solche Beschäftigung im gesetzlichen Sinn sind eine Tätigkeit nach Weisungen und eine Eingliederung in die Arbeitsorganisation des Weisungsgebers. Das BSG hat insoweit auf seine ständige Rechtsprechung verwiesen, wonach eine abhängige Beschäftigung voraussetzt, dass der Arbeitnehmer vom Arbeitgeber persönlich abhängig ist. Bei einer Beschäftigung in einem fremden Betrieb ist dies der Fall, wenn der Beschäftigte in den Betrieb eingegliedert ist und dabei bezüglich Zeit, Dauer, Ort und Art der Ausführung umfassend den Weisungen des Arbeitgebers unterliegt.

Ob jemand eine solche Beschäftigung ausübt oder selbstständig tätig ist, muss nach den konkreten Umständen des Einzelfalls untersucht werden und hängt davon ab, wie sich das Gesamtbild der Arbeitsleistung darstellt (BSG, Urteil vom 16.8.2017, Az. B 12 KR 14/16 R, SozR 4-2400 § 7 Nr. 31 Rn. 17).

Ein Fremdgeschäftsführer einer GmbH ist ausnahmslos abhängig beschäftigt.

Ein Gesellschafter-Geschäftsführer kann nur dann als selbstständig tätig eingestuft werden, wenn er mit **mindestens 50%** oder mehr am Stammkapital beteiligt ist. Ist dies nicht der Fall, kann er nur dann als selbstständig Tätiger eingestuft werden, wenn er eine **„echte" Sperrminorität** innehat, aufgrund derer er eine durchgängige Einflussmöglichkeit auf alle Gesellschafterbeschlüsse hat und damit ihm nicht genehme Weisungen der Gesellschafterversammlung verhindern kann. Eine bloße „unechte", nämlich auf bestimmte Beschlussgegenstände begrenzte Sperrminorität, ist dagegen nicht geeignet, dem Gesellschafter-Geschäftsführer die erforderliche Rechtsmacht zu vermitteln.

Das BSG hat deutlich herausgestellt, dass es bei der Beurteilung des Status des Gesellschafter-Geschäftsführers **ausschließlich auf die gesellschaftsrechtlichen Regelungen ankommt**. Außerhalb des Gesellschaftsvertrags bestehende wirtschaftliche Verflechtungen und Vereinbarungen sind – so das BSG – für die Beurteilung unmaßgeblich. Insoweit konnte weder auf den Stimmbindungsvertrag mit dem Bruder noch auf den mit ihm abgeschlossenen Vertrag über eine Kaufoption seiner Anteile abgestellt werden.

Im Ergebnis hat das BSG daher den A als abhängig Beschäftigten eingestuft.

Konsequenzen:

Wenn Sie Fremdgeschäftsführer einer GmbH sind, sind Sie stets abhängig beschäftigt und sozialversicherungspflichtig.

Wenn Sie Gesellschafter-Geschäftsführer einer GmbH sind, kommt es auf das Ausmaß Ihrer Einflussnahme auf Gesellschafterentscheidungen an. Als selbstständig Tätiger werden Sie dann eingestuft, wenn Sie mindestens in Höhe von 50% des Stammkapitals an der Gesellschaft beteiligt sind. Halten Sie einen darunterliegenden Kapitalanteil, können Sie nur dann als selbstständig Tätiger angesehen werden, wenn Ihnen aufgrund des Gesellschaftsvertrags eine auf alle Beschlussgegenstände erstreckte Sperrminorität zusteht, mit der Sie Ihnen nicht genehme Entscheidungen der Gesellschafterversammlung verhindern können.

Hinweis:

Maßgeblich sind nur alle im Gesellschaftsverhältnis selbst liegenden Vereinbarungen. Außerhalb dessen getroffene Vereinbarungen mit Mitgesellschaftern, z.B. bezogen auf einen Stimmbindungsvertrag oder auf eine Kaufoption bezüglich weiterer Geschäftsanteile, sind bei der sozialversicherungsrechtlichen Beurteilung unmaßgeblich und können daher nicht zu einer Änderung des versicherungsrechtlichen Status führen.

BSG, Urteil vom 14.3.2018, Az. B 12 KR 13/17 R

84 Sozialversicherungspflicht (8)

Zur Sozialversicherungspflicht eines weisungsfreien Geschäftsführers mit Minderheitsbeteiligung und Generalvollmacht

Der Fall und das Urteil:

Die X-GmbH wurde durch Gesellschaftsvertrag vom 18.9.2000 gegründet. Gesellschafter waren anfangs W und H mit jeweils 50% der Geschäftsanteile. Gegenstand des Unternehmens ist das „Betreiben von gastronomischen

Einrichtungen sowie die Vermietung und Verpachtung derselben". Nach der Gesellschaftssatzung gibt es einen oder mehrere Geschäftsführer. Ist nur ein Geschäftsführer bestellt, so vertritt er die Gesellschaft allein.

Einzelnen Geschäftsführern konnte durch Beschluss der Gesellschafterversammlung Einzelvertretungsbefugnis erteilt werden. Die Geschäftsführer konnten durch Beschluss der Gesellschafterversammlung von den Beschränkungen des § 181 BGB (Selbstkontrahierungsverbot) befreit werden. Kurz nach der Gründung der X-GmbH, vor dem 1.1.2004, übernahmen Frau U 50% sowie Herr A und Herr B jeweils 25% der Geschäftsanteile der Gesellschaft. Am 28.12.2000 erteilten die U und am 27.8.2003 der A dem B jeweils eine notarielle Generalvollmacht zur Vertretung in allen persönlichen und vermögensrechtlichen Angelegenheiten.

Mit Wirkung vom 1.1.2004 wurde B auf der Grundlage eines „Gesellschafter-Geschäftsführer-Vertrags" zum alleinvertretungsberechtigten und von den Beschränkungen des § 181 BGB befreiten Geschäftsführer der X-GmbH bestellt. Nach dem Vertrag verzichteten U und A auf ihr Recht, B Weisungen zu erteilen und sich in die laufende Geschäftsführung einzuschalten.

B erhält ein festes Jahresgehalt, zahlbar in monatlichen Teilbeträgen jeweils zum Monatsende. Im Krankheitsfall behält B seinen Anspruch auf feste Bezüge für den laufenden und die zwei nachfolgenden Monate. B erhält einen bezahlten Jahresurlaub von 25 Arbeitstagen, der so zu legen ist, dass die Belange der Gesellschaft möglichst wenig beeinträchtigt werden.

U und A kündigten den Gesellschafter-Geschäftsführer-Vertrag mit Wirkung zum 30.9.2004. Für den „Verlust des Arbeitsplatzes" wurde dem B eine „Abfindung" gezahlt.

Die Beteiligten streiten über eine Beitragsnachforderung der Einzugsstelle in Höhe von insgesamt 7.020 € wegen angenommener Versicherungspflicht des B in der gesetzlichen Rentenversicherung sowie nach dem Recht der Arbeitsförderung im Zeitraum vom 1.1.2004 bis 30.9.2004. Zu allen Sparten der Sozialversicherung seien Beiträge nachzuentrichten. B habe nur über 25% der Geschäftsanteile verfügt und daher keinen maßgeblichen Einfluss auf die Geschicke der Gesellschaft besessen. Deshalb sei seine Tätigkeit in Würdigung der Gesamtumstände als abhängige Beschäftigung zu werten. Dieser Auffassung ist auch das LSG gefolgt.

Konsequenzen:

Ein Minderheitsgesellschafter besitzt regelmäßig nicht die Rechtsmacht, seine Weisungsgebundenheit als Angestellter der Gesellschaft aufzuheben oder abzuschwächen. Im entschiedenen Fall sah der Gesellschaftsvertrag für Beschlüsse der Gesellschaft das einfache Mehrheitsprinzip vor und entsprach damit § 47 Abs. 1 und 2 GmbHG. Damit gaben die Regelungen des Gesellschaftsvertrags auch keine Einstimmigkeit für Gesellschafterbeschlüsse vor, die dem Kläger als Minderheitsgesellschafter eine Sperrminorität vermittelt hätten.

Nichts anderes ergibt sich aus der Regelung im Geschäftsführer-Vertrag, nach der U und A als Gesellschafter auf ihr Recht verzichtet haben, dem B Weisungen zu erteilen und sich in die laufende Geschäftsführung einzuschalten. Als bloße schuldrechtliche und satzungsdurchbrechende Nebenabrede ist diese Regelung, die eine Weisungsfreiheit des B vorsieht, unwirksam.

Eine dem Minderheits-Gesellschafter-Geschäftsführer im Anstellungsvertrag mit der GmbH – außerhalb des Gesellschaftsvertrags – **eingeräumte Weisungsfreiheit** rechtfertigt ebenso wenig die Annahme seines sozialversicherungsrechtlichen Status als Selbstständiger wie ein nur vertraglich eingeräumtes Vetorecht gegen mehrheitlich gefasste Beschlüsse der Gesellschafterversammlung. Selbst im Falle gesellschaftsrechtlicher Unbedenklichkeit wäre die nur schuldrechtlich vereinbarte Weisungsfreiheit jederzeit ordentlich, zumindest aber außerordentlich kündbar.

LSG Berlin-Brandenburg, Urteil vom 16.11.2017, Az. L 9 KR 369/16

85 Sozialversicherungspflicht (9)

Minderheitsbeteiligung als Indiz für eine abhängige Beschäftigung

Der Fall und das Urteil:

Die Klägerin (GmbH) mit einem Stammkapital in Höhe von 25.000 € verfügt über vier Gesellschafter. Auf A entfallen 26%, auf B 15%, auf C 49% und auf D 10%. Streitig ist, ob A als Gesellschafter-Geschäftsführer der Versicherungspflicht in der Renten- und Arbeitslosenversicherung unterliegt. Unstreitig besteht keine Versicherungspflicht in der (gesetzlichen) Krankenversicherung.

A ist gelernter Softwareentwickler und seit dem 1.1.2013 als Geschäftsführer der Klägerin tätig. Er leitet den Standort der Klägerin alleine und bestimmt, auch nach dem Willen der übrigen Gesellschafter, die dortige Arbeitsorganisation maßgeblich selbst und eigenständig. Ausweislich des Dienstvertrags erhält er ein festes Jahresgehalt, zahlbar in monatlichen Teilbeträgen, und eine Gehaltsfortzahlung im Krankheitsfall. Er hat Anspruch auf bezahlten Urlaub in Höhe von 30 Arbeitstagen, erhält Spesen und verfügt über ein dienstliches Mobiltelefon sowie einen Pkw mit ausdrücklich erlaubter privater Nutzung. Darüber hinaus ist er vom Selbstkontrahierungsverbot des § 181 BGB befreit, hat Alleinvertretungsbefugnis und bezieht eine Tantieme in Höhe von

25%, maximal ein Drittel des Jahresfestgehalts. Das SG bejaht eine abhängige Beschäftigung des A.

Konsequenzen:

Ob jemand abhängig beschäftigt oder selbstständig tätig ist, richtet sich nach dem Gesamtbild der Arbeitsleistung und hängt davon ab, welche Merkmale überwiegen. **Prüfungsmaßstab** sind zunächst **die im Dienstvertrag getroffenen Regelungen**. Diese sprechen für eine abhängige Beschäftigung des A.

Ist ein GmbH-Geschäftsführer zugleich als Gesellschafter am Kapital der GmbH beteiligt, sind der Umfang der Kapitalbeteiligung und das Ausmaß des sich daraus für ihn ergebenden Einflusses auf die Gesellschaft ein wesentliches Merkmal bei der Abgrenzung von abhängiger Beschäftigung und selbstständiger Tätigkeit. Hinzu kommen die Stimmrechte in der Gesellschafterversammlung. Entscheidend für die sozialversicherungsrechtliche Statusbeurteilung ist dabei, ob die rechtliche Möglichkeit besteht, als beherrschender oder zumindest mit einer Sperrminorität ausgestatteter Gesellschafter-Geschäftsführer nicht genehme Weisungen jederzeit abzuwenden.

Das SG weist zu Recht darauf hin, dass A mit seinem Anteil am Stammkapital (26%) nicht über die Stimmenmehrheit in der Gesellschafterversammlung verfügt. Da der Gesellschaftsvertrag keine Regelungen zur Abstimmung in der Gesellschafterversammlung enthält, reicht für eine Beschlussfassung in den Angelegenheiten der Gesellschaft die Mehrheit der abgegebenen Stimmen (§ 47 Abs. 1 GmbHG) aus. Eine Sperrminorität für A ist weder vorgesehen, noch gilt Einstimmigkeit für Gesellschafterbeschlüsse. Der Hinweis der Klägerin, dass es sich bei den Beteiligungen des C und D lediglich um eine Kapitalbeteiligung handelt, ist unbeachtlich, weil es für die Abgrenzungsfrage allein auf die zur Verfügung stehende Rechtsmacht ankommt.

Das Vorliegen einer abhängigen Beschäftigung des A folgt auch aus der Tatsache, dass er weder ein unternehmerisches Risiko übernommen noch eine tatsächliche wirtschaftliche Einflussmöglichkeit hatte. Als Gegenleistung für seine Tätigkeit stand ihm unabhängig vom wirtschaftlichen Ergebnis der Gesellschaft ein Anspruch auf Zahlung eines regelmäßigen Entgelts in Form eines monatlichen Gehalts zu, wie dies für Beschäftigte typisch ist. Er hatte lediglich – wie jeder andere Beschäftigte auch – allein das Risiko des Entgeltausfalls bei Insolvenz der Gesellschaft zu tragen. A konnte sein Gehalt unabhängig vom wirtschaftlichen Ergebnis der Klägerin beanspruchen. Deshalb hat er seine eigene Arbeitskraft auch nicht der Gefahr ausgesetzt, diese nicht vergütet zu bekommen.

Der Hinweis der Klägerin, A habe tatsächlich weisungsfrei gearbeitet, führt zu keinem anderen Ergebnis. Konkrete Handlungsanweisungen werden gerade bei Diensten höherer Art regelmäßig nicht, allenfalls in einem sehr eingeschränkten Umfang erteilt. Für die Fremdbestimmtheit von höheren Diensten reicht es aus, dass sie im Rahmen einer von einer anderen Seite vorgegebenen Organisation geleistet werden. A ist deshalb in einen fremden Betrieb eingegliedert und unterliegt damit der Versicherungspflicht in der Renten- und Arbeitslosenversicherung.

SG Stuttgart, Urteil vom 18.8.2016, Az. S 17 R 747/14

86 Subunternehmertätigkeit – Gesellschafter-Geschäftsführer (1)

Zahlung einer marktüblichen Vergütung wegen Subunternehmertätigkeit für die GmbH

Der Fall und das Urteil:

Die P-GmbH entwickelte und vertrieb EDV-Systeme zur Datenerhebung sowie -verwaltung und war insoweit auch beratend tätig. Einziger Gesellschafter und Geschäftsführer war P. Dieser erbrachte für die GmbH Beratungs- und Entwicklungsleistungen, die er nach einer entsprechenden handschriftlichen Aktennotiz zu Tagessätzen zwischen 4.800 DM und 5.400 DM, bei langfristigen Tätigkeiten von 2.400 DM abrechnete; gegenüber fremden Auftraggebern konnte P Honorare von 5.200 DM erzielen. P bezog kein Gehalt von der GmbH.

Das Finanzamt erkannte die abgerechneten Honorare (1994: 224.000 DM; 1995: 455.000 DM; 1996: 348.000 DM) nicht als Betriebsausgaben an, sondern stufte sie mangels einer klaren, eindeutigen und im Voraus abgeschlossenen Vereinbarung als vGA ein. Es stützte sich dabei unter anderem darauf, dass die Rechnungen von P keine Angaben darüber enthielten, wie die Beträge zustande gekommen waren. Vor dem FG erzielte die GmbH insoweit einen Teilerfolg, als dieses die vGA reduzierte.

Der BFH verwies die Sache zur weiteren Sachaufklärung an das FG zurück. Das Urteil des BFH basiert auf der Geschäftschancenlehre. Danach steht es einer GmbH grundsätzlich frei, eine Chance selbst wahrzunehmen oder mit der Durchführung eines Auftrags ihren Gesellschafter-Geschäftsführer als Subunternehmer zu beauftragen. Die Entscheidung hängt von den Kapazitäten der GmbH, dem mit dem Geschäft verbundenen Risiko und der Erwägung ab, ob es für sie günstiger ist, dem Gesellschafter-Geschäftsführer ein festes Gehalt oder ein leistungsabhängiges Honorar zu zahlen.

Allerdings muss bei einem **alleinigen** Gesellschafter-Geschäftsführer im Voraus eine klare und eindeutige Vereinbarung über den Umfang und die Höhe des Entgelts getroffen werden.

Die Trennung zwischen dem Leistungsanteil der P-GmbH und des P an den Geschäften beanstandete der BFH ebenso wenig wie die Trennung zwischen unentgeltlicher Geschäftsführung und entgeltlicher Subunternehmertätigkeit. Den vom Finanzamt für den Nachweis der Tätigkeit geforderten Rahmenvertrag hielt der BFH für entbehrlich, wenn **anderweitig** deutlich werde, dass der Gesellschafter-Geschäftsführer auf schuldrechtlicher Basis für die GmbH tätig werde; dazu reichte hier die handschriftliche Aktennotiz.

Schließlich akzeptierte der BFH auch die Abrechnung des **Honorars nach Tagessätzen** sowie die Zahlungsweise durch die GmbH nach Eingang der entsprechenden Mittel der Auftraggeber, da dies im jeweiligen (wissenschaftlichen) Bereich üblich sei. Dabei kam dem Gesellschafter-Geschäftsführer zugute, dass sich die Gesamtrechnungsbeträge durch Rückrechnung der Projekttage aufschlüsseln ließen.

Der BFH hat in der Sache allerdings nicht selbst entschieden, sondern sie zur weiteren Sachverhaltsaufklärung an das FG zurückverwiesen. Diese soll sich insbesondere darauf beziehen, dass manche Projekte an P herangetragen, von ihm an die GmbH weitergegeben und schließlich durch P als Subunternehmer der GmbH realisiert wurden. Andere Projekte wurden dagegen wohl direkt an die GmbH herangetragen und dann von P als Subunternehmer umgesetzt. In beiden Fällen hat die GmbH laut BFH einen Anspruch auf ein – noch zu bezifferndes – Entgelt, das entweder in einem **Gewinnaufschlag** oder in einem **Abschlag** auf das Honorar des P bestehen könne. Dagegen lehnt der BFH eine pauschale Annahme, dass der GmbH ein Viertel des Gewinns verbleiben muss, ab. Vielmehr müsse sich das Honorar des Gesellschafter-Geschäftsführers am marktüblichen Preis orientieren.

Konsequenzen:

Die Entscheidung könnte auf den ersten Blick den Eindruck erwecken, dass sich bei Subunternehmertätigkeiten des Gesellschafter-Geschäftsführers die Gefahr einer vGA relativ einfach ausräumen lässt. Dieser Eindruck täuscht. Hier bleibt für den Gesellschafter-Geschäftsführer ein erhebliches steuerliches Restrisiko.

Dieses besteht immer dann, wenn

- der GmbH **unmittelbar Projekte** angeboten werden; im Urteilsfall hätte die Realisierung der Projekte durch einen gegen Gehalt tätigen Gesellschafter-Geschäftsführer für die GmbH günstiger sein können als auf Honorarbasis;
- die GmbH Aufträge annimmt, die angesichts der Höhe der Tagessätze des Auftragnehmers nicht mit Gewinn ausgeführt werden können.

In beiden Fällen kann es zu einer vGA kommen.

BFH, Urteil vom 9.7.2003, Az. I R 100/02

87 Subunternehmertätigkeit – Gesellschafter-Geschäftsführer (2)

Wahrnehmung von Geschäftschancen durch Gesellschafter-Geschäftsführer im Wettbewerb zur GmbH und steuerliche Subunternehmerfälle

Der Fall und das Urteil:

Geschäftsgegenstand der A-GmbH ist die strategische und konzeptionelle Umsetzung der Marketingziele von Industrieunternehmen. Die alleinige Gesellschafter-Geschäftsführerin A erhielt ein Festgehalt sowie eine Tantieme von 45% des Gewinns. Darüber hinaus bestand zwischen der A-GmbH sowie A ein Vertrag über eine Tätigkeit als freie Mitarbeiterin. Aufgrund dieses Vertrags ist A für ein Honorar von 500 DM pro Stunde als Texterin, Journalistin sowie Schriftstellerin tätig geworden. Weiter heißt es im Vertragstext: „Ihr Aufgabengebiet erhält sie von der Geschäftsführung."

Im Streitjahr belief sich das Geschäftsführergehalt auf 116.000 DM sowie das Honorar als freie Mitarbeiterin auf 275.250 DM. Unter Abzug auch dieser Betriebsausgaben ermittelte die A-GmbH für das Streitjahr einen relativ geringen Gewinn.

Das Finanzamt behandelte das Geschäftsführergehalt in Höhe von 20.000 DM sowie die einen Stundensatz von 350 DM übersteigenden Honorarbeträge in einer Gesamthöhe von 82.575 DM als vGA. Einspruch und Klage der A-GmbH waren erfolglos.

Die Revision hielt der BFH für begründet, da sich Finanzamt und FG nicht eingehend genug mit dem Fall auseinandergesetzt hätten. Das Verfahren wurde deshalb vom BFH an das Finanzgericht zur Klärung der Fragen, ob und in welchem Umfang eine vGA vorliegt, zurückverwiesen.

In den Entscheidungsgründen befasste sich der BFH zunächst mit dem Problemkreis der **Geschäftschancenlehre**. Nach seiner Auffassung liegt eine vGA nicht allein schon deshalb vor, weil die von einem Gesellschafter für eigene Rechnung ausgeübte Tätigkeit unter den Unternehmensgegenstand der GmbH fällt.

Da A als Alleingesellschafterin – im Gegensatz zur mehrgliedrigen GmbH keinem Wettbewerbsverbot unterlag, konnte bei der A-GmbH auch kein zivilrechtlicher Schadenersatzanspruch entstehen. Dennoch ist auch in diesen Fällen steuerlich zu prüfen, ob der Gesellschafter der GmbH eine konkrete Geschäftschance entzogen und dadurch den Gewinn der GmbH gemindert hat.

Eine vGA kommt demzufolge – unabhängig vom Vorliegen eines Wettbewerbsverbots – immer nur dann in Betracht, wenn das Vermögen der GmbH im Einzelfall gemindert wurde und die entgangene Geschäftschance dem Einzelunternehmen des Gesellschafters zugutekommt.

Konsequenzen:

Die in der Praxis am häufigsten anzutreffenden Problemfälle stellen die sog. Subunternehmerfälle dar. Erhält der Gesellschafter den

„Konkurrenzauftrag" von seiner GmbH – wird er also als Subunternehmer für die GmbH tätig –, so ist grundsätzlich zu unterstellen, dass er eine **Geschäftschance der GmbH** wahrnimmt.

Eine gesellschaftsrechtlich veranlasste Vermögensminderung ist hierin aber nur dann zu sehen, wenn eine **klare** und **eindeutige Aufgabenabgrenzung** fehlt, der Konkurrenzauftrag dem Unternehmensgegenstand der GmbH zuzurechnen ist, die GmbH selbst fachlich, finanziell und organisatorisch in der Lage ist, den Auftrag auszuführen und die Beauftragung eines Subunternehmers für die GmbH **gewinnmäßig ungünstiger** war als die Selbstabwicklung des Geschäfts.

Für den Streitfall hieß das: Grundsätzlich war die A-GmbH berechtigt, ihre Geschäftchancen auch dadurch wahrzunehmen, dass sie ihre Gesellschafter-Geschäftsführerin beauftragte. Es oblag der A-GmbH im Rahmen ihres unternehmerischen Ermessens, zu entscheiden, ob sie selbst die Geschäftschance wahrnimmt oder einen Subunternehmer beauftragt.

Erforderlich war hierzu aber eine klare und eindeutige Vereinbarung. Dies galt insbesondere aufgrund der Vertragsformulierung, dass die Gesellschafter-Geschäftsführerin „ihr Aufgabengebiet von der Geschäftsführung erhält".

Im Gegensatz zur Auffassung der Vorinstanz war es hierzu nicht erforderlich, dass die A-GmbH die stundenweise Berechnung an ihre Kunden weitergab. Ausreichend ist es laut BFH, wenn eine pauschale Weiterberechnung unter Berücksichtigung eines angemessenen Gewinnaufschlags für die A-GmbH an deren Kunden erfolgt.

Damit erteilt der BFH überzogenen Anforderungen an die klare und eindeutige Aufgabenabgrenzung eine eindeutige Absage. Da aus dem vorinstanzlichen Urteil nicht zu entnehmen ist, ob die stundenweise zu berechnende Beratungsleistung der Fremdüblichkeit entspricht, hat er die Streitsache an das Finanzgericht zurückverwiesen.

Für die Praxis ist eine **schriftliche Aufgabenabgrenzung** zwischen der Tätigkeit des Subunternehmers und des Geschäftsführers anzuraten.

Ein weiterer Problemkreis war im Streitfall die **Rentabilität der A-GmbH**. Ihr verblieb nach Abzug aller an die Geschäftsführerin gezahlten Vergütungen nur ein relativ geringer Gewinn, während ihre Gesellschafter-Geschäftsführerin eine Tätigkeits- und Beratungsvergütung von insgesamt 116.000 + 275.250 = 391.250 DM erhielt. Diese Gegenüberstellung offenbart schon ein Missverhältnis und rechtfertigt in aller Regel die **Annahme einer Gewinnabsaugung**.

Im Rahmen des anzustellenden **Fremdvergleichs** ist hierbei nicht ein dem Gesellschafter verbleibender bestimmter Anteil am Gewinn maßgebend; vielmehr ist die Rentabilität der Investition entscheidend. Maßstab hierfür ist die **Eigenkapitalrentabilität**. Ein Gesellschafter wird langfristig die Vergütung eines Geschäftsführers sowie das Honorar eines Subunternehmers nur akzeptieren, wenn für ihn eine angemessene Verzinsung seines eingesetzten Kapitals verbleibt.

Die finanzgerichtliche Rechtsprechung fordert eine **Mindestverzinsung von 10%** des eingesetzten Kapitals. Bei einem Stammkapital von 50.000 DM der A-GmbH lag die Eigenkapitalrendite lediglich bei 3,4%. Zu beachten ist daher, dass die angemessene Eigenkapitalrendite, die langfristig zu erzielen ist, dokumentiert wird.

BFH, Urteil vom 17.12.2003, Az. I R 25/03

88 Überstundenvergütungen (1)

BFH und Finanzgerichte behandeln Überstundenvergütungen an Gesellschafter-Geschäftsführer im Regelfall als vGA

Der Fall und die Entscheidung:

Die P-GmbH unterhielt einen Sicherheitsservice und musste für ihre Kunden 24 Stunden erreichbar sein. Sie zahlte ihrem alleinigen Gesellschafter und Geschäftsführer P Zuschläge für Sonntags-, Feiertags- und Nachtarbeit (§ 3b EStG). P hatte seine Arbeitszeiten an Werktagen zwischen 20 und 6 Uhr und an Sonn- und Feiertagen aufgezeichnet. Außer den Lohnzuschlägen erhielt P dafür keine gesonderte Vergütung, auch dann nicht, wenn dadurch die Wochenarbeitszeit von 40 Stunden überschritten war.

P bekam außerdem eine Gewinntantieme. Sein Jahresgesamtgehalt lag in den Streitjahren zwischen 270.000 DM und 400.000 DM. Der P-GmbH verblieb ein Jahresüberschuss zwischen 4.000 und 70.000 DM.

Auch in dieser Entscheidung blieb der BFH wie bereits zuvor bei seiner harten Linie und entschied auf vGA. Außerdem stellte er klar: Die Rechtsfrage, ob an Gesellschafter-Geschäftsführer gezahlte Überstundenvergütungen **aus Gründen der steuerlichen Gleichbehandlung** (Art. 3 Grundgesetz) **mit Fremdgeschäftsführern** Gewinn mindernde Betriebsausgaben sein müssen, bedarf seiner Ansicht nach **keiner Klärung** mehr. Mit diesem Argument habe sich der BFH bereits früher eingehend auseinandergesetzt und es nicht für stichhaltig gehalten (vgl. Urteil vom 27.3.2001, Az. I R 40/00 unter Hinweis auf BFH-Az. I R 75/96 BStBl 1997 II, S. 577, Az. I R 66/96, BFH/NV 1997, S. 804).

Konsequenzen:

Damit ist die Frage der möglichen Anerkennung von Überstundenvergütungen **beim BFH** wohl in vielen Fällen im negativen Sinne abgehakt. Auch im Bereich der erstinstanzlichen Entscheidungen scheint sich momentan dieser negative Trend zu verfestigen.

- So hat das FG Hamburg rechtskräftig entschieden: Die Tatsache, dass eine GmbH im **Ladenbau** tätig ist und ihr Geschäftsführer selbst **auch außerhalb üblicher Ladenöffnungszeiten** dort mitarbeitet, ist **kein besonderer betrieblicher Grund**, der die Zahlung einer Überstundenvergütung ausnahmsweise rechtfertigen könnte (Urteil vom 29.6.2001, Az. II 202/00, EFG 2001, S. 1412).
- Das FG Köln hat ebenfalls rechtskräftig entschieden, dass die Zahlung von Überstundenvergütungen auch dann eine vGA ist, wenn eine GmbH **mehrere** (Gesellschafter-)Geschäftsführer hat. Dies gelte selbst dann, wenn die Anwesenheit der Geschäftsführer im Betrieb durch eine sogenannte Stempeluhr erfasst wird.

Eine ausführliche Darstellung der steuerfreien Zuschläge für Sonntags-, Feiertags- und Nachtarbeit gemäß § 3b EStG findet sich in GmbH-Stpr 2012, S. 161 ff.

BFH, Beschluss vom 19.7.2001, Az. I B 14/00; BFH, Urteil vom 14.7.2004, Az. I R 111/03; BFH, Urteil vom 27.3.2012, Az. VIII R 27/09

89 Überstundenvergütungen (2)

Mehrarbeitszuschläge für Sonntags- und Feiertagsarbeit an Minderheits-Gesellschafter-Geschäftsführer als vGA

Der Fall:

Das Stammkapital der X-GmbH beträgt 51.000 €. A, B und C sind mit jeweils 17.000 € daran beteiligt und zugleich als Geschäftsführer der X- GmbH bestellt.

Neben einem Grundgehalt für eine Grundarbeitszeit von 160 Stunden monatlich erhalten die drei Gesellschafter-Geschäftsführer jeweils Überstundenvergütungen für die über die monatliche Sollarbeitszeit (160 Stunden) hinausgehende Arbeitszeit sowie Zuschläge für Sonn- und Feiertagsarbeit.

Im Zuge einer Betriebsprüfung wurden sowohl die Überstundenvergütungen als auch die Sonn- und Feiertagszuschläge (SFN-Zuschläge) als vGA qualifiziert.

Das Urteil:

Das FG Baden-Württemberg bestätigte die Auffassung des Finanzamts. Dabei griff es auf die Grundsätze der vGA bei einem beherrschenden Gesellschafter zurück. Zwar verfügten im Streitfall jeder der drei Gesellschafter nur über eine Minderheitsbeteiligung von 33% am Stammkapital der X-GmbH, sodass keiner der Gesellschafter allein einen beherrschenden Einfluss auf die X-GmbH ausüben konnte.

Aber die vGA-Grundsätze bei einem beherrschenden Gesellschafter gelten auch dann, wenn mehrere **Minderheits-Gesellschafter mit gleich gerichteten Interessen** zusammenwirken, um eine ihren Interessen entsprechende Willensbildung der Gesellschaft herbeizuführen.

Auch bei einer Beteiligung von jeweils 33% kann nach Auffassung der Finanzrichter ein auf Erhöhung der Geschäftsführergehälter zielender Beschluss ohne Mitwirkung aller Gesellschafter nicht zustande kommen. Das Merkmal der Beherrschung durch alle drei Gesellschafter hat das Finanzamt deshalb im Streitfall als erfüllt angesehen.

Weder Überstundenvergütungen noch SFN-Zuschläge halten aber nach Auffassung des Gerichts einem Fremdvergleich stand. Mit einem vom BFH entschiedenen Sonderfall, wonach SFN-Zuschläge ausnahmsweise nicht zu vGA führten, ist der Streitfall nicht vergleichbar (vgl. BFH, Urteil vom 14.7.2004, Az. I R 111/03, BStBl 2005 II, S. 307; Urteil vom 3.8.2005, Az. I R 7/05, BFH/NV 2006, S. 131). Denn in beiden Verfahren hatte der Gesellschafter-Geschäftsführer – im Gegensatz zu den Gesellschafter- Geschäftsführern der X-GmbH – keinen Anspruch auf eine Tantieme. Die hat der BFH aber als wesentliches Unterscheidungsmerkmal herausgearbeitet. Somit liegt kein derartiger Ausnahmefall vor.

Konsequenzen:

Die Vergütung eines Gesellschafter-Geschäftsführers muss in ihrer Gesamtstruktur einem Fremdvergleich standhalten. Das Gehalt eines Geschäftsführers wird **nicht nach Regel- und Überstunden berechnet**, da nach den Prinzipien des Gesellschaftsrechts der Geschäftsführer einer Kapitalgesellschaft als Organ der Gesellschaft sieben Tage in der Woche jeweils 24 Stunden im Dienst ist.

Deswegen ist schon die Vereinbarung eines monatlichen Grundgehalts steuerlich zu beanstanden, weil dann die gesamte restliche Zeit eines

Monats, in der jeder Geschäftsführer als Organ der X-GmbH tätig sein muss, Überstunden darstellten. Diese Gehaltsstruktur hält einem Fremdvergleich nicht stand.

FG Baden-Württemberg, rechtskräftiges Urteil vom 30.3.2009, Az. 6 K 432/06

90 Überstundenvergütungen (3)

Auch Überstundenvergütungen an Gesellschafter-Geschäftsführer einer kleinen Handwerks-GmbH sind regelmäßig vGA

Der Fall:

An der X-GmbH waren A, B und C zu je einem Drittel beteiligt. Sie waren zugleich Geschäftsführer der X-GmbH. Nach den gleich lautenden Anstellungsverträgen sollten diese für eine Grundarbeitszeit von 160 Stunden monatlich ein Grundgehalt von 4000 DM erhalten. Die ersten 50 Überstunden im Monat sollten mit einer später anfallenden betriebsbedingten geringeren Arbeitszeit verrechnet werden. Darüber hinausgehende Überstunden waren mit jeweils 28 DM zu vergüten. Für Sonntagsarbeit sollten 45 DM je Stunde gezahlt werden. Außerdem hatten die Geschäftsführer Anspruch auf eine Tantieme in Höhe von 15% des Gewinns der X-GmbH.

Im Anschluss an eine Außenprüfung behandelte das Finanzamt die von der X-GmbH gezahlten zusätzlichen **Vergütungen für** Überstunden **und Sonntagsarbeit als vGA**. Einspruch und Klage hatten keinen Erfolg.

Der Beschluss:

Der BFH wies die Nichtzulassungsbeschwerde der X-GmbH als unbegründet zurück. Es sei nicht mehr klärungsbedürftig, dass Überstundenvergütungen bei einer kleinen, im Handwerk tätigen GmbH mit drei Gesellschafter-Geschäftsführern sowie an diese gezahlte Sonn- und Feiertagszuschläge als vGA anzusehen sind. Diese Frage sei insoweit geklärt, als die gesonderte Vergütung eines Gesellschafter-Geschäftsführers aus steuerlicher Sicht regelmäßig eine vGA darstellt. Das gelte nur dann nicht, wenn die Vermutung der Veranlassung durch das Gesellschaftsverhältnis durch überzeugende betriebliche Gründe entkräftet wird (vgl. BFH vom 14.7.2004, Az. I R 111/03, BStBl II 2005, S. 307 ff.). Diese Grundsätze gelten auch für Gesellschaften mit zwei oder drei Gesellschafter-Geschäftsführern und unabhängig davon, ob die Mehrarbeitsvergütungen besondere Zuschläge enthielten oder nicht.

Im Streitfall war aber eine ausschließlich betriebliche Veranlassung der streitigen Vergütungen, bei deren Vorliegen eine vGA verneint werden könnte, nicht festzustellen.

Konsequenzen:

Die Vergütung eines Gesellschafter-Geschäftsführers muss in ihrer Grundstruktur einem Fremdvergleich standhalten. Das Gehalt eines Geschäftsführers wird nicht – wie im Streitfall – nach Regel- und Überstunden berechnet, da ein Geschäftsführer einer Kapitalgesellschaft **als deren Organ sieben Tage 24 Stunden im Dienst ist**. Deswegen ist im Streitfall schon die Vereinbarung des Grundgehalts – „für eine Grundarbeitszeit von 160 Stunden monatlich" – steuerlich zu beanstanden, weil dann die gesamte restliche Zeit eines Monats, in der jeder der drei Geschäftsführer als Organ der Gesellschaft zumindest potenziell tätig sein muss, Überstunden darstellten. Diese Gehaltsstruktur der drei Gesellschafter-Geschäftsführer hält im Streitfall einem Fremdvergleich nicht stand.

Im Streitfall verfügt zwar jeder der drei Gesellschafter nur über eine Minderheitsbeteiligung von einem Drittel des Stammkapitals. Der einzelne Gesellschafter kann deshalb allein keinen beherrschenden Einfluss auf die GmbH ausüben. **Die Grundsätze der vGA bei einem beherrschenden Gesellschafter** gelten aber **auch dann**, wenn die Möglichkeit der Einflussnahme nach den jeweiligen tatsächlichen Verhältnissen des einzelnen Falls auf sachlich begrenzte Bereiche beschränkt ist. Ein solcher begrenzter Einflussbereich liegt dann vor, wenn **mehrere Gesellschafter mit gleich gerichteten Interessen** zusammenwirken, um eine ihren Interessen entsprechende, einheitliche Willensbildung der Gesellschaft herbeizuführen. Das ist im Streitfall bei einer Beteiligung von je ein Drittel gegeben.

BFH, Beschluss vom 6.10.2009, Az. I B 55/09

91 Überversorgung (1)

Detailfragen bei überversorgenden Pensionszusagen an Gesellschafter-Geschäftsführer

Der Fall:

Geklagt hatte eine Wirtschaftsprüfungs- und Steuerberatungs-GmbH, an der A zu 24%, B zu 20%, E zu 10% und weitere Gesellschafter beteiligt waren. Die Aufträge im Rahmen der Geschäftstätigkeit der GmbH wurden bis zum 31.12.1996 im Innenverhältnis von einer neben der Klägerin bestehenden, weitgehend gesellschafteridentischen GbR abgewickelt (sogenannte Parallel-Gesellschaft). Diese GbR unterhielt auch den für die Durchführung der Aufträge und Mandate erforderlichen Geschäftsbetrieb und hatte das notwendige Personal angestellt.

Die Arbeitnehmer der GbR wurden zum 1.1.1997 (Gesellschafterwechsel) von der Klägerin übernommen. Für die Auftragsabwicklung zahlte die Klägerin Leistungsgebühren nach einem einheitlichen Schema. Die Gesellschafter der GmbH waren zugleich zu Geschäftsführern bestellt. Sie erhielten unterschiedliche Vergütungen, z.T. (nur) Pensionszusagen, z.T. Tantiemen, teils geringen Barlohn, der nicht ausgezahlt wurde. Bei zwei der Geschäftsführer war der Versorgungsfall wegen Erreichens der Altersgrenze bereits eingetreten, als es zur Veräußerung der GmbH-Anteile kam. Auf Wunsch des Erwerbers sollten die Pensionsverpflichtungen „abgelöst" werden. Zum Teil wurden die Verpflichtungen auf Pensionsgesellschaften mbH der jeweiligen Berechtigten ausgegliedert, teils wurde eine Abfindung geleistet.

Das Urteil:

Aufgrund der äußerst komplexen Sachverhalte und Vereinbarungen mit den einzelnen Gesellschaftern sowie der Ablösung/Übertragung der Pensionsverpflichtungen war es erforderlich, dass der BFH (nochmals) zu einer ganzen Reihe von Grundsatzproblemen in diesem Bereich Stellung bezog. Der besseren Verständlichkeit halber werden diese nachfolgend numerisch abgehandelt:

1. **Nach Eintritt des Versorgungsfalls** ist eine Pensionsrückstellung mit dem Barwert der künftigen Pensionsleistungen am Schluss des Wirtschaftsjahrs zu bewerten. Ein **Verstoß gegen** § 6a Abs. 3 Satz 2 Nr. 1 Satz 4 in Verbindung mit Nr. 2 Halbsatz 2 EStG und die daraus abzuleiten – den sogenannten Überversorgungsgrundsätze liegt nur vor, wenn künftige Pensionssteigerungen oder -minderungen am Bilanzstichtag berücksichtigt werden – nicht jedoch, wenn die zugesagte Pension höher als der zuletzt gezahlte Aktivlohn ist.

2. Bei der **generellen Prüfung**, ob eine sogenannte Überversorgung vorliegt, sind in die Berechnung der Aktivbezüge auch bei einer Betriebsaufspaltung nur diejenigen Gehälter einzubeziehen, welche von der die Altersversorgung zusagenden Betriebs-GmbH gezahlt werden (also nicht auch die des Besitzunternehmens).

3. Erteilt eine GmbH ihrem Gesellschafter-Geschäftsführer eine sogenannte **Nur-Pensionszusage,** ohne dass dem eine ernstlich vereinbarte Umwandlung anderweitig vereinbarten Barlohns zugrunde liegt, zieht die Zusage der Versorgungsanwartschaft **regelmäßig** eine steuerschädliche Überversorgung (=vGA) nach sich.

4. Die Anerkennung einer Pensionszusage an den Gesellschafter-Geschäftsführer setzt im Allgemeinen die Einhaltung einer **Probezeit** voraus, um die Leistungsfähigkeit des bestellten Geschäftsführers beurteilen zu können. Bei **neu gegründeten** GmbHs ist die Zusage überdies erst dann zu erteilen, wenn die künftige wirtschaftliche Entwicklung der Gesellschaft zuverlässig abgeschätzt werden kann. Ausschlaggebend ist die Situation

im Zusagezeitpunkt, sodass die Anwartschaft auch nach Ablauf der angemessenen Probe- oder Karenzzeiten nicht in eine fremdvergleichsgerechte Versorgungszusage „hineinwächst".

5. Eine **Pensionszusage**, die bei vorzeitiger Beendigung des Dienstverhältnisses **zum anteiligen Teilwert abgefunden** werden darf, steht unter einem **steuerlich schädlichen Vorbehalt**.

6. Die Zuführungen zu einer Rückstellung für die Verbindlichkeit aus einer betrieblichen Versorgungszusage, die den Vorgaben des § 6a EStG entspricht, aus steuerlichen Gründen aber als vGA zu behandeln ist, sind **außerhalb der Bilanz dem Gewinn hinzuzurechnen**. Ist eine Hinzurechnung unterblieben und aus verfahrensrechtlichen Gründen eine Änderung der betreffenden Steuerbescheide nicht mehr möglich, können die rückgestellten Beträge auf der Ebene der Kapitalgesellschaft nicht mehr als vGA berücksichtigt werden.

7. Zu weniger als 50% an der GmbH beteiligte Geschäftsführer unterfallen den **Regelungen des BetrAVG**. Dies gilt jedoch nicht, wenn mehrere Gesellschafter-Geschäftsführer nicht ganz unbedeutend an der GmbH beteiligt sind, **zusammen über die Mehrheit** der Anteile verfügen **und gleichgerichtete Interessen** verfolgen.

8. Die **veräußerungsbedingte Abfindung** einer Pensionszusage ist dann **nicht durch das Gesellschaftsverhältnis** veranlasst, wenn die Leistungen vereinbarungsgemäß im Zusammenhang mit der Beendigung des Dienstverhältnisses **eines (nicht) beherrschenden Gesellschafter-Geschäftsführers** stehen. Anders verhält es sich jedoch für die Abfindung oder Ablösung in dem Umfang, in dem die Pensionszusage zu einer Überversorgung des begünstigten Gesellschafter-Geschäftsführers führte.

Konsequenzen:

Der BFH hat seine ständige vGA-Rechtsprechung größtenteils bestätigt, teilweise die Auffassung der Finanzverwaltung toleriert, ihr aber auch widersprochen. Im Einzelnen ist Folgendes zu bemerken:

Zu 1: Nach Eintritt des Versorgungsfalls nimmt eine Pensionsrückstellung, die 75% der letzten Aktivbezüge einschließlich der Rentenanwartschaft übersteigt, eine künftige Steigerung der Aktivbezüge nicht mehr vorweg. Der BFH bestätigt hier die Verwaltungsauffassung, nach der bei laufenden und ausfinanzierten Rentenleistungen eine schädliche Vorwegnahme künftiger Lohnentwicklungen regelmäßig nicht mehr in Betracht kommt (vgl. BMF-Schreiben vom 3.11.2004, BStBl I 2004, S. 1045, Tz. 6).

Zu 2: Das Finanzgericht war zunächst davon ausgegangen, dass keine Überversorgung vorlag, weil die GmbH-Gesellschafter-Geschäftsführer auch als Gesellschafter der GbR hohe Gewinnanteile bezogen haben. Nach Ansicht des BFH ist jedoch **streng auf das Gehalt abzustellen, das die altersversorgende GmbH** zahlt. Das gilt selbst dann, wenn mit der Personengesellschaft enge wirtschaftliche Verflechtungen bestehen. Schließlich handelt es sich hierbei gleichwohl um jeweils rechtlich selbstständige Unternehmen, und die in der anderen Gesellschaft bezogenen Gewinnanteile sind nicht Teil der Vergütungen für die Geschäftsführertätigkeit in der GmbH.

Zu 3: Bestätigt hat der BFH nochmals, dass sogenannte **Nur-Pensionszusagen** zu einer **vGA** führen, sofern **keine echte Barlohnumwandlung** vorliegt. Die Finanzverwaltung folgt dieser Rechtsprechung bislang nicht ohne weiteres (vgl. BMF-Schreiben vom 16.6.2008, BStBl I 2008, S. 681).

Zu 4: Der BFH hält an dem Erfordernis der Probezeit fest (BFH vom 17.3.2010, Az. I R 19/09). Ausschlaggebend für die Beurteilung ist nach seiner Auffassung die Situation im Zusagezeitpunkt, sodass eine Anwartschaft auch nach Ablauf der angemessenen Probe- oder Karenzzeiten nicht in eine fremdvergleichsgerechte Versorgungszusage „hineinwächst".

Damit widerspricht er ausdrücklich der Auffassung der Finanzverwaltung, die bei der angenommenen vGA nach Ablauf der angemessenen Probezeit die weiteren Zuführungen aufgrund der ursprünglichen Pensionszusage für die Folgezeit gewinnmindernd berücksichtigt (vgl. BMF-Schreiben vom 14.5.1999, BStBl I 1999, S. 512, Tz. 1.2).

Zu 5: Kann bei **vorzeitiger Beendigung des Dienstverhältnisses** die Pensionszusage zum quotierten Teilwert abgefunden werden, führt dies zu einem steuerlich schädlichen Vorbehalt – bereits nach bisheriger BFH- Rechtsprechung. Dies entspricht der Verwaltungsauffassung (vgl. BMF- Schreiben vom 6.4.2005, BStBl I 2005 S. 619).

Zu 6: Die Grundsätze zur **außerbilanziellen Zurechnung von vGA** wurden durch den BFH nochmals bestätigt. Danach ist eine als vGA zu behandelnde Versorgungszusage sowohl der Steuerbilanz als auch der Handelsbilanz zugrunde zu legen, soweit sie im Übrigen den Vorgaben des § 6a EStG entspricht. Eine außerbilanzielle Zurechnung hat dann zu unterbleiben, wenn eine Änderung der betreffenden Steuerbescheide nicht mehr möglich ist.

Zu 7: Nach dem Wortlaut des § 17 Abs. 1 Satz 2 des BetrAVG gilt das Gesetz auch für GmbH-Geschäftsführer. Ausnahmen bestehen jedoch für beherrschende Gesellschafter-Geschäftsführer. Aus dem Regelungsbereich des Betriebsrentengesetzes können auch Minderheitsgesellschafter herausfallen, wenn sie (zusammen) nicht ganz unbedeutend an einer GmbH beteiligt und (zusammen) über die Mehrheit der Anteile verfügen.

Zu 8: Nach mittlerweile gefestigter BFH-Rechtsprechung ist die Übertra**gung einer Versorgungsverpflichtung auf einen anderen Rechtsträger** nicht allein deshalb als vGA zu werten, weil sie im Zusammenhang mit der Veräußerung der Anteile steht.

Sind z.B. Abfindungen vereinbarungsgemäß im Zusammenhang mit der Beendigung des Dienstverhältnisses eines nicht beherrschenden Gesellschafter-Geschäftsführers gezahlt worden, werden sie ausschließlich als betrieblich veranlasst angesehen. Eine vGA scheidet in vergleichbaren Fällen schon deshalb aus, weil die GmbH im Gegenzug von ihrer Pensionsverpflichtung befreit wird. Hierdurch tritt keine Minderung des Unterschiedsbetrags nach § 4 Abs. 1 Satz 1 EStG in Verbindung mit § 8 Abs. 1 KStG ein.

BFH, Urteil vom 28.4.2010, Az. I R 78/08

92 Überversorgung (2)

Keine Anwendung der Überversorgungsrechtsprechung auf endgehaltsabhängige Versorgungszusagen

Der Fall:

Dem Geschäftsführer A und seiner Ehefrau B waren 1982 Pensionszusagen von der A-GmbH gewährt worden. A war zu 68%, B zu 32% an der A-GmbH beteiligt.

Am 30.12.1982 gewährte die A-GmbH dem A durch Pensionsvereinbarung eine Alters-, Invaliden- und Hinterbliebenenversorgung, die eine lebenslängliche Altersrente nach dem vollendeten 65. Lebensjahr in Höhe von 60% des rentenfähigen Einkommens vorsah. Als rentenfähiges Einkommen galt das in den letzten zwölf Monaten vor Eintritt des Versorgungsfalls erzielte Durchschnittseinkommen, das sich aus dem Bruttogehalt zusammensetzt.

Im Jahr 2002 wurde aufgrund einer anhaltenden Verschlechterung der Ertragslage eine Festschreibung der Pensionszusage auf den Wert der steuerlichen Rückstellung im Jahresabschluss zum 31.12.2002 beschlossen. Im Gesellschafterbeschluss wurden die Werte der steuerlichen Rückstellungen ausgewiesen; von den genannten Rückstellungswerten sollte die Rente dann retrograd ermittelt werden.

Zur Berechnung der Rentenhöhe lagen zwei mathematische Gutachten vor, die jedoch zu vollkommen unterschiedlichen Ergebnissen kamen. Die Rente von A wurde einmal mit 15.338 €, ein anderes Mal mit 6.916 € berechnet. Bei B waren die Differenzen ähnlich. Die Rückstellung selbst betrug 889.387 €, was zu einer Teilauflösung der schon gebildeten Rückstellung führte.

Im Rahmen einer Betriebsprüfung vertraten die Prüfer die Auffassung, dass die Rückstellung in vollem Umfang aufzulösen sei, da die Pensionszusagen durch die Änderungen in 2002 unklar seien. Das FG Düsseldorf folgte dieser Auffassung (Urteil vom 10.11.2015, Az. 6 K 4456/13K, GmbH-Stpr 2016, S. 79).

Das Urteil:

Der BFH schloss sich der Auffassung des Finanzamts und des FG Düsseldorf an. Die Angabe in der Pensionsvereinbarung, dass die Rente aus dem Rückstellungsbetrag retrograd zu ermitteln sei, ist nach Auffassung des BFH nicht eindeutig. Dies zeigt sich auch daran, dass die versicherungsmathematischen Gutachten aus den Jahren 2007 und 2012 trotz Anwendung derselben Parameter (Richttafeln Dr. Heubeck 1998, Rechnungszinsfuß 6%) zu völlig unterschiedlichen Ergebnissen gekommen seien. Es ist auch nicht mehr eindeutig, ob bei der retrograden Ermittlung ein Zinsfuß überhaupt und in welcher Höhe er gegebenenfalls anzusetzen sei.

Es erschien dem BFH auch nicht selbstverständlich, dass die Richttafeln von Heubeck anzuwenden seien, da es auch andere Tafeln zur Ableitung der statistischen Lebenserwartung gebe. Der BFH betont, dass es nicht darum gehe, ob die Verwendung der Heubeck-Richttafeln der Verkehrssitte entspräche; vielmehr gehe es darum, den Inhalt der individualvertraglichen Abrede zu bestimmen, also die Berechnungsmodalitäten und damit die Höhe der zugesagten Altersrente.

Konsequenzen:

Der Urteilsfall zeigt eindrucksvoll, wie wichtig es ist, bei der Vereinbarung oder der Änderung von Pensionszusagen Fachleute heranzuziehen. Der Laie mag denken, es gebe ohnehin nur eine Möglichkeit, die Rente zu berechnen und dies würden die Mathematiker schon machen. Es gibt in der Praxis jedoch mehrere mögliche Berechnungsmethoden, wenn nicht alle relevanten Parameter vollständig beschrieben und festgelegt sind.

Die Pensionsvereinbarung muss eindeutig sein. Dieses Erfordernis wurde durch das Steueränderungsgesetz 2001 vom 20.12.2001 in § 6a Abs. 1 Nr. 3 EStG eingeführt.

Entgegen der im finanzgerichtlichen Verfahren geäußerten Auffassung des Finanzamts hat der BFH den Anwendungsbereich der Überversorgungsgrundsätze nicht auf endgehaltsabhängige Versorgungszusagen erstreckt. Nach den Feststellungen des Finanzgerichts waren den Eheleuten im Streitjahr 2002 endgehaltsabhängige Pensionen zugesagt worden, nämlich 65% des definierten rentenfähigen Einkommens in den letzten Monaten vor dem Versorgungsfall. Da die Höhe der künftigen Monatsgehälter ungewiss ist, lässt sich die Höhe der künftigen Pensionen nicht betragsgenau bestimmen. Es handelte sich demnach nicht um die Zusage einer Pension in Höhe eines festen Betrags.

BFH, Urteil vom 31.5.2017, Az. I R 91/15

93 Überversorgung (3)

Festhalten des BFH an den bisherigen Grundsätzen der Überversorgung

Der Fall:

Klägerin ist die C-GmbH, deren alleiniger Gesellschafter-Geschäftsführer C ein Bruttomonatsgehalt von 7.000 € sowie eine Tantieme von „bis zu 50% vom Jahresüberschuss vor Steuern" bezog. Eine Regelung zur privaten Nutzung des betrieblichen Kfz enthielt der Anstellungsvertrag nicht. 1993 erteilte die C-GmbH dem C eine Versorgungszusage (unabänderliches Ruhegehalt von 6.000 DM) ab Vollendung des 65. Lebensjahrs. Die C-GmbH schloss eine dynamisierte Rückdeckungsversicherung ab. Im Jahr 1998 machte die C-GmbH Zuführungen zu Pensionsrückstellungen von 54.444 DM geltend.

Im November 1999 übertrug C die GmbH-Anteile auf seine beiden Söhne D und E. In diesem Zusammenhang wurde seine Arbeitszeit reduziert und das Bruttogehalt auf 6.000 € herabgesetzt. Im Streitjahr 2006 erhielt C bis einschließlich Februar 3.790 € Gehalt und ab März eine Pension in Höhe von 3.067 € (6.000 DM). Er erhielt zudem eine Rente aus der gesetzlichen Rentenversicherung (selbstfinanzierte Beiträge) von monatlich 831,46 €.

Nach dem Bericht des Prüfers liegt für C eine Überversorgung vor, die sich wie folgt ermittelt: letzte Aktivbezüge (brutto in 2005) 46.765 € davon 75% = 35.074 € abzgl. SV-Rente -9.977 €, abzgl. Direktversicherung mtl. -447 €= maximale Betriebsrente 24.650 €.

Von den an C ausgezahlten Pensionsleistungen (2006: 30.667 € und 2007: 36.813 €) wurden die Differenzbeträge zur maximalen Betriebsrente dem Einkommen der GmbH hinzugerechnet. Ferner wurde die Privatnutzung des Kfz als vGA hinzugerechnet.

Gegen die Änderungsbescheide des Finanzamts wurde erfolglos Einspruch erhoben. Das FG Berlin-Brandenburg (Urteil vom 2.12.2014, Az. 6 K 6045/12) hat der Klage stattgegeben.

Das Urteil:

Der BFH sah die Revision als begründet an, da das FG rechtsfehlerhaft von einer Kürzung der Rückstellung für die Pensionsverpflichtung dem Grunde nach abgesehen hatte. Die Sache wurde allerdings an das FG zurückverwiesen, da bei der Berechnung der sogenannten Überversorgung zugunsten der GmbH die Aktivbezüge des Begünstigten in einem größeren Umfang einzubeziehen sind.

Die Rückstellung für Pensionsleistungen ist höchstens mit dem Teilwert anzusetzen (§ 6a Abs. 3 EStG). Veränderungen der Pensionsleistungen sind bei der Berechnung des Barwerts erst zu berücksichtigen, wenn sie eingetreten sind. Dies gilt auch für die Zeit nach Beendigung des Dienstverhältnisses. Die sich hieraus ergebende Berechnung des Teilwerts nach dem Stichtagsprinzip lässt sich bei Zusage in Höhe fester Beträge nicht durch eine entsprechend höhere Versorgung umgehen. Eine solche Höherbemessung führt zur **anteiligen Kürzung der Pensionsrückstellung** soweit die Versorgungsanwartschaft zusammen mit der Rentenanwartschaft aus der gesetzlichen Rentenversicherung 75% der am Bilanzstichtag bezogenen Aktivbezüge übersteigt. Der BFH hat im Einklang mit seiner bisherigen Rechtsprechung und der Verwaltungsauffassung (BMF-Schreiben vom 3.11.2004, BStBl I 2004, S. 1045) auf die vom Arbeitgeber tatsächlich bezogenen Arbeitsentgelte abgestellt.

Konsequenzen:

Bei der Feststellung der Aktivbezüge gilt der lohnsteuerliche Arbeitslohnbegriff (§ 2 LStDV). Alle Bezüge werden ausgespart, die nicht im Arbeitsverhältnis veranlasst sind. Es sind ebenso variable Gehaltsbestandteile einzubeziehen wie z.B. Tantieme. Dabei ist eine Fünfjahres-Durchschnittsberechnung zugrunde zu legen.

Der Senat erkennt an, dass es **in einer Unternehmenskrise** bei einer Verminderung des Gehalts nicht zwingend sofort zu einer Absenkung der Versorgung kommen muss, um die Überversorgungsgrundsätze nicht zu verletzen. Ein solcher Ausnahmefall lag aber im Streitfall nicht vor.

Besonders zu beachten bei der Prüfung ist, dass sämtliche am Stichtag durch den Arbeitgeber vertraglich zugesagten Altersversorgungsansprüche (so auch Direktzusage, Direktversicherung) einschließlich der zu erwartenden Rente aus der gesetzlichen Rentenversicherung herangezogen werden. Dabei ist es nach Auffassung des BFH unerheblich, ob die **Ansprüche** aus der gesetzlichen Rentenversicherung **auf eigenen Leistungen des Versorgungsanwärters** – wie im Urteilsfall – beruhen.

BFH, Urteil vom 20.12.2016, Az. I R 4/15

94 Umsatztantieme – Allgemeines

Umsatztantiemen für den Gesellschafter-Geschäftsführer einer Kapitalgesellschaft sind regelmäßig vGA

Der Fall:

A ist alleiniger Gesellschafter und Geschäftsführer der X-GmbH. Neben einem Festgehalt erhält er eine Umsatztantieme für die von ihm selbst abgeschlossenen Geschäfte. Das Finanzamt qualifizierte diese als vGA. Einspruch und Klage hatten keinen Erfolg.

Der Beschluss:

Der BFH wies die Nichtzulassungsbeschwerde mit Beschluss vom 12.10.2010 als unbegründet zurück. Nach Auffassung der Richter ist in der Rechtsprechung geklärt, dass die Vereinbarung von Umsatztantiemen für den Gesellschafter-Geschäftsführer regelmäßig als vGA zu beurteilen ist (BFH, Urteil vom 19.2.1999, Az. I R 105-107/97, BStBl II 1999, S. 321 sowie Urteil vom 6.4.2005, Az. I R 10/04, BFH/NV 2005, S. 2058; GmbH-Stpr 2005, S. 369).

Des Weiteren ist geklärt, dass die an einen Gesellschafter-Geschäftsführer gezahlten **Umsatzprovisionen**, die weder zeitlich noch der Höhe nach beschränkt sind, auch dann regelmäßig vGA darstellen, wenn die Provisionen für die von ihm selbst abgeschlossenen Geschäfte geleistet werden (BFH, Urteil vom 28.6.2006, Az. I R 108/05, BFH/NV 2007, S. 107; GmbH-Stpr 2007, S. 45 sowie Mertes, GmbH-Stpr 2009, S. 10 ff.).

Konsequenzen:

Eine Umsatztantieme kann **ausnahmsweise** dann anzuerkennen sein, wenn die mit der Vergütung angestrebte Leistungssteigerung durch eine Gewinntantieme nicht zu erreichen wäre, so etwa **in der ertragsschwachen Aufbauphase** des Unternehmens (BFH, Urteil vom 20.9.1995, Az. I R 130/94, BFH/NV 1996, S. 508).

Bei einem Alleingesellschafter-Geschäftsführer besteht im Falle der Umsatztantieme die Gefahr, dass er – um eine möglichst hohe Tantieme zu erhalten – die Umsätze zulasten der Unternehmensrentabilität in die Höhe treibt.

Aus dem Beschluss ergibt sich außerdem, dass noch nicht einmal der gewahrte **„Fremdvergleich"** die Gestaltung steuerlich retten kann, etwa wenn andere GmbH-Mitarbeiter ebenfalls eine Umsatztantieme erhalten. Denn die Einflussnahme sonstiger Mitarbeiter auf die Tätigkeit der GmbH und damit auf den Umsatz ist nicht mit dem Einfluss des Alleingesellschafter-Geschäftsführers vergleichbar.

In Ausnahmesituationen wie dem Gründungsstadium muss die Umsatztantieme **zeitlich befristet** sein. Zudem ist in jedem Fall die Festlegung einer **betragsmäßigen Höchstgrenze** unerlässlich, um einer steuerschädlichen Gewinnabsaugung vorzubeugen.

Vergleiche zum Thema „Umsatztantiemen" auch Mertes, Geschäftsführer-Erfolgsvergütung, GmbH-Stpr 2009, S. 69 ff.

BFH, Beschluss vom 12.10.2010, Az. I B 70/10

95 Umsatztantieme – steuerliche Anerkennung

Anerkennung bei einer allein für den Vertrieb zuständigen Prokuristin einer GmbH

Der Fall:

Y war alleiniger Geschäftsführer der Z-GmbH, die sich auf den Großhandel von Möbeln konzentriert hatte. X, die Ehefrau des Y, war lange Jahre in der Möbelbranche tätig gewesen. Ab 1.1.1999 wurde sie von der Z-GmbH als Leiterin der Vertriebsabteilung angestellt. Ihre Aufgabe war es insbesondere, bestehende Kundenkontakte auszubauen und den Kundenkreis zu erweitern. Die monatliche Bruttovergütung betrug 22.000 DM. Außerdem wurde eine umsatzabhängige Provision wie folgt vereinbart:

- bei einem Nettoumsatz von mehr als 20 Mio. DM 1% des überschreitenden Umsatzes;
- bei Überschreiten eines Nettoumsatzes von 25 Mio. DM 1,5% des überschreitenden Umsatzes.

In den (abweichenden) Wirtschaftsjahren 2003 bis 2005 erzielte die Z-GmbH bei einem Umsatz von 10,5 Mio. €, 11,8 Mio. € und 12,0 Mio. € einen Gewinn von 240.318 €, 431.334 € und 800.470 €. Für X ergaben sich umsatzabhängige Provisionen (Umsatztantiemen) in Höhe von 11.750 €, 23.750 € und 25.569 €, die bei der GmbH als Arbeitslohn gebucht wurden.

Bei einer Betriebsprüfung vertrat der Prüfer den Standpunkt, dass eine zeitliche oder höhenmäßige Begrenzung der an X gezahlten Umsatztantieme im Arbeitsvertrag nicht festgehalten worden sei und dass diese Vertragsgestaltung daher nach dem Urteil des BFH vom 19.2.1999 (Az. I R 105107/97) eine verdeckte Gewinnausschüttung darstelle. Das Finanzamt änderte die KSt-Bescheide entsprechend.

Der Einspruch blieb erfolglos, obwohl die GmbH nachwies, dass die vereinbarten Umsatztantiemen angemessen und in der Branche fremdüblich waren und die mit der variablen Vergütung angestrebte Leistungssteigerung durch eine Gewinntantieme nicht zu erreichen gewesen wäre.

Das Urteil:

Das FG hielt die Klage für zulässig und begründet. Bei den Umsatzprovisionen handelt es sich um vom Gewinn abziehbare Betriebsausgaben und nicht um vGA.

Bei der steuerlichen Anerkennung von Erfolgsbeteiligungen für Gesellschafter-Geschäftsführer ist nach der BFH-Rechtsprechung davon auszugehen, dass ein ordentlicher Geschäftsleiter eine Gewinn- und keine Umsatzbeteiligung gewährt, da eine Umsatzbeteiligung unter Vernachlässigung des eigenen Gewinnstrebens der GmbH die Gefahr einer Gewinnabsaugung in sich birgt. Ihm ist jedoch ein gewisser Entscheidungsspielraum einzuräumen, in dessen Rahmen er den betrieblichen Notwendigkeiten und Interessen der GmbH Rechnung tragen darf.

Als nicht gesellschaftlich veranlasst wird eine Umsatztantieme dann angesehen, wenn überzeugende betriebliche und/oder **unternehmerische Gründe** dafür sprechen. Als ein solcher wirtschaftlicher Rechtfertigungsgrund wird von der Rechtsprechung zum einen die **Aufbauphase eines Unternehmens** und zum anderen eine **ausschließliche Vertriebszuständigkeit des Tantiemebegünstigten** anerkannt. Bei einer ausschließlichen Vertriebszuständigkeit des tantiemebegünstigten Geschäftsführers bedarf es keiner zeitlichen und höhenmäßigen Begrenzung der Umsatztantieme. Eine solche Einschränkung ergibt sich auch nicht aus den einschlägigen BFH-Urteilen.

Nach diesen Maßstäben stellt die im Streitfall der Prokuristin X als nahestehende Person zugesagte Umsatztantieme keine vGA dar. Zudem hielt das FG die Höhe der Umsatztantieme angesichts des Festgehalts, der getätigten Umsätze und des beruflichen Werdegangs der X nicht für unangemessen.

Konsequenzen:

Mertens hat in seinem Beitrag „Tantiemevereinbarungen mit dem Gesellschafter-Geschäftsführer einer GmbH" (vgl. GmbH-Stpr 2015, S. 253) im Einzelnen dargelegt, in welchen Fällen die Rechtsprechung Gewinn- und Umsatztantiemen anerkennt. Bis dahin hatte lediglich das FG Berlin-Brandenburg mit Urteil vom 8.4.2014 (Az. 6 K 6216/12; GmbH-Stpr 2014, S. 377) die Zahlung einer Umsatztantieme an einen Gesellschafter-Geschäftsführer trotz fehlender zeitlicher und betragsmäßiger Beschränkung anerkannt.

Mit diesem Urteil dürfte sich die steuerliche Anerkennung von angemessenen und fremdüblichen Umsatztantiemen bei ausschließlicher Vertriebszuständigkeit weiter gefestigt haben.

FG Baden-Württemberg, Urteil vom 21.4.2015, Az. 6 K 867/12

96 Werbungskosten – Bürgschaft (1)

Zur Abzugsfähigkeit von Aufwendungen eines Geschäftsführers aus einer Bürgschaftsinanspruchnahme zugunsten der GmbH

Der Fall:

Der Kläger (K) ist mit 25% am Stammkapital einer Steuerberatungs-GmbH (S-GmbH) beteiligt, bei der er auch als Steuerberater tätig ist und Einkünfte nach § 19 EStG bezieht. K hatte zugunsten eines Mandanten eine Bürgschaft übernommen, aus der er in Anspruch genommen wurde. Zur Begleichung der Bürgschaftsforderung nahm er ein Darlehen auf, für das im Streitjahr Zinsen in Höhe von rund 25.400 € anfielen, die er als Werbungskosten in seiner Einkommensteuererklärung 2012 geltend machte. Zur Begründung wies er darauf hin, dass es sich dabei um eine mandatserhaltende Maßnahme gehandelt habe, die den Fortbestand des Unternehmens des Mandanten und damit auch die Honorarforderungen der S-GmbH habe sichern sollen.

Das Finanzamt vertrat die Auffassung, die Übernahme der Bürgschaft sei nicht durch das Arbeitsverhältnis des K, sondern durch seine Stellung als Gesellschafter veranlasst gewesen, deshalb seien die Aufwendungen als nachträgliche Anschaffungskosten auf die Beteiligung und nicht als Werbungskosten bei seinen Einkünften aus § 19 EStG zu qualifizieren. Der Einspruch blieb erfolglos.

Das Urteil:

Der BFH hielt die Klage für begründet und erkannte die Aufwendungen als Werbungskosten bei den Einkünften des Klägers aus nichtselbstständiger Tätigkeit an. Eine private Veranlassung der Bürgschaftsübernahme kann ausgeschlossen werden. Vielmehr sind die Aufwendungen dem K im Zusammenhang mit der Mandatsbetreuung im Rahmen seiner beruflichen Tätigkeit als Steuerberater entstanden.

Die Rechtsprechung geht zwar davon aus, dass in den Fällen, in denen der Geschäftsführer in nicht nur unbedeutendem Umfang an der GmbH beteiligt ist, die Bürgschaftsübernahme durch das Gesellschaftsverhältnis veranlasst ist. Der Streitfall unterscheidet sich jedoch insofern von diesen Fällen als der Kläger nicht „seiner" Gesellschaft eine Bürgschaft gewährt, sondern einem von ihm betreuten Mandanten. Obwohl K nicht gering beteiligt war, liegt eine Verbindung der Bürgschaftsübernahme mit der Beteiligung nicht auf der Hand wie bei Stützungsmaßnahmen zugunsten der GmbH selbst.

Die Bürgschaft wurde gegeben, damit das Mandat und der damit zusammenhängende Umsatz erhalten bleiben sollten. Dies führt nur zu einem mittelbaren Zusammenhang mit der Gesellschafterstellung des K, insbesondere weil es sich nicht um ein Mandat gehandelt hat, von dem der wirtschaftliche Bestand der Gesellschaft betroffen gewesen wäre.

Konsequenzen:

Die Bürgschaftsübernahme und die damit zusammenhängenden Aufwendungen sind **vorrangig in Zusammenhang mit dem Arbeitsverhältnis des Klägers** zu sehen. Wie sich aus dem Protokoll der Gesellschafterversammlung ergab, wäre ein Ausfall der Honorarforderung zulasten der von K als Teil des Arbeitslohns bezogenen Tantieme gegangen.

Das Gericht ging ferner davon aus, dass derartige Bürgschaftsübernahmen – wenn auch nicht als Regelfall, dann doch in diversen Einzelfällen – zur Mandatsbetreuung im Rahmen einer umfassenden steuerrechtlichen und wirtschaftsberatenden Tätigkeit gehören.

FG Münster, Urteil vom 15.10.2015, Az. 3 K 472/14 E

97 Werbungskosten – Bürgschaft (2)

Aufwendungen aus der Inanspruchnahme aus einer Bürgschaft als Werbungskosten

Der Fall:

K war seit 2002 Geschäftsführer der A-GmbH und erhielt dafür ein festes Gehalt (10.000 €) sowie eine Tantieme. Er hatte bei Gründung der Gesellschaft vom Stammkapital in Höhe von 50.000 € einen Anteil von 15.000 € übernommen, dies allerdings treuhänderisch im Auftrag und für Rechnung des C. Die ihm als Gesellschafter zustehenden Rechte konnte K nur gemäß den Weisungen des Treugebers ausüben; Ausschüttungen waren an diesen abzuführen. Für die Treuhändertätigkeit erhielt K keine Vergütung, sondern lediglich Aufwendungsersatz.

Im Jahr 2003 nahm die GmbH Darlehen über 250.000 € und 1,13 Mio. € für Grundstückskäufe auf. Als Sicherheit verlangten die Banken jeweils eine selbstschuldnerische Bürgschaft des K.

K wurde zu Beginn 2004 als Geschäftsführer abberufen. Der Antrag auf Eröffnung des Insolvenzverfahrens über das Vermögen der GmbH wurde mangels Masse abgelehnt.

K wurde aus seinen Bürgschaften in Anspruch genommen. Diese Zahlungen finanzierte er aus einem grundschuldbesicherten Darlehen. In diesem Zusammenhang fielen in den Jahren 2009 bis 2011 Zinsen (1.247 €) und Kosten der Grundschuldbestellung (4.289 €) an, die K in seinen Einkommensteuererklärungen als Werbungskosten geltend machte, die vom Finanzamt jedoch nicht anerkannt wurden.

Einspruch und Klage blieben erfolglos, da nicht mit der notwendigen Sicherheit festgestellt werden konnte, dass die Bürgschaftsübernahmen durch die Stellung als Arbeitnehmer veranlasst gewesen seien. Begründung: C hatte dem K eine Beteiligung in Aussicht gestellt, um ihn als Geschäftsführer zu gewinnen.

Das Urteil:

Der BFH hielt die Revision für begründet und hob das angefochtene Finanzgerichtsurteil auf.

Nach § 9 Abs. 1 Satz 2 EStG sind Werbungskosten bei der Einkunftsart abzuziehen, bei der sie erwachsen sind. Stehen Aufwendungen zu mehreren Einkunftsarten in einem wirtschaftlichen Zusammenhang, so entscheidet der engere und wirtschaftlich vorrangige Zusammenhang.

Diese Rechtsgrundsätze hat der BFH in Bezug auf die Frage konkretisiert, ob die Bürgschaftsverluste durch das Arbeitsverhältnis veranlasst sind. **Je höher die Beteiligung des GmbH-Gesellschafters** ist, desto mehr spricht für eine innere wirtschaftliche Verbindung zu den Einkünften aus Kapitalvermögen und damit für nachträgliche Anschaffungskosten der GmbH-Beteiligung. Umgekehrt bedeutet dies, dass eine **nur sehr geringe Beteiligung** als Indiz dafür anzusehen ist, dass die Bürgschaftsübernahme **durch das Arbeitsverhältnis veranlasst** ist. Dies gilt erst recht, wenn der Geschäftsführer überhaupt nicht an der GmbH beteiligt ist.

Grundsätzlich ist nicht ausgeschlossen, dass ein Erwerbsaufwand auch durch eine nur angestrebte Erwerbstätigkeit (Anteilserwerb) veranlasst ist. Solche Aufwendungen können als vorweggenommene Werbungskosten abziehbar sein. Dies setzt allerdings voraus, dass die künftige Erwerbstätigkeit schon hinreichend konkret feststeht.

Unter Würdigung der Umstände des Einzelfalls sah der BFH einen solch konkreten Veranlassungszusammenhang mit einem möglichen Anteilserwerb nicht als gegeben.

Konsequenzen:

Die Rechtsgrundsätze, auf die sich der BFH in diesem Urteil bezieht, gelten nicht nur für Lohneinkünfte, sondern für alle Gewinn- und Überschusseinkünfte gleichermaßen (vgl. Vorlagebeschluss des Senats vom 17.7.2014, Az. VI R 8/12). Dementsprechend wurden etwa Gutachterkosten in Zusammenhang mit einem künftigen Beteiligungserwerb nur dann den Einkünften aus § 17 EStG zugerechnet, wenn das Gutachten mehr als lediglich eine Maßnahme zur Vorbereitung einer noch unbestimmten, erst später zu treffenden

Erwerbsentscheidung darstellt (BFH, Urteil vom 27.3.2007, Az. VIII R 62/05, GmbH-Stpr 2008, S. 83).

BFH, Urteil vom 8.7.2015, Az. VI R 77/14

98 Werbungskosten – Statusfeststellungskosten

Kosten für Beratung des Geschäftsführers und seine sozialversicherungsrechtliche Statusfeststellung als berufsbedingter Aufwand

Der Fall:

Ein GmbH-Geschäftsführer nahm im Oktober 2004 Beratungsleistungen zu der Frage in Anspruch, ob für seine Tätigkeit als GmbH-Geschäftsführer für die H-GmbH Sozialversicherungsbeiträge abgeführt werden müssen. Ende des Jahres 2004 teilte die Krankenkasse mit, dass der Geschäftsführer nicht sozialversicherungspflichtig sei. Im Jahr 2004 zahlten die zuständige Landesversicherungsanstalt die entrichteten Beiträge zur Rentenversicherung und die Agentur für Arbeit die Beiträge zur Arbeitslosenversicherung zurück.

Das beklagte Finanzamt änderte daraufhin rückwirkend seine Einkommensteuerbescheide nach § 175 Abs. 1 Satz 2 Nr. 2 AO und kürzte die erstatteten Versicherungsleistungen bei dem Sonderausgabenabzug der betreffenden Jahre.

Die geltend gemachten Beratungskosten in Höhe von etwa 11.000 € wurden vom Finanzamt weder als Werbungskosten noch als Sonderausgaben berücksichtigt. Einspruch und Klage (FG Rheinland Pfalz, Urteil vom 25.3.2009, Az. 2 K 1478/07) blieben erfolglos.

Das Urteil:

Der Bundesfinanzhof hob das angefochtene Urteil auf und gab der Klage statt. Entgegen der Ansicht der Vorinstanz entschied der BFH, dass die Beratungshonorare als Werbungskosten bei den **Einkünften aus nichtselbstständiger** Arbeit zu berücksichtigen sind.

Nach ständiger Rechtsprechung des BFH sind Aufwendungen als Werbungskosten dann abzugsfähig, wenn zwischen Aufwendungen und Einnahmen ein **objektiver beruflicher Zusammenhang** besteht (§ 9 Abs. 1 Satz 1 EStG). Dabei ist im Übrigen auch ohne Belang, ob sich die Aufwendungen konkret auf die Höhe des Arbeitslohns auswirken (BFH, Urteil vom 11.1.2007, Az. VI R 52/03, BStBl II 2007, S. 317).

Konsequenzen:

Kosten der Rechtsberatung und der Rechtsverfolgung (Beratungs-, Vertretungs- und Prozesskosten) können Werbungskosten bei den Arbeitnehmereinkünften eines Geschäftsführers sein, wenn der Gegenstand des Rechtsstreits mit der Einkunftsart „Arbeitseinkünfte" zusammenhängt. Mit der Einkunftsart der nichtselbstständigen Arbeit hängen nach bisheriger Rechtsprechung alle das Arbeitsverhältnis betreffenden **bürgerlich-rechtlichen oder arbeitsrechtlichen Streitigkeiten** zusammen (so bereits BFH, Urteil vom 6.12.1983, Az. VIII R 102/79, BStBl. II 1984, S. 314).

Neu und höchstrichterlich geklärt ist, dass nunmehr auch die mit einer Beschäftigung (§ 7 SGB IV) einhergehenden öffentlich-rechtlichen **Streitigkeiten** den erforderlichen Veranlassungszusammenhang mit den Einkünften nach § 19 EStG aufweisen. Denn die Beschäftigung ist nach § 7 Abs. 1 SGB IV regelmäßig Ausfluss eines Arbeitsverhältnisses (so BAG, Beschluss vom 19.8.2008, Az. 5 AZB 75/08).

☞ Aufwendungen von GmbH-Geschäftsführern im Zusammenhang mit dem **Anfrageverfahren** nach § 7a SGB IV (sogenannte Statusfeststellungsverfahren), das die Feststellung der Sozialversicherungspflicht der Beschäftigung zum Gegenstand hat (vgl. auch BSG, Urteil vom 11.3.2009, Az. B 1 R 11/07 R sowie Urteil vom 4.6.2009, Az. B 12 R 6/08 R), zählen daher genauso wie **Beratungskosten** zu den Werbungskosten bei den Einkünften aus nichtselbstständiger Arbeit. Ob das Honorar in Form eines prozentualen Anteils an den Erstattungen anfällt (**Erfolgshonorar**) **oder** in Form einer **zeitabhängigen Vergütung** gezahlt wird, ist dabei ohne Einfluss auf die steuerliche Berücksichtigung als Werbungskosten.

BFH, Urteil vom 6.5.2010, Az. VI R 25/09

99 Wettbewerbsverbot

Nachvertraglicher Verzicht der GmbH auf nachvertragliches Wettbewerbsverbot des Ex-Geschäftsführers

Der Fall und das Urteil:

Einem Geschäftsführer war im Anstellungsvertrag ein zweijähriges nachvertragliches Wettbewerbsverbot auferlegt worden. Der Vertrag sah eine Kündigungsfrist von zwölf Monaten vor. Während der Dauer des Verbots sollte der Geschäftsführer 50% des letzten Festgehalts als Karenzentschädigung erhalten. Der Geschäftsführer kündigte das Anstellungsverhältnis im September 2008 außerordentlich. Im Dezember 2008 verzichtete die Gesellschaft auf das Wettbewerbsverbot und stellte die Zahlung der Karenzentschädigung ein. Der Geschäftsführer klagte auf Zahlung der Karenzentschädigung für die vollen zwei Jahre von September 2008 bis August 2010.

Das OLG sprach dem Kläger die Karenzentschädigung für die Zeit vom September 2008 bis Dezember 2009 zu, wies jedoch für den darüber hinausgehenden Zeitraum von Januar bis August 2010 die Klage ab.

Konsequenzen:

Ist in einem GmbH-Geschäftsführeranstellungsvertrag ein Wettbewerbsverbot gegen Karenzentschädigung vereinbart worden, kann die Gesellschaft, wenn nichts anderes vereinbart worden ist, auch noch **nach Beendigung des Anstellungsvertrags auf das Wettbewerbsverbot verzichten** mit der Folge, dass die Karenzentschädigung entfällt. Allerdings sind in diesem Fall die Interessen des Geschäftsführers zu wahren. Da dieser bis zur Ausübung des Verzichts davon ausgeht, dass er seinen künftigen Lebensunterhalt auf einem neuen Geschäftssektor suchen muss und auf eine Karenzentschädigung zurückgreifen kann, kann ein Verzicht nur so erfolgen, dass der Geschäftsführer sofort mit der Verzichtserklärung von der Pflicht zur Einhaltung des Wettbewerbsverbots frei wird, die Gesellschaft dagegen noch für eine gewisse Zeit die Karenzentschädigung fortzuzahlen hat. Für die **Bemessung dieser Frist** stellt das OLG auf die vertraglich vorgesehene Kündigungsfrist des Anstellungsvertrags ab.

Nach § 75a HGB kann der Arbeitgeber **vor der Beendigung** eines Dienstverhältnisses auf ein Wettbewerbsverbot mit der Wirkung verzichten, dass er mit Ablauf eines Jahres seit der Erklärung von der Verpflichtung zur Zahlung der Entschädigung frei wird. Das OLG München lehnte eine analoge Anwendung dieser Vorschrift ausdrücklich ab.

Die Tendenz der Zivilgerichte geht dahin, sich immer weiter von den „arbeitsrechtlichen" Normen der §§ 74 ff. HGB zu entfernen und nur in Ausnahmefällen Analogien zu ziehen. Deshalb wird es für die Praxis immer wichtiger, in Wettbewerbsverbote mit Organmitgliedern (Geschäftsführer, Vorstand) **detaillierte Bestimmungen über Leistungsstörungen oder Verzichtsrechte** aufzunehmen. Gerade im Hinblick auf das Verzichtsrecht sollte klar geregelt werden, ob, unter welchen Voraussetzungen und mit welchen Rechtsfolgen ein Verzichtsrecht des Unternehmens bestehen soll.

OLG München, Urteil vom 28.7.2010, Az. 7 U 2417/10

100 Zufluss – Vergütung

Steuerlich maßgebender Zufluss von Vergütungen an beherrschende Gesellschafter-Geschäftsführer

Der Fall:

Der zu 51% an einer GmbH beteiligte Gesellschafter hatte nach einem Gesellschafterbeschluss Anspruch auf ein monatliches Honorar von 10.500 DM zuzüglich Umsatzsteuer für Planungsleistungen, das er der GmbH in Rechnung stellen und erhalten sollte, wenn die GmbH dazu wirtschaftlich in der Lage war. Ein gleich hohes Honorar sollte er für seine Geschäftsführungstätigkeit beziehen. Zudem sollte er eine einmalige Abfindung für Aufwendungen in Höhe von 10.000 DM erhalten.

Für das Jahr 1992 stellte er der GmbH am 20.12.1992 insgesamt 126.000 DM zuzüglich 17.640 DM Umsatzsteuer in Rechnung. Außer dieser Geschäftsführervergütung erhielt er 48.549 DM für seine Beratungstätigkeit sowie 10.000 DM Aufwendungsersatz. Das Finanzamt stufte sowohl den Aufwendungsersatz als auch das Geschäftsführungshonorar von 143.640 DM als vGA ein und unterstellte den Zufluss von Zinsen in Höhe von 2.213 DM für der GmbH gewährte Darlehen.

Das Urteil:

Die dagegen eingelegten Rechtsmittel blieben letztlich ohne Erfolg. Die Vereinbarungen über die **Vergütung** der **Beratungs-** und der **Geschäftsführertätigkeit** sind – so der BFH – nicht klar und eindeutig im Voraus getroffen worden. Denn es blieb offen, ob und in welcher Höhe ein Entgelt für diese Leistungen gezahlt werden sollte. Dem könne nicht entgegengehalten werden, der Gesellschafter habe die GmbH trotz seiner 51%-igen Beteiligung nicht beherrscht. Ob die Minderheits-Gesellschafter den Mehrheits-Gesellschafter fachlich hätten unter Druck setzen können, spiele keine Rolle.

Die einzelnen Vergütungen seien dem Gesellschafter auch **zugeflossen;** denn bei einem beherrschenden Gesellschafter ist dazu **keine Gutschrift** auf seinem Konto **erforderlich**, sondern der Zufluss wird durch die Fälligkeit ausgelöst. Die **Fälligkeit ergab sich aus der Rechnungsstellung**, nach welcher der Gesellschafter die Zahlung verlangen konnte.

Eine die Fälligkeit hinausschiebende Nebenvereinbarung lag nicht vor. Die GmbH war zu diesem Zeitpunkt auch als zahlungsfähig einzustufen; hohe Umsatzerlöse und Vorratsbestände hätten es ihr erlaubt, sich die erforderlichen Mittel **im Zweifel per Kredit** zu beschaffen. Zudem war sie in der Lage, andere Verbindlichkeiten zu begleichen.

Dass der Gesellschafter die Liquidität der GmbH schonen wollte und im Streitfall die **Auszahlung der Vergütungen stundete**, hindert nach Ansicht des BFH die Annahme des Zuflusses nicht. Vielmehr sei zu unterstellen, dass die Mittel ihm bereits im Fälligkeitszeitpunkt zugeflossen sind und er sie der GmbH als Darlehen zurückgewährt habe.

Auch die **einmalige Abfindung** von 10.000 DM sei als vGA zu beurteilen, da es an einer klaren und eindeutigen Vereinbarung hierüber fehlte. Ein solcher Anspruch könne nicht aus den

§§ 675, 670 BGB (Geschäftsführung ohne Auftrag) abgeleitet werden, zumal im Streitfall die GmbH keine Einzelnachweise für die Aufwendungen gefordert hatte.

Konsequenzen:

Der BFH bestätigt mit dieser Entscheidung seine bisherige Rechtsprechung. Er hält daran fest, dass ein zu 51% beteiligter Gesellschafter als beherrschend gilt, wenn keine abweichenden Stimmrechtsvereinbarungen vorliegen.

 Überlegene **Fachkenntnisse** von Minderheits-Gesellschaftern können an seiner „Beherrschung" nichts ändern.

Zahlungen an einen beherrschenden Gesellschafter gelten bereits dann als zugeflossen, wenn sie **fällig** sind. Ist kein konkreter Zeitpunkt vereinbart, richtet die Fälligkeit sich nach den bürgerlich-rechtlichen Vorschriften. Die Unterstellung eines erfolgten Zuflusses lässt sich nur durch den Nachweis widerlegen, dass die GmbH zum Fälligkeitszeitpunkt nicht zahlungsfähig war. Das ist aber erst dann der Fall, wenn sie keine Kredite mehr erhält.

☞ Der Zufluss hätte sich im Urteilsfall teilweise verhindern lassen, wenn der Gesellschafter seine Beratungsleistungen zu einem späteren Zeitpunkt in Rechnung gestellt hätte.

Die Unterstellung des Zuflusses von Leistungsvergütungen bei Fälligkeit gilt nur für beherrschende Gesellschafter. Dies hat der BFH erneut in einem Urteil vom 3.2.2011 betont (Az. VI R 4/10, GmbH-Stpr 2011, S. 215). In diesem Urteilsfall ging es um Arbeitslohn eines Gesellschafter- Geschäftsführers ohne beherrschende Stellung, der ihm nicht ausgezahlt worden war. Entgegen der Auffassung des Finanzamts verneinte der BFH den Zufluss.

BFH, Urteil vom 5.10.2004, Az. VIII R 9/03

Teil C: Vertragliche Musterformulierungen mit Hinweisen

- **Vorbemerkungen**

Damit Vergütungsregelungen optimal – auch finanzamtssicher – umgesetzt werden können, enthält dieser Praxis-Teil Formulierungshilfen zu den wichtigsten Gehaltsfragen eines Geschäftsführer-Anstellungsvertrags, die in zentralen Punkten zum besseren Verständnis auch erläutert sind, so u.a. zu:

- erlaubten bzw. nicht erlaubten Nebentätigkeiten,
- Tätigkeiten im Geschäftsbereich der GmbH oder als deren Subunternehmer,
- der Gestaltung der Hauptvergütung (Grundgehalt), und von variablen Sondervergütungen,
- der Vergütung bei Dienstverhinderung und Tod,
- Direktversicherung und Unfall-Vorsorgeversicherung,
- Dienstwagen und Privatnutzung,
- Auslagenersatz, z.B. bei der Benutzung des eigenen Privat-Pkw oder Telefons,
- Garagengeld,
- der Erstattung von Reisekosten und Spesen und der Zahlung einer Abgeltung für nicht genommenen Urlaub.

Um nicht beim Finanzamt anzuecken, sollten **Gesellschafter-Geschäftsführer** auch „Nebenvergütungen" wie z.B. Auslagenersatz und Dienstwagennutzung schriftlich mit der GmbH regeln. Auch bei **Fremdgeschäftsführern** empfiehlt sich eine solche Regelung aus Klarstellungsgründen.

Über eine betriebliche Altersversorgung in Form einer **Pensionszusage** sollte eine **gesonderte vertragliche Vereinbarung getroffen werden**. Schriftlichkeit in allen Details ist hier ein absolutes Muss, weil sonst laut Gesetz die GmbH nicht zur Vornahme Gewinn mindernder Pensionsrückstellungen berechtigt ist.

Die nachfolgenden Vertragsklauseln mit Praxis-Tipps sollen Anregungen für eine rechts- und steueroptimale Vergütungsregelung vor allem von GmbH-Gesellschafter-Geschäftsführern geben. Dieses entbindet Sie nicht von der Aufgabe, die Musterformulierungen auf Ihren eigenen Bedarf zuzuschneiden.

In Vergütungsfragen sollte Ihr Anstellungsvertrag, wenn Sie **beherrschender** Gesellschafter-Geschäftsführer sind, eher ausführlicher als zu knapp gehalten sein. Denn hier gilt: Alle wesentlichen Vertragsinhalte müssen eindeutig genug, d.h. für jeden Dritten verständlich, geregelt sein (sogenanntes

Klarheitsgebot). Sonst drohen verdeckte Gewinnausschüttungen „dem Grunde nach" (siehe Teil A, Ziff. 5), also der steuerlich denkbar schlechteste Fall!

- **Vergütungsrelevante Vertragsklauseln mit Anmerkungen**

§ 4 Tätigkeit für die GmbH – Nebentätigkeit

Der Geschäftsführer hat seine volle Arbeitskraft sowie sein Wissen und Können in die Dienste der Gesellschaft zu stellen. In der Bestimmung seiner Arbeitszeit ist der Geschäftsführer frei. Er hat jedoch, soweit das Wohl der Gesellschaft dies erfordert, jederzeit zu ihrer Verfügung zu stehen und ihre Interessen wahrzunehmen.

Dem Geschäftsführer ist während der Dauer des Vertrags jede entgeltliche oder unentgeltliche Nebentätigkeit für sich oder Dritte untersagt (alternativ: erlaubt).

(Oder alternativ: Dem Geschäftsführer wird folgende Tätigkeit erlaubt: ...)

Aus der Standardformulierung in Geschäftsführerverträgen „... hat seine volle Arbeitskraft zur Verfügung zu stellen", folgert die Finanzrechtsprechung, dass auch Mehrarbeit „für denselben Preis" geschuldet ist mit der Folge, dass Mehrarbeitszuschläge vGA sind.

Das **GmbH-Gesetz** sieht keine Regelung über die Ausübung von Nebentätigkeiten durch den Geschäftsführer vor. Grundsätzlich ist es ihm deshalb nicht verwehrt, einer Nebentätigkeit überhaupt nachzugehen.

Allerdings gebietet der Vertragszweck und die Position eines GmbH- Geschäftsführers, dass hierdurch seine Leistung für die Gesellschaft bzw. deren Belange **nicht beeinträchtigt** werden dürfen. Wird ihm eine Nebentätigkeit – entgeltlich oder unentgeltlich – durch Geschäftsführervertrag untersagt oder von der Zustimmung der Gesellschaft abhängig gemacht, so ist dem Geschäftsleiter jede Nebentätigkeit verboten bzw. diese nur mit vorheriger Zustimmung erlaubt.

Eine unerlaubte Nebentätigkeit – eventuell sogar noch im Geschäftsbereich der GmbH – dürfte dem Betriebsprüfer Anlass geben, die Angemessenheit der Geschäftsführervergütung besonders intensiv zu prüfen.

§ 5 Vertragliches Wettbewerbsverbot

(I) Dem Geschäftsführer ist es untersagt, während der Dauer dieses Vertrags in selbstständiger, unselbstständiger oder sonstiger Weise für ein Unternehmen tätig zu werden, das mit der Gesellschaft in direktem oder indirektem Wettbewerb steht. In gleicher Weise ist es dem Geschäftsführer untersagt, während der Dauer dieses Vertrags ein solches Unternehmen zu errichten, zu erwerben oder sich hieran unmittelbar oder mittelbar zu beteiligen.

(II) Nimmt der Geschäftsführer eine Geschäftschance der Gesellschaft wahr (auch bei erlaubter Nebentätigkeit), hat er ihr dafür eine angemessene marktübliche Vergütung zu zahlen.

[Alternativ z.B. für Allein- und Mehrheits-Gesellschafter-Geschäftsführer: Der Geschäftsführer darf neue Tätigkeiten im Geschäftsbereich der GmbH in Eigenregie vornehmen bzw. als Subunternehmer der Gesellschaft auftreten bzw. folgende, bisher ausgeübte Tätigkeiten fortsetzen ... (Auflistung)]

Für den GmbH-Geschäftsführer finden sich keine ausdrücklichen Regelungen über ein **Wettbewerbsverbot** im GmbH-Gesetz. Auch ohne ausdrückliche vertragliche Regelung ist es dem Geschäftsführer jedoch verboten, in Wettbewerb zur GmbH zu treten. Gleichwohl empfiehlt sich die Aufnahme der entsprechenden Klauseln, um dem Geschäftsführer die Pflichtwidrigkeit gegenläufigen Handelns klar vor Augen zu halten.

Verstöße gegen das Wettbewerbsverbot führen zunächst zu **Unterlassungs- und Schadenersatzansprüchen**. Darüber hinaus steht der GmbH anstelle des Schadenersatzanspruchs ein **Eintrittsrecht** hinsichtlich des Konkurrenzgeschäfts zu. Macht die Gesellschaft Ansprüche gegenüber dem Gesellschafter-Geschäftsführer nicht geltend, liegt eine **vGA** dann – aber auch nur dann – vor, wenn die Ansprüche zivilrechtlich feststellbar und durchsetzbar sind.

Zur **Befreiung** des Geschäftsführers vom **Wettbewerbsverbot** reicht eine Klausel im Anstellungsvertrag oder ein Gesellschafterbeschluss nicht aus, wenn es darum geht, eine vGA zu vermeiden. Dazu ist vielmehr eine **Satzungsregelung** bzw. entsprechende Satzungsänderung (ausreichend als Öffnungsklausel) erforderlich.

Ein Entgelt für die Befreiung vom Wettbewerbsverbot ist laut neuerer BFH-Rechtsprechung zu zahlen, soweit der Gesellschafter-Geschäftsführer **konkrete Geschäftschancen** der GmbH im Einzelfall wahrgenommen hat. Schwierigkeiten bereitet die Feststellung eines „Marktwerts" der Geschäftschance. Entscheidend ist, ob ein fremder Dritter der GmbH für die Überlassung der Geschäftschance eine Vergütung gezahlt hätte (Fremdvergleich). In der Nichtzahlung einer üblichen Vergütung liegt eine vGA.

§ 6 Vergütung

(I) Der Geschäftsführer erhält ein festes monatliches Grundgehalt in Höhe von ...€ brutto, das jeweils zum Ende eines Monats ausgezahlt wird.

(II) Das Grundgehalt erhält der Geschäftsführer pro Kalenderjahr 12-mal. Außerdem bekommt er ein Urlaubsgeld in Höhe des Grundgehalts, zahlbar zum ... (z.B. 31.7.). Als Jahressonderzahlung bekommt er ein 14. Monatsgehalt. Dieses wird im Monat November ausgezahlt. Das 14. Monatsgehalt wird nicht gezahlt, wenn der Geschäftsführer den Anstellungsvertrag zum 31. Dezember gekündigt hat.

(III) Das Grundgehalt (Abs. 1 und 2) gilt zunächst für einen Zeitraum von ... Jahren, (z.B. für drei Jahre) als fest vereinbart.

(IV) Außerdem erhält der Geschäftsführer eine Tantieme (Gewinntantieme) in Höhe von 20% des handelsrechtlichen Jahresüberschusses der GmbH vor Ertragssteuern und Tantieme und nach Berücksichtigung von Verlustvorträgen, für die der Geschäftsführer verantwortlich zeichnet.

(V) Überschreitet der Jahresüberschuss (alternativ: Nettoumsatz) der GmbH die Grenze von ... €, erhält der Geschäftsführer im Folgejahr eine erfolgsabhängige Sondervergütung in Höhe von ... € als zusätzliches Festgehalt, zahlbar binnen drei Monaten nach Feststellung der jeweiligen Gewinn-/Umsatzgröße für das Vorjahr.

Die im Anstellungsvertrag zu treffende Vergütungsregelung ist von zentraler Bedeutung. Sie sollte daher mit besonderer Sorgfalt formuliert werden und auch die **jeweils relevanten steuerlichen Sonderaspekte** berücksichtigen.

Das **13. Monatsgehalt** wird häufig als Weihnachtsgeld bezeichnet. Ein gesetzlicher Anspruch hierauf besteht nicht. Es muss ausgehandelt werden. Auch Tarifverträge gelten nicht. Ebenso hat ein Geschäftsführer keinen Anspruch auf Zahlung eines gesonderten **Urlaubsgelds**. Dies muss ebenfalls separat vereinbart werden. Dies empfiehlt sich auch für eine **Urlaubsabgeltung**.

Die **Höhe der Vergütung** eines Geschäftsführers bemisst sich nach zahlreichen Faktoren. Entscheidend ist vor allem die Situation des Unternehmens, nämlich seine Größe, Ertragslage, Branche sowie der Standort. Steuerlich wird nur eine angemessene Gesamtvergütung anerkannt.

Das Jahresgrundgehalt wird meist ergänzt durch eine **Tantieme**. In Betracht kommt eine gewinnabhängige Tantieme oder eine, die anteilig von dem vom Unternehmen erzielten Umsatz zu berechnen ist. Für den **Gesellschafter-Geschäftsführer** existieren strenge Vorgaben der Finanzrechtsprechung, inwieweit und unter welchen Voraussetzungen Gewinn- und Umsatztantiemen zulässig sind. Umsatztantiemen werden nur in Ausnahmefällen anerkannt.

Bei der Gestaltung von **Gewinntantiemen** ist die BFH-Rechtsprechung zu beachten, um nicht in die Gefahr von vGA zu kommen. Eine Begrenzung auf maximal **25% vom Gesamtgehalt** ist nicht mehr erforderlich. Im Einzelfall können sich aber tantiemebegrenzende Regelungen „vorbeugend“ empfehlen. Nach wie vor gilt eine absolute Obergrenze von **50% des GmbH-Jahresüberschusses** – auch wenn die GmbH von mehreren Gesellschafter-Geschäftsführern geleitet wird.

Auch steuerlich gilt, dass eine Tantiemeregelung bei beherrschenden Gesellschafter-Geschäftsführern in **allen Punkten klar und eindeutig** getroffen sein muss; dies gilt insbesondere in punkto **„Bemessungsgrundlage“**. Jeder Außenstehende muss anhand der vertraglichen Regelung die Tantieme ausrechnen können. Unklare Tantiemeregelungen oder Tantiemen, die vom Wohlwollen der Gesellschafter bzw. der GmbH abhängig sind, führen ausnahmslos zu vGA.

Nach der BFH-Rechtsprechung sind sogar umsatzabhängige Jahressonderzahlungen anzuerkennen (Urteil vom 5.8.2002, Az. I R 69/01, GmbH-Stpr 2003, S. 1 ff.).

Vergütungen an den Gesellschafter, die vGA sind (z.B. ein überhöhtes Gehalt oder Bezüge ohne wirksame Vertragsabrede), sollten vermieden werden. Auch unter der Geltung des Teil-Einkünfteverfahrens kommen vGA steuerlich teuer, kosten Liquidität und und führen zu unerwünschten Wechselwirkungen im Verhältnis der Gesellschafter untereinander (vgl. GmbH-Stpr 2003, S. 6).

Probleme mit der steuerrechtlichen Anerkennung einer **Gewinntantieme** für einen Gesellschafter-Geschäftsführer wird es kaum geben. Hier hat der BFH in einer Reihe von neueren Urteilen konkrete Vorgaben entwickelt, bei deren Einhaltung er die Gewinntantieme für steuerrechtlich unbedenklich hält (vgl. die Beiträge 40 bis 43 in Teil B).

Folgende Grenze ist dabei besonders wichtig: Die Summe aller Tantiemezahlungen (an alle Gesellschafter-Geschäftsführer) **darf nicht 50%** des GmbH-Gewinns übersteigen. Bemessungsgrundlage für den 50%-Satz ist der handelsrechtliche Jahresüberschuss vor Abzug der ertragsabhängigen Steuern und der Tantieme.

Das für **alle** Gesellschafter-Geschäftsführer geltende **Durchführungsgebot** besagt, dass das, was vertraglich vereinbart wurde, tatsächlich auch so durchgeführt werden muss. Es wird daher nicht steuerlich anerkannt, dass Gehaltsansprüche seitens der Gesellschaft längere Zeit „gestundet" werden, indem z.B. aus wirtschaftlichen Gründen das dem Geschäftsführer für Dezember zugesagte Weihnachtsgeld erst im Frühjahr ausgezahlt wird. Die Auszahlung des Weihnachtsgelds im Frühjahr würde eine vGA bedeuten.

§ 7 Vergütung bei Dienstverhinderung und Tod

(I) Im Falle der Erkrankung oder sonstigen unverschuldeten Dienstverhinderung werden dem Geschäftsführer seine vertragsmäßigen Bezüge gemäß § 6 Abs. 1 für die Dauer von drei Monaten [sechs Monaten (Allein- und Mehrheitsgesellschafter)] fortgezahlt.

(II) Für die Tantiemeansprüche gemäß § 6 Abs. 4 gilt im Falle der Erkrankung oder sonstigen unverschuldeten Dienstverhinderung des Geschäftsführers Folgendes:

a. Eine Erkrankung oder sonstige unverschuldete Dienstverhinderung bis zu zwei Monaten lässt den Tantiemeanspruch unberührt.

b. Bei Erkrankung oder sonstiger unverschuldeter Dienstverhinderung, die über zwei Monate hinausgeht, wird der Tantiemeanspruch gemäß § 6

Abs. 4 für jeden weiteren begonnenen Kalendermonat fortbestehender Dienstverhinderung um je 1/12 gekürzt.

(III) Beim Tod des Geschäftsführers erhält die Witwe das Grundgehalt gemäß § 6 Abs. 1 noch für die Dauer von drei Monaten [zwölf Monaten bei Allein-/Mehrheitsgesellschafter-Geschäftsführern], beginnend mit dem Ablauf des Sterbemonats, weiter. Für den Tantiemeanspruch gilt § 6 Abs. 5.

Die Vertragsparteien müssen sich auch Gedanken darüber machen, für welche Dauer im Krankheitsfall das Gehalt fortgezahlt werden soll. In der Praxis sind häufig Vereinbarungen anzutreffen, wonach das Festgehalt im **Krankheitsfall** für drei bis sechs Monate fortgezahlt wird.

Für den **beherrschenden** Gesellschafter-Geschäftsführer gilt auch hier, dass zur Vermeidung einer vGA die entsprechenden Vereinbarungen einer klaren und eindeutigen vorherigen Vertragsregelung bedürfen.

§ 8 Sonstige Leistungen

(I) Die Gesellschaft schließt zu Gunsten des Geschäftsführers eine Lebensversicherung als betriebliche Direktversicherung ab. Der von ihr übernommene Jahresbeitrag beträgt ... €. Beim Tod des Geschäftsführers sind seine Ehefrau bzw. seine Kinder (bei verstorbener Ehefrau oder Ehedauer unter fünf Jahren) bezugsberechtigt.

(II) Das Bezugsrecht aus der Direktversicherung wird ab Vertragsschluss unwiderruflich an den Geschäftsführer abgetreten.

(III) Die Gesellschaft schließt für den Geschäftsführer außerdem eine Unfallvorsorgeversicherung mit folgenden Deckungssummen ab:
- für den Todesfall: ...€
- für den Invaliditätsfall: € und übernimmt für die Laufzeit des Vertrags alle hierfür anfallenden Beitragsleistungen. Die Ansprüche aus dem Versicherungsvertrag stehen unmittelbar dem Geschäftsführer oder seinen Erben zu.

(IV) Die Gesellschaft stellt dem Geschäftsführer einen Dienstwagen der gehobenen Mittelklasse (bis maximal 50.000 € Listenpreis) zur Verfügung, der auch zu privaten Zwecken genutzt werden darf und dessen Privatnutzung (als geldwerter Vorteil) vom Geschäftsführer zu versteuern ist.

(V) Für Geschäftsreisen, die im Interesse der Gesellschaft erforderlich sind, hat der Geschäftsführer Anspruch auf Erstattung seiner Spesen (Reisekosten, Verpflegung, Übernachtung) im Rahmen der jeweils steuerlich zulässigen Höchstsätze. Die Unterlagen und Nachweise dafür sind lückenlos und zeitnah zu erbringen.

(VI) Nutzt der Geschäftsführer sein eigenes Privatfahrzeug für Zwecke der Gesellschaft, hat er Anspruch auf Ersatz seiner Aufwendungen in tatsächlicher Höhe (bzw. nach der steuerlichen Dienstreisepauschale pro Kilometer).

(VII) Für dienstlich veranlasste Telefongespräche vom Privatanschluss des Geschäftsführers erstattet die Gesellschaft dem Geschäftsführer die Kosten in nachgewiesener Höhe. [Regelung für Allein-/Mehrheitsgesellschafter: Die Gesellschaft übernimmt die Kosten des Anschlusses und die laufenden Kosten eines Telefonanschlusses im Heimbüro des Geschäftsführers (in der Privatwohnung ...), damit dieser auch außerhalb betrieblicher Öffnungszeiten für Geschäftspartner und Arbeitnehmer erreichbar ist. Dieser Anschluss darf auch für Privatgespräche genutzt werden.]

(VIII) Die Gesellschaft leistet an den Geschäftsführer folgenden steuerfreien Auslagenersatz: ... (z.B. Garagengeld), ferner für sämtliche Aufwendungen, die der Geschäftsführer im Interesse der Gesellschaft aus eigener Tasche bezahlt hat und deren betriebliche Veranlassung er glaubhaft machen kann.

Die **Altersversorgung** des Geschäftsführers wird sich üblicherweise zusammensetzen aus (1) den Bezügen aus der gesetzlichen Rentenversicherung (soweit es sich um ein versicherungspflichtiges Arbeitsverhältnis handelt, z.B. bei einem Minderheits-Gesellschafter-Geschäftsführer), (2) der betrieblichen Altersversorgung (Direktversicherung, Pensionszusage) und (3) Leistungen aus einer eigenen privaten Altersvorsorge, z.B. einer Kapitallebensversicherung.

Der **Fremdgeschäftsführer ist regelmäßig sozialversicherungspflichtig** und damit auch in der gesetzlichen Rentenversicherung zu versichern. Beim **Gesellschafter-Geschäftsführer** kommt es auf eine Einzelfallprüfung an, ob Sozialversicherungspflicht besteht. Hat der Geschäftsführer **maßgeblichen Einfluss** auf die Geschicke der Gesellschaft (u.a. bei 50% und mehr am Stammkapital), ist er nicht weisungsabhängig und damit **sozialversicherungsfrei**.

Bei einer **Pensionszusage** verspricht die GmbH dem Geschäftsführer für den Altersruhestand, gegebenenfalls zusätzlich für den vorzeitigen Eintritt der Berufsunfähigkeit bzw. Invalidität, Versorgungsleistungen. Für den Fall des Todes kann eine Hinterbliebenenversorgung vereinbart werden.

☞ Bei Pensionszusagen empfiehlt sich eine **gesonderte vertragliche Regelung**, auch vor dem Hintergrund, dass diese in allen Details **schriftlich** (eindeutig) vereinbart sein muss, damit die Gewinn mindernden Pensionsrückstellungen der GmbH anerkannt werden können (vgl. § 6a EStG).

Die Pensionszusage sollte in die Gesamtversorgung des Geschäftsführers eingebettet werden. Dies kann durch Anrechnung der Sozialversicherungs- und sonstiger Renten auf die Betriebsrente geschehen. Die **Höhe der Gesamtversorgung** (Betriebsrente + gesetzliche Rente + sonstige Renten) ist hierbei der Höhe nach **steuerlich auf maximal 75% des zuletzt bezogenen Bruttogehalts begrenzt**. Sonst liegt in Gestalt der Pensionszusage eine „Überversorgung" vor, die insoweit zu einer vGA beim Gesellschafter-Geschäftsführer führt.

Die Pensionszusage ist Bestandteil der Gesamtvergütung des Geschäftsführers. Bei Gesellschafter-Geschäftsführern muss diese Gesamtausstattung angemessen sein. Neben der Angemessenheit der Pensionszusage stellt die Rechtsprechung noch die folgenden Anerkennungserfordernisse auf: Erdienbarkeit der Pensionszusage, Einhaltung einer Probezeit vor Erteilung der Pensionszusage und Finanzierbarkeit der Pensionszusage (vg. Beiträge 55 bis 74 in Teil B).

Ein **fester Spesensatz** wird in der Regel nur vereinbart, wenn der Geschäftsführer laufend im Außendienst tätig ist. Der Spesensatz orientiert sich dann regelmäßig an den steuerlichen Bestimmungen. Hinterher ist die Höhe des Aufwands anhand von Belegen nachzuweisen.

Für den **beherrschenden** Gesellschafter-Geschäftsführer gilt, dass Vereinbarungen über die Reisekostenerstattung immer im Voraus zu treffen sind. Dies gilt selbst dann, wenn der Erstattungsanspruch auch ohne ausdrückliche Vertragsregelung zivilrechtlich begründet wäre.

§ 9 Urlaub

(I) Dem Geschäftsführer steht jährlich ein Erholungsurlaub von 30 Arbeitstagen unter Fortzahlung seiner Bezüge zu. [Die zeitliche Festsetzung erfolgt unter Berücksichtigung der betrieblichen Belange der Gesellschaft – Regelung für Minderheits-Gesellschafter-Geschäftsführer].

(II) Kann der Geschäftsführer aus betrieblichen oder in seiner Person liegenden Gründen den Urlaub nicht oder nicht vollständig bis zum Jahresende nehmen, hat er Anspruch auf Urlaubsabgeltung in Höhe von......... % (z.B. 100% bei Allein-/Mehrheits-Gesellschafter-Geschäftsführer) seines Festbezugs (§ 6 Abs. 1 des Vertrags).

Da der Geschäftsführer nicht Arbeitnehmer im arbeitsrechtlichen Sinne ist, **gilt** für ihn **das Bundesurlaubsgesetz nicht**. Ohne vertragliche Regelung hätte der Geschäftsführer lediglich aus der Treue- und Fürsorgepflicht der GmbH heraus einen Anspruch auf angemessenen Erholungsurlaub.

Im Gegensatz zu den nur für Arbeitnehmer geltenden Regelungen des Bundesurlaubsgesetzes besteht bei (Gesellschafter-)Geschäftsführern alternativ oder kombiniert auch die Möglichkeit zur finanziellen Abgeltung des Urlaubsanspruchs.

§ 11 Vertragsdauer und Kündigung

Dieser Vertrag tritt mit Wirkung vom ... in Kraft und wird auf unbestimmte Zeit geschlossen.

Der Vertrag kann von beiden Vertragspartnern – unbeschadet der Möglichkeit zur Kündigung aus wichtigem Grund – mit einer Frist von sechs Monaten [oder kürzere

Kündigungsfristen bei Allein- oder Mehrheitsgesellschaftern] zum Ende eines Kalenderjahrs gekündigt werden. Die Kündigung bedarf der Schriftform.

Im Fall einer Kündigung oder bei Abberufung/Amtsniederlegung ist die Gesellschaft berechtigt, den Geschäftsführer [für Minderheits-Gesellschafter: unter Anrechnung auf etwaigen noch offenstehenden Urlaub] bis zum Ablauf der Vertragsdauer von der Verpflichtung zur Dienstleistung freizustellen.

Die Laufzeit des Anstellungsvertrags bzw. der Vergütungsvereinbarung richtet sich allein **nach dem Vertrag**. Gesetzliche Vorgaben bestehen nicht, sodass Geschäftsführerverträge auch befristet oder langfristig mit Kündigungsvorbehalt abgeschlossen werden können.

Beispiel:

Dieser Vertrag tritt mit Wirkung vom .... in Kraft und wird auf die Dauer von zunächst drei Jahren geschlossen. Der Vertrag verlängert sich um weitere drei Jahre, wenn er nicht spätestens sechs Monate vor Ablauf der Vertragsdauer von einer der Parteien gekündigt wurde.

Kürzere Kündigungsfristen, welche eine schnellere Anhebung des Geschäftsführergehalts (auch steuerlich wirksam) ermöglichen, haben für Gesellschafter-Geschäftsführer auch ihre Schattenseiten: Läuft die Geschäftsentwicklung bei der GmbH weniger gut, kann sie entsprechend früher aus steuerlichen Gründen zur Vertragsanpassung nach unten gezwungen sein, damit keine vGA vorliegen.

Vor diesem Hintergrund empfiehlt es sich, bei der Kündigungsfrist im Zweifel einen „Mittelweg" zu gehen. Dieser kann z.B. zunächst eine längere Vertragsdauer (von zwei Jahren) mit jährlicher Verlängerungsoption um ein Jahr vorsehen.

Da die Bestimmung der Nebenleistungen (Tantieme) von der Laufzeit des Vertrags abhängen kann, aber nicht muss, sollte der Vertragsbeginn ausdrücklich vermerkt sein.

Das Kündigungsschutzgesetz ist auf Geschäftsführerverträge nicht anwendbar. Will der Geschäftsführer gegen die **Kündigung** vorgehen, so handelt es sich nicht um eine arbeitsrechtliche Streitigkeit, die vor den Arbeitsgerichten ausgetragen wird. Zuständig sind vielmehr die ordentlichen Gerichte (Zivilgerichte).

Von der Kündigung des Anstellungsvertrags ist die (gesellschaftsrechtliche) **Abberufung** vom Amt als Geschäftsführer zu unterscheiden. Grundsätzlich hat neben der Kündigungserklärung ein Abberufungsbeschluss zu ergehen, falls der Geschäftsführer auch von seinem Amt abberufen werden soll.

Zulässig ist jedoch eine vertragliche Regelung, wonach die Abberufung zugleich die Kündigungserklärung darstellt (sogenannte Kopplungsklausel). Die Abberufung ist jederzeit ohne eine Kündigung möglich.

§ 12 Herausgabe von Gegenständen und Unterlagen

(I) Bei Beendigung des Anstellungsvertrags oder im Falle einer durch die Gesellschaft erfolgten Freistellung von der Dienstleistung hat der Geschäftsführer unverzüglich sämtliche die Angelegenheiten der Gesellschaft betreffenden Gegenstände und Unterlagen, insbesondere Schlüssel, Bücher, Modelle, Aufzeichnungen jeder Art, einschließlich etwaiger Abschriften oder Kopien, die sich im Besitz des Geschäftsführers befinden, an die Gesellschaft herauszugeben.

Über die **Weiternutzung des Dienstwagens** für eine Übergangszeit empfiehlt es sich, eine konkrete vertragliche Regelung z.B. im Rahmen einer Abfindungsvereinbarung zu treffen.

§ 13 Nachvertragliches Wettbewerbsverbot

(I) Nach Beendigung seiner Geschäftsführertätigkeit bei der Gesellschaft kann der Geschäftsführer jede andere Tätigkeit (auch im Wettbewerb mit der Gesellschaft) aufnehmen [bzw. nach folgender Maßgabe ... eine Wettbewerbstätigkeit aufnehmen – Klausel für Minderheits-Gesellschafter]

(I) Im Fall eines nachvertraglichen Wettbewerbsverbot (siehe Abs. 1) wird Folgendes vereinbart:
Der Geschäftsführer wird binnen zwei Jahren nach Beendigung des Anstellungsverhältnisses keine Tätigkeit für ein Konkurrenzunternehmen der Gesellschaft in der Bundesrepublik Deutschland aufnehmen. Untersagt ist ihm insbesondere

- der Erwerb oder die Gründung eines Konkurrenzunternehmens sowie die Beteiligung an einem solchen Unternehmen. Ausgenommen ist der Erwerb von Wertpapieren eines Konkurrenzunternehmens, die an der Börse gehandelt werden und nur zum Zweck der Kapitalanlage erworben werden;
- die Eingehung eines Arbeits- oder Beratungsverhältnisses mit einem Konkurrenzunternehmen.

(III) Konkurrenzunternehmen der Gesellschaft sind solche Unternehmen, deren Unternehmensgegenstand auch die Herstellung und der Vertrieb von ... ist.

(IV) Zum Ausgleich zahlt die Gesellschaft an den Geschäftsführer für die Dauer des Wettbewerbsverbots eine Entschädigung in Höhe der Hälfte seiner zuletzt bezogenen Vergütung nach § 6 Abs. 1. Diese wird dem Geschäftsführer in gleich bleibenden monatlichen Raten ausgezahlt (alternativ: Verzicht auf Entschädigung, d.h. ersatzlose Streichung von IV).

Zur rechtlichen Verbindlichkeit nachvertraglicher Wettbewerbsverbote kann auf die gesetzliche Regelung in §§ 74 ff. Handelsgesetzbuch (HGB) zurückgegriffen werden. Kern dieser Regelungen ist, dass die wirksame Vereinbarung eines nachvertraglichen Wettbewerbsverbots die Zahlung einer Entschädigung an den Geschäftsführer voraussetzt. Diese muss **zumindest die Hälfte** der zuletzt bezogenen vertragsgemäßen Vergütung (inklusive Tantiemen, Prämien und Jahresabschlussbezügen) erreichen (§ 74 HGB).

Auf die Entschädigung muss sich der Geschäftsführer anrechnen lassen, was er durch eine anderweitige Verwertung seiner Arbeitskraft an Einkommen erzielt oder böswillig zu erzielen unterlässt.

Die Dauer des Wettbewerbsverbots sollte einen Zeitraum von zwei Jahren nicht übersteigen. Das Verbot ist unter Aushändigung der Urkunde an den Geschäftsführer schriftlich zu vereinbaren.

§ 14 Schlussbestimmungen

(I) Änderungen und Ergänzungen dieses Vertrags bedürfen der Schriftform sowie der Legitimation durch einen entsprechenden Gesellschafterbeschluss.

(II) ...

Diese (einfache) Schriftformklausel lässt eine **nicht schriftliche** Vertragsänderung zu, etwa durch mündliche Abreden und deren konsequente Durchführung (sogenanntes konkludentes Handeln) und einen schriftlich legitimierenden Gesellschafterbeschluss.

Unter steuerlichen Aspekten empfiehlt sich bei **jeder** Änderung von Vergütungsregelungen für Gesellschafter-Geschäftsführer „die Form zu wahren", also auf Schriftlichkeit zur Beweisdokumentation und einen entsprechenden Gesellschafterbeschluss zu achten.

Teil D: Literaturliste

Übersicht über lesenswerte Beitrage zum Thema „Geschäftsführer-Vergütung" aus der Fachzeitschrift „GmbH-Steuerpraxis" (GmbH-Stpr).

Die Beiträge im Umfang von jeweils durchschnittlich 4 DIN A4-Seiten stehen unter www.vsrw.de/fachbeitraege als kostenpflichtiger Download zur Verfügung. Eine Anforderung per Fax ist unter 0228 95124-90 möglich.

1. Allgemeines

Prühs/Schiefelbein, GmbH-Geschäftsführer-Vergütungen 2019: Neue Orientierungswerte für Gesellschafter und Geschäftsführer – Wichtige Zahlen aus der neuen BBE-Gehaltsstrukturenuntersuchung – Argumentationshilfen für die steuerliche Angemessenheitsprüfung, GmbH-Stpr 2019, S. 1 ff.

Prühs, Die Geschäftsführervergütung in der Krise der GmbH – Herabsetzung der Vergütung und ihre steuerlichen Auswirkungen, GmbH-Stpr 2018, S. 33 ff.

Prühs. Gesellschafter-Geschäftsführervergütung im Jahr 2019 – Handlungsbedarf vor der Jahreswende 2018/2019, GmbH-Stpr 2018, S. 360 ff.

Ballof, Keine Lohnsteuer für Gutschriften auf dem Zeitwertkonto des GmbH-Geschäftsführers – Geballte FG-Rechtsprechung und jetzt auch der BFH kontra Finanzverwaltung, GmbH-Stpr 2018, S. 193 ff.

Prühs, BFH kontra Zeitwertkonten für GmbH-Gesellschafter-Geschäftsführer – Erneute Diskriminierung der Leistungsträger einer GmbH durch den BFH, GmbH-Stpr 2016, S. 129 ff.

Eversloh/Prühs, BFH-Verbot von Zeitwertkonten für GmbH-Gesellschafter-Geschäftsführer – Anhaltende Kritik an der BFH-Rechtsprechung im Schrifttum – Musterklausel, GmbH-Stpr 2016, S. 236

Prühs, Wohnraumüberlassung an GmbH-Gesellschafter zur ortsüblichen Miete als verdeckte Gewinnausschüttung – Zwei aktuelle BFH-Urteile diskriminieren die GmbH und ihre Gesellschafter, GmbH-Stpr 2017, S. 132 ff.

Ballof, Beratervertrag des Gesellschafter(-Geschäftsführers) mit der eigenen GmbH – Anforderungen an die steuerliche Anerkennung, GmbH-Stpr 2018, S. 70 ff.

Mertens, Tantiemevereinbarungen mit dem Gesellschafter-Geschäftsführer einer GmbH – Streitfälle der Praxis im Spiegel der jüngeren Rechtsprechung, GmbH-Stpr 2015, S. 253 ff.

2. Dienstwagenüberlassung

Prühs, Die Überlassung eines Dienstwagens an den GmbH-Geschäftsführer

(Teil 1) – Lohnsteuerliche Behandlung der Pkw-Überlassung unter besonderer Berücksichtigung der pauschalen Nutzungswertmethode, GmbH-Stpr 2018, S. 198 ff.

Prühs, Die Überlassung eines Dienstwagens an den GmbH-Geschäftsführer (Teil 2) – Lohnsteuerliche Behandlung der Pkw-Überlassung unter besonderer Berücksichtigung der pauschalen Nutzungswertmethode, GmbH-Stpr 2018, S. 229 ff.

Prühs, Das Dienstfahrrad des GmbH-Geschäftsführers – Steuerliche Vorteile durch Gehaltsumwandlung und Dienstrad-Leasing, GmbH-Stpr 2018, S. 161 ff.

Mertens, Privatnutzung des Dienstwagens: Zuzahlungen des Geschäftsführers und steuerfreier Auslagenersatz – Die BMF-Schreiben vom 21.9. und 26.10.2017 – Steuerersparnisse bei Zuzahlungen – Steuerfreier Auslagenersatz bei Elektrofahrzeugen, GmbH-Stpr 2018, S. 17 ff.

Prühs, Der Dienstwagen des GmbH-Geschäftsführers – Ein Update anhand der aktuellen Steuerrechtsprechung, GmbH-Stpr 2017, S. 225 ff.

3. Pensionszusage

Pradl/Pradl, Pensionszusagen: Rechtsprechungs-Report 2018 – Urteile des BFH und der Finanzgerichte aus 2018, GmbH-Stpr 2019, S. 103 ff.

Prühs, Die betriebliche „Überversorgung" des GmbH-Gesellschafter-Geschäftsführers und ihre Auswirkungen auf die Pensionsrückstellungen der GmbH – Schwachstellen der BFH-Rechtsprechung und praktische Konsequenzen, GmbH-Stpr 2018, S. 101 ff.

Ott, Auslagerung einer Pensionszusage auf eine Rentner-GmbH – BFH erleichtert die „Entsorgung" einer Pensionszusage, GmbH-Stpr 2017, S. 129 ff.

Gebauer, Das maßgebende Pensionsalter des GmbH-Geschäftsführers bei Versorgungszusagen – Die jüngsten Urteile des BFH und des BAG zum maßgebenden Pensionsalter bei der Bewertung von Versorgungszusagen – Das BMF-Schreiben vom 9.12.2016, GmbH-Stpr 2017, S. 97 ff.

Pradl, Bilanzierung von Pensionszusagen nach neuem Recht – Die Neuregelung des Rechnungszinses in § 253 HGB und seine Auswirkungen, GmbH-Stpr 2016, S. 97 ff.

Janssen, Die Pensionszusage als Steuersparmodell – Unternehmensfinanzierung aus ersparten Steuern, GmbH-Stpr 2016, S. 37 ff.

Pradl, Pensionszusagen an GmbH-Geschäftsführer: Kapital statt Rente – ein Weg gegen explodierende Pensionsrückstellungen, GmbH-Stpr. 2016, S. 289 ff.

Prühs, Pensionszusage an Gesellschafter-Geschäftsführer – BFH-Rechtsprechung zur Überversorgung von Richter-Kollegen abgelehnt, GmbH-Stpr 2015, S. 97 ff.

Prühs, Gesellschafter-Geschäftsführer mit Betriebsrente: BFH diskriminiert Weiterarbeit gegen Gehalt – Zwei BFH-Urteile zum Nebeneinander von Gehalt und Firmenrente mit erheblicher Verspätung im Bundessteuerblatt veröffentlicht, GmbH-Stpr 2015, S. 189 ff.

Skudlarek, Übertragung von Versorgungsverpflichtungen einer GmbH auf einen Pensionsfonds – Voraussetzungen und steuerliche Konsequenzen der Auslagerung, GmbH-Stpr 2015, S. 359 ff.

4. Sozialversicherungspflicht

Marburger, Das Statusfeststellungsverfahren für Geschäftsführer und mitarbeitende Gesellschafter einer GmbH: Einleitung – Durchführung – Rechtsmittel, GmbH-Stpr 2017, S. 233 ff.

Bosse, Die Befreiung des GmbH-Gesellschafter-Geschäftsführers von der Sozialversicherungspflicht – Aktuelle Rechtsprechung und Gestaltungsmöglichkeiten, GmbH-Stpr 2017, S. 76 ff.